中世畿内における都市の発達

永島福太郎著

思文閣出版

序にかえて

本書『中世畿内における都市の発達』は、昭和三十五年三月に関西学院大学から授与された旧制学位（文学博士）の請求論文の刊行公表である。

なぜ公刊の努力を怠ったのか、いま想像に絶する。大半が単発だが既発表、すでに同類の『奈良』（『日本歴史叢書』、昭和三七年）の執筆用命があったためらしい。なお全国的な県市町村史の編集ブームが起こったので、新史料紹介を誇る本書（未刊）など無駄となったためか。本書は埋没されたといえよう。

平成五年八月公刊の塚本学・宮田登両氏編『都市の生活文化』（『日本歴史民俗論集』5、吉川弘文館）の巻頭（第一町の運営）に拙稿の「都市自治の限界——奈良の場合——」（『社会経済史学』一七巻三号、昭和二六年）が収録されたのに驚嘆した。これの採用理由について、編者は

歴史学界での都市研究の主流は、中世ヨーロッパの自治都市像を、日本に求めるところから出発した。本書（『都市の生活文化』）所収文献中いちばん早い時期のこの論文は、そのような問題関心を大きく意識しながら個別的基礎的研究の必要を説き、奈良においてそれを検討して「我が国の都市自治は西洋の如き高度のものではなかったと結論」するものである。西洋都市像はともあれ、基礎的研究としてのたしかさから奈良のばあいに限らないいくつもの問題が提起されている。寺院組織の解明なくして市場管理の問題は論ぜられないことの指摘が冒頭にみえるが、この論文の読者は、ことは市場だけでないことを教えられるのも、その一つである。

〔補註〕「寺院組織の解明なくして市場管理の問題は論ぜられない」の概嘆は『大乗院寺社雑事記』の校刊を遂行された小野均（のち晃嗣）氏の昭和九年『史学雑誌』（四五巻四号）に発表された論考「中世に於ける奈良門前市場」の結論である。昭和九年の文を私は借り、昭和二六年の「都市自治の限界」に註記したわけである。都市自治の源流は市場自治に発するとの発言も聞かれたおりからである。

平成五年「日本歴史民俗論集」の称揚が私には覚醒剤となった。当時私の論説「都市自治の限界」に対する評価は全く聞かれず、やがて都市自治の発達を指標とした「中世における畿内都市の発達」の学位請求論文は未刊でお倉入り、生みの親の私すら忘れた体《てい》たらくである。不測、小編「都市自治の限界」が評価され浮上した。爾後、史料採訪が進み、なお堺の都市自治の実体が説明されたり、畿内の代表的都市の研究が追加された本論（すなわち本書）の刊行も有意義かという望蜀の念も兆した。なお、私は近畿地方南都社寺領荘園古文書のあらかたを掌握、現地調査もかなり進んでいた。その成果を誇りたい（近代大都市に農政課が存するいわれも記したい）。

とはいえ、本論文は昭和三十五年からお倉入り、いわば古証文である。刊行はそれの有効を強引に主張するが如きもの、自粛・撤回を繰り返した。

本書の発想（「都市自治の限界」・「学位請求論文」ともに同文）は、昭和二十五年秋の社会経済史学会大会（於神戸大学）の共通論題「都市」のうち畿内都市の研究の発表である。「都市自治の限界」が私の発表論題だが、当時、堺の「都市自治の限界」はさかんに論議されたようである（坂田吉雄『町人』など）。これの傍証として私に「奈良の場合」を語らせたらしい。そのおり、昭和二十五年に国際文化都市宣言の住民投票を予定した奈良市は「奈良観光叢書」（冊子）を企画、私に巻一の「奈良はどのようにして発達して来たか（奈良の歴史）」・巻四『奈良の町々』の執筆を用命した。奈良の都の伝統に輝き、荘園領主社寺の郷から封建都市奈良町への転化を語る短文が斬新好評を博したらしい。発表者永島は近畿部会の推薦だが、本部では幹事豊田武教授が支持されたか。立論の指導をも辱うした（いま、世代交代の嵐が激しい。豊田兄〈一九八〇没〉など過去の人、私にしても立命館史学全盛時代、林屋辰三郎大人〈一九九八没〉・奈良本辰也大人〈二〇〇二没〉のもとで名を出したが、史料屋の私の一本立ちはむずかしい。せっかく、故角川源義大人から頂いた角川源義賞選考委員の栄職も、白内障手術〈失明〉が怖くて返上する悲運を招いた。しかし、この手術は成功して視力開明、倍旧の研究が可能になった。ふと連歌師の和漢兼帯論を思い出し、国語〈その縮小化が『和歌』〉・神仏習合・修験道など日本文化事象すべてに適用、解明に努めることにした。なお、寄る年なみ、自叙伝を書きたくなった。じつは、奈良在住者で中世奈良文化の研究開拓者は私だと自負したが、不覚、豊田武教授が奈良育ちと知り、愕然としたことである。豊田兄の伝記は『豊田武博士年譜及著作目録』〈『豊田武著作集第八巻別刷』、昭和五八年〉を採用し「賢兄愚弟論」を試みる〈不遜、ご迷惑を許されたい〉）。

豊田兄は一歳年上、何もかも学力資質も私にまさる。明治四十五年（二歳）、豊田兄は父君（辻善之助先生令兄）の奈良女高師教授新任、大正九年（十歳）退職帰京までの間、東大寺旧境内の奈良市水門町の清境で育ったという。昭和四年（一九二九）、東大助教授平泉澄博士の名著『中世に於ける社寺と社会との関係』（『社寺と社会』と略称する）に感銘して浦和高校から東大文学部国史学科に入学、同博士に師事された。翌五年、国史学科関西見学旅行に先んじ、国史十一日会で「中世末に於ける寺院都市奈良」を研究発表、翌六年には卒論の題名「中世の寺院機構」「室町時代の商業」のいずれかを平泉博士（洋行中）に請訓して「後者」①市場・問丸②座を選んだという（『日本中世商業史の研究』、岩波書店、昭和一九年）。

豊田兄は奈良育ちで、「寺院都市奈良の研究」が学会発表の第一声である。在学中、史学会委員として活躍、『史学雑誌』の新刊紹介書評などを担当された。

一方、この年（昭和六年）に私は国学院大学予科から(文)学部国史科に進学した。不思議といえるが、即刻に平泉博士の『社寺と社会』を購入している。平泉博士に私淑したといえる。七月(?)、史料編纂所員有志によって校訂翻刻された室町時代史料の宝庫といえる（春日社）興福寺別当大乗院尋尊（一四三〇～一五〇八）の『大乗院寺社雑事記』（刊行は「尋尊大僧正記」に絞り、とくに『大乗院日記目録』を加え、新五号活字二段組、十二巻に編集）第一巻が発売された。この難解な原本を平泉博士も豊田兄もいちおう電覧され、史料に利用されたという。改めて校刊本（『寺社雑事記』と略称）が発刊されたので通読が容易となる。私は史学一年生だから四苦八苦、幸い恩師高柳光寿編纂官が校訂者の一員と知り（難読の『寺社雑事記』は『大日本史料』第八編に大半が掲記される。辻先生は長らく第八編部に在り、大正一五年新設の第十一編編纂官に起用された高柳先生を指南役として加えた。出版社も同先生の教科書出版の三教書院に移った）、御自宅で指導をお願いしたり、同室の校訂者小野均官補に紹介を請い、これまた指導を辱うした（とくに内閣文庫にて）。『寺社雑事記』を主史料として卒論「大和守護職として観たる興福寺没落過程の研究」（主査岩橋小弥太、副査渡辺世祐編纂官）を作成した。題名も『社寺と社会』にあやかり、内容も縮刷版「奈良興福寺」たることが知れよう。これで卒業、なお宿願の史料編纂所に採用される。辞令は六月三十日付、この間『多聞院日記』の校刊準備と『神戸市史』（第二輯）用の「大乗院文書」採集のアルバイトを恩師から授かる。『寺社雑事記』の姉妹観を示す『多聞院日記』は校刊に移るし、『神戸市史』の謝金で翌十年に奈良初入り、関西見物ができた。まこと恵まれた学界入りである。このとき、豊田兄は「大和の諸座」の雄篇を発表されたが、そこに私の名を付記して下さった。辻先生の門下生の私が史料編纂所入り、そのうえ辻先生から『多聞院日記』の校刊を命じられた（指南役に桃裕行氏、『多聞院日記』多用の第十一編部の桑田忠親先輩が加わる）。このおり、豊田兄は親分、ミウチ意識をもいだかれたらしい。

私の卒論の大半は雑誌に発表されたが、全容は昭和十九年九月、辻先生監修、森末義彰氏（小野晃嗣氏の同期生、のち所長・教授）編集の「畝傍史学叢書」に加えられた『奈良文化の伝流』（私の初論説書）に収録される（成稿は一七年末か）。昭和十六年春に奈良に移住するまでの業績一覧の如きもの、主文は卒論と同じ興福寺の大和守護論から始まる。出版は東条内閣から弾圧を被った中央公論社。その残務整理中。用紙配給、書籍割当配給制、戦時下断末魔混乱中の記念品的書物となった。埋没も多々か。不思議といえるが、豊田兄の卒論拡充の著作『中世日本商業史の研究』（岩波書店）が同年刊行された。東京女高師教授（本省宗教局から転出。当時の校長は同期生の令兄）に昇任、学界活動は困難な時代、豊田兄に対しても、国威宣揚に役立たないいわゆる不急作品には用紙割当ても非情だったらしい。

二十年八月の終戦前後には公私の研究調査活動を私は停止した。終戦を聞き呆然自失と記したいが、言論の自由、明るい開放された生活の出現をまず喜んだようである。汽車に乗れる。十月中旬に私は南信（長野県）へ旅をした。史料編纂所が図書の一部を分散疎開しており、これの総管として飯田市外に駐在する高柳先生のお見舞いのためであった。開口一番、「帰路には天竜下りができますか」と先生にお質ねする慌しさ。疎開生活だが、達観の境地を拝察して結局、往路の宙返り的な遠出となった。ちなみに前年秋、私は上京している。森末義彰氏が私の中央学界離れをいたんで「畝傍史学叢書」に追加して下さった『奈良文化の伝流』に対する学士院末延財団奨学金の拝受御礼のためである。東京到着、丸ビルで中公美術社の旧知社員に会談したり、三菱ビルの末延財団事務室に案内してもらったのみで帰寧した。空爆の惨状光景も見ていない。

終戦直後の私の心痛は、新刊同然の『奈良文化の伝流』にある。その序文に「皇国精神」「大東亜聖戦」、巻尾に「神武天皇橿原御創業」「聖戦」の文字を「余論」の章を設けてまで強調・弄筆した悔恨である。なお、自序には、「本書成稿のとき、宮地直一先生監修による橿原神宮史の編纂を嘱せられ（高階宮司新任）、「畝傍史学叢書」のゆかりと御神縁に感慨無量であり、更に斯道への精進を期して居る」との傍若無人の語がある。G・H・Qより戦犯のほか公職・教職員の審査追放の指令が発せられた。

十一月、豊田兄は文部省図書監修官に任じられ教科書局に勤務となる（特設か）。十二月三十一日付G・H・Qは「修身・日本歴史・地理停止ニ関スル指令」を発し、翌二十一年正月元旦には天皇の神格否定の勅諭があった。つづいて二月一日には神社制度廃止、神社はすべて国家管理を離れ宗教法人として存続する。主権在民の新憲法の制度をこころして豊田兄らの『くにのあゆみ』上下二巻が翌二十二年九月に翻刻発行される（二一年五月に草稿成立か）。なお、中学校用「日本の歴史」も発行されたので十月に歴史教育が再開される。それに先き立ち九月に豊田兄は東北帝国大学教授に転出されるが、同年五月以降は社会科教科書編集に参与したらしい。『くにのあゆみ』の公表に対し、歴史学研究会、井上清氏らの反対批判が燃え上がったが、いずれも「新しい歴史ブーム」の口火となる。いぜん、豊田兄は『くにのあゆみ』の本尊として本省に在鎮するし、時の人として活躍する。

この『くにのあゆみ』や社会科設定のために、豊田兄は母校の奈良女高師附小を訪れたかもしれない。やがて豊田兄の『日本歴史概説』(上)が、ベストセラーになるし、その出版社の大阪教育図書からは奈良女高師附小編集の社会科教科書が生まれる。売り込みに私も協力した。

このおり、京都市高桐書院から「国民生活記録叢書」の発行をうたい、これに「春日社家日記」(仮題)の用命をうけた。

「春日社家日記」に該当する春日社家(社司・氏人)らの公私日記は莫大の数を算するので、その代表として若宮神主職の一子相承を確保した中臣氏辰市流の支流の若宮神主家(春日正預中臣祐房に始まる)の「神事日記」をここに選らび『春日社家日記』ということにした。その現存は第二代中臣祐重の養和二年(一一八二)・寿永二年・同三年・文治二年の若宮神主在職中の「神事日記」の合冊一巻に始まり、第三代中臣祐明を経て第四代祐定(晩年に隠居して祐茂、万葉研究で有名)は若宮神主家初代「中臣祐房記」(「正預中臣祐房記」朽損)を判読集成して「旧記勝〈抄〉出」と名づけ、たとえば「寛喜四年恒例臨時御神事日記/(花押)《中臣祐定》」の表紙および本文は神事(主として神供献進)以外は社務も、社会的事案の記事は制約するなど書式も励行せしめた。始祖祐房を社頭若宮院の小社「通合社」として祀ったのに対し、その居館に祐房以来の「神事日記」を神物として護持したといえる。次いで第五代祐賢(縁起類の研究)、第六代祐春(歌道・能書で有名)、第七代祐臣(祐春の弟今西祐世の息)の正中二年(一三二五〈本家現存分〉)に至るまで七代で一世紀余(祐臣は康永二年〈一三四三〉没まで在任)、奇しくもほぼ鎌倉時代全期にわたるし、一子相伝職も一流(中臣氏千鳥家流)の相承に変った。千鳥家流諸家では、ぜんじ本家が護持する七代の「神事日記」に対し、若宮院(社頭)の小社の「通合社」なみの敬意を表したに違いない。現在、原本の半分、五十余冊が本家に伝来するいわれである。

江戸幕府では享保十一年（一七二六）、将軍家の先祖（新田・足利両氏分立）調査史料として若宮神主家第二代の「中臣祐重記」および「旧記抄出」（嘉禎二年中臣祐定が抄出した初代「中臣祐房記」）とを徴した。その返却拝領のため若宮神主千鳥氏の後見人の正預富田延英（大東家支流）が上府届を奈良奉行所に提出している（富田家旧蔵の本社文書）。このうち、「中臣祐重記」の写本が市中に流出し『続群書類従』（神祇部）に収録されて流布している。

私は「若宮神主家神事日記」を『春日社家日記』の白眉としてこれの口訳本を刊行するにさいし、「神事日記」には万葉集の研究などは非神事として記事にしないので、「鎌倉時代奈良に於ける万葉研究」を題名として昭和二十一年度文部省科学研究奨励金の交付を申請した。国宝『古葉略類聚鈔』（千鳥家伝来）などの筆者花押を『校本万葉集』の佐佐木信綱博士等が不明とするのに対し、「中臣祐定記」の花押とすべて合致するとして（花押のないものも後世、千鳥家若宮神主の修補識語の見える鎌倉時代歌書はすべて）、中臣祐定の業績として主張するもの、一面『春日社家日記』の史料価値を高揚するためである。佐佐木博士のご承認を請う便宜、昭和十六年市立奈良高女校歌作成依頼のため上京以来、同先生に親近、なお西下来寧のさいには「神事日記」との照合をお願いした（竹柏園旧蔵、現在、『古葉略類聚鈔』の巻第八を天理図書館蔵）。いぜん御承認を得られないまま、ここで学界諸賢に判定を請うたしだい（成果報告は『国語と国文学』昭和二三年一月号。森末義彰氏紹介による。当時写真の掲載はムリ）。

私の旧若宮神主家の本家（当主は千鳥祐敬氏）参上は、昭和十二年十月下旬、史料編纂官高柳先生の奈良県下史料採訪に随行を許されたさいである。春日神社で旧社家筆頭の辰市家、次いで大東家（延篤氏。春日神社祢宜、「第参」刊行の発議者。令息延和君が国大生、間もなく内務省神社局職員）を採訪する。当時、神社局考証官宮地先生（東大教授に転出）を監修者に戴き、私の春日神社文書記録編集嘱託就任による『春日神社文書』（「第参」）刊行の内議が進んでいたのを利し、私らは江見宮司代理および神社職員千鳥祐拮君（次男）を案内役として同家の門戸を叩いた。千鳥家の門戸は固かったが、午後より能筆・歌人の中臣祐春の春日懐紙・詠草からはじめ翌日にかけ文書・記録を採訪した。千鳥家採訪は時間切れで中途で終わったらしい。爾後の調査ないし校刊などを許されて辞去した。私は西下のおりには同家に参上する。

ちなみに、高柳編纂官（第十一編部長から第十二編に転）の採訪行は、大社寺（本庁）は除き、旧寺人・社人および市内・県下の中世文書コレクションを予定した。成績は、北葛城郡王寺町の保井文庫の大コレクション（後伏見天皇伏見天皇宸翰写を「重美」に申請）をはじめ数十件を採訪できた。史料編纂所「史料採訪目録」（第二九七号）に詳しい。身辺多事の高柳先生には迷惑をおかけしたが、私は先生から史料採訪の要領や史料解釈・要諦を伝授されたことだし、中世大和の古文書記録の所在地の大半を訪れたことになる。

おりから、紀元二千六百年記念奉祝の図書館全国大会の準備会が結成され、その記念品（奈良県図書館協会長〈天理図書館主〉中山正善氏、顧問阪本猷氏〈龍門文庫主〉および薬師寺橋本凝胤師の寄付）としての辻博士序文『大和古文書聚英』（天理時報社印刷）の編著を用命された（一五年完成。式日直前に大会中止通告を受けて製本中止。一七年二月に市販）。編集は同準備会幹事の天理図書館長富永牧太氏（森末氏と五高同期生）。現地調査は大和国史会主幹田村吉永氏が同行される。なお、十二年採訪の王寺町保井文庫主から「文書目録」の調製を依頼された（一三年再調査。一五年刊行）。ところで、『春日神社文書』（「第参」）を中臣氏流に充てる予定を辰市・大東両正預家に限り、巻頭に「本社文書補遺」、若宮神主千鳥家は「第四」に編集することに変更、祢宜家の「大宮家文書」を加える。幸い寄進金を得たし、日光東照宮大和田宮司（同郷人、私に平泉澄博士の名著『社寺と社会との関係』を示教された

〈既説〉の来任を機に私の有給嘱託が発令された。前記の『大和古文書聚英』と同時編集ができる。印刷は五〇〇頁を予定、凸版印刷株式会社に契約した。宮地先生の推薦による。刊行は昭和十七年末まで延びた。私の奈良市立高女への転勤などのせいか。ここに詫びる。昭和十年代、私は『多聞院日記』全五巻にはじまり『大和古文書聚英』『春日神社文書』(「第参」)の校訂書、初の著書『奈良文化の伝流』(既説)で締めくくった。憧れの史料編纂所とも別れ奈良に移住した。生涯を奈良研究に捧げる。

おりから、保井文庫主が「大和史料」を手離したいという。私は保井文庫を大和から他に出してはならないと決意、富永館長を通じて真柱様に購入をお願いした(お願いは中世を主とした「保井文庫目録」分)。御承諾を得たが、真柱様の購入は近世文書もすべて、それに瓦までも加えた数万点という(同二一年に佐佐木博士の竹柏園文庫本と保井家文庫本の公開がはじまる)。これで昭和十九年が終わった。

『春日社家日記』(口訳抄本)の注文をうけたが(既述)、『春日社家日記』たるべき鎌倉時代「若宮神主家神事日記」は『春日社記録』(社記・日記の部に分つ)「日記一」と名づける予定、もとより校訂翻刻本たるを要する(二次的な抄出本や意訳口訳本は番外である)。千鳥家当主の祐倫氏は同窓で先輩、令弟の祐拮氏は春日大社主典に昇進、宝物係主任。私は「神事日記」の公刊許可を願った。「神事日記」の抄写作業は二十一年七月下旬から八月初旬。その抄出ノートがいま座右に在り、常用している。翌二十二年二月に「春日社家日記――鎌倉期社会の一断面――」の副題つき、序文を加えた成稿を高桐書院に呈した。年末近く十一月末に公刊された。瀟洒なカバーつき仙花紙の軽装本一七〇頁、なお扉には題名などのほか疑問視される中臣祐定の花押を浮かばせ、口絵には「神事日記表紙」「旧記抄出(祐定花押)」「中臣祐春筆春日懐紙(じつは詠草の巻頭)」「春日曼荼羅」(社寺曼荼羅、湯木美術館保管）を掲げる。読解の便のため、本書成立の環境や解題を合わせて「鎌倉時代の特質」「同時代の奈良」「春日興福寺の組織」「春日社家日記の概観」「千鳥家日記とその筆者」「千鳥氏の生活」を前篇（三五頁）、後篇は本文の意訳口語訳による「鎌倉時代の社会」を首に、原文に即して「伝統の社会」「伝統の維持」「公家社会の動揺」「武家社会の成立」「鎌倉時代の文化（商工業を含む）」「郷民の生活」の七章を掲げた。ちなみに、市販流布本（間もなくダンピング本だが）だから本書をご覧になれるはず、説明はいらない。まして、私の念願が叶い、昭和三十年に親本の翻刻本が公刊される。水谷川忠麿宮司が個人として同二十九年度科学研究費出版補助を申請し交付を受けた。印刷天理時報社、発行春日大社社務所。『春日社記録（春日社家日記）一』の書名である。式年造替記念をうたい、大社の編集発行とすることができた。翌三十年度も継続交付、「日記二」を発行。しかし、補助金なしでは刊行ができず、二巻でとどまった。同五十年造替記念に「日記三」を臨川書店の専売としたあと、俄然多彩になった「中臣祐春記」（後半一部）「中臣祐臣記」を残して停止している。ともかく、無味乾燥の漢字づくめの史料本は敬遠される。多難である。現在も、なお同じ。

ちなみに「国民生活記録叢書」は民主文化国家建設のための新しい歴史が要望されたり、仮名まじり文の公用化などが叫ばれたのに呼応して企画された。これの初巻が私の『春日社家日記』と思ったが（私の粗忽を詫びる。昭和二二年七月『日本歴史』〈第二巻第三号〉の「新刊紹介」に奥野高広先輩の『言継卿記』〈山科家日記の白眉〉、同九月〈不定期、第二巻四号〉に村山修一氏『明月記』の好著を掲げている。『春日社家日記』に先行する）。翌月に、発刊の辞〈各巻の巻頭にも載せる〉を約束されたという桑田忠親先輩の『宗湛日記――茶人の生活――』が発行された。ところが不思議、これで叢書は中絶する。穿鑿は止める。ちなみに、五月に柴田実・林屋辰三郎両氏編集による堀内他次郎（宗完宗匠）師の遺稿集『茶道史序考』が同書院から発行されている。

記事偏狭の難はあるが、『春日社家日記』の公刊のおかげで『奈良文化の伝流』の増補ができる。一例だが、大乗院尋尊大僧正が「興福寺の滅亡の初めなり」と慨嘆した一乗院・大乗院両門跡の観応二年（一三五一）闘乱は早くも永仁元年（一二九三）に始まったのがわかる（「中臣祐春記」）。持明院・大覚寺両皇統の対立がこれにからみ、いわゆる南北朝動乱の胎動であり、これより約一世紀、中世大和は両門跡の抗争が主軸となって回転する。そして、将軍足利義満に大和国を奪取される。

『中世文芸の源流』の題名で、『奈良文化の伝流』に新刊『春日社家日記』を嚙み合わせた増補袖珍本を二十三年五月に河原書店から急ぎ出版した（四六判二七〇頁。付録の「史料」が好評。同題名の昭和二二年度科研奨励金による研究報告書を兼ねた）。「和歌と古今伝授」「連歌の発達」「能楽の大成」「茶道の成立」「学芸の伝授」「庶民的文芸」「芸道の成立」の七章から成る。鎌倉初期から桃山時代にわたる。鎌倉期が充実された『増補奈良文化の伝流』の各説編の先駆といえる。

『中世文芸の源流』各章の説明に移りたいが、紙数がかさむ。「茶の湯」の珠光実在史料の出現（豊田兄が発見者）がトピックなのだから、第五章の「茶道の成立」を特記することを許されたい。豊田兄は『春日社家日記』の公刊を熱望していた。私は日記の抄出作業中から豊田兄に同氏の日本商業史の研究に資する「座」や「市」などの経済史料を報告した。春日若宮は市内・大和（南山城を含む）の飯室座（酒屋）を領するし、大乗院門跡領南市（新設）には鎮守、領主として臨んだ。とくに神供備進の阪神地方の散在魚貝神人らを所管した。市場自治は都市自治の源流といわれるが、南市でその燭光を点じる。高桐書院刊『春日社家日記』はこれの鎌倉期を説くし、「座」「市」の研究を充実、完成に導く（豊田兄「都市および座の研究」、中央公論社、「新日本史講座」、昭和二三年一一月）。

二十一年末のころ、豊田氏は突然私に『言国卿記雑記（『山科家礼記』）』の応仁二年五月二十九日の条「奈良珠光方へ大口遣之、代弐百疋之由申遣之」の一片のメモを渡された。珠光（茶の湯開山）の非在世説まで叫ばれたおりから、奈良疎開中と思われる珠光の在世が証明される。豊田兄は「くにのあゆみ」の編修も一段落、研究生活に戻ろうとしてか、宮内庁書陵部所蔵の「内蔵頭山科家歴代日記」の閲覧を始められたらしい。『春日社家日記』などの経済史料を提供する私に珠玉を譲与されたともいえる。

ちなみに、当時の奈良茶道界は、昭和二十二年、財団法人春日大社宮司に官幣大社春日神社初代宮司水谷川忠起男爵（もと一乗院門主）の養子水谷川忠麿氏（近衛文麿公弟。陽明文庫理事長）が就任された。紫山と号する数寄者。五月、早くも三千家宗匠による献茶祭を復活した。その拝服席に利用する社頭の寿月観で毎月釜をかけるため、小林逸翁（阪急社主）、地元の関信太郎・小山恭二氏を発起人として寿月会が発足する。京阪神ないし東京までの数寄者・茶道師範に利用を求めた（客は五〇名）。第一回は地もと多聞山麓の河瀬無窮亭が席主（無窮亭は第五十回、三三年の第百会の席主もつとめる『寿月会百会記』）。京畿地方の数寄者が席主となる。これにならい、諸大寺の数寄者住職が茶会を開く。そこに『中世文芸の源流』が珠光の実在を伝えた。珠光や珠光茶道の正流を称する「松屋茶湯」の研究が河瀬無窮亭（茶湯小具足の目利き、古筆愛好家）等によって始まる。なお文化財鑑査官本間薫山・田山方南氏らが来訪、名古屋市森川如春庵・京都市上田堪庵および藪本温古堂らが語らって「茶人の文を読む会」を始める。珠光出世寺の称名寺が輝いた。

『中世文芸の源流』出版後間もなく、私は御挨拶に大徳寺真珠庵に参上したところ、山田老師から享禄元年（一五二八）に一休和尚弟子の済岳紹派が調製した「真珠庵日牌帳」を呈示された。十五日の丁に「殊光菴主　五月」

と記されている（永正八年〈一五一一〉「真珠庵過去帳」の新写本を添う）。珠光庵主の在世がいっそうたしかとなった（後日、調査に度々参上）。帰途に隣接の大仙院（開山は古岳宗亘）に立ち寄ったところ、昵懇の尾関老師（大和小泉の慈光院から本山入り）から天文二十三年六月の今井彦右衛門入道宗久（武野紹鷗の女婿）の「日牌料寄進状」を示されて驚ろいた。永禄十二年（一五六九）に今井宗久は堺衆を信長に降参させたり、天王寺屋宗及・千利休を信長に推薦、「三宗匠」の筆頭に座した。本願寺門主の一族で大和今井御坊に有縁（今井郷出身ともいわれる）、天正三年（一五七五）の信長の今井郷（一向一揆）赦免状の取り次ぎは宗及と見えるが、あるいは宗久ではないかと疑った記憶がある。本書（学位論文）に登場する人物。豊田氏にもこれを報じた。豪商茶人伝や茶会記が織豊政権の推移を語る。共同作業を約したことである。昭和九年、豊田氏から呼ばれて横浜市今井家を訪問、「今井宗久自筆書札留」（永禄一二年）を採訪した。私の初期茶道史研究が進む。ちなみに都市研究は既説の「都市自治の限界」（『社会経済史学』一七巻三号）のほか、「豊臣秀吉の都市政策」（『史学雑誌』五九巻四号）、「公事足と公事屋」（同、六〇巻八号）とつづく。

『中世文芸の源流』執筆直後、科学研究費「近世庶民資料調査委員会」が発足、私はその近畿分科会に配属され、奈良県を担当する。社会経済史学会が科学研究費を交付されて発足したので（徳川林政史研究所の所三男大人らが参画）、委員には同会員が多く選任された。私は頑固な中世史料学者だが、採訪熟練者として選ばれたらしい。昭和十二年高柳編纂官の奈良県下採訪に随行のさい、参考史料として近世文書を採訪している。庶民資料は都市・農村の町年寄・庄屋文書と理解、これの編集を仕替えればたやすく所在目録が作成できた。もちろん、再調査を行うが、天理図書館の保井文庫近世文書などは同館の発表を待つことにした。なお、前回採訪を逸した吉野郡・宇陀郡を中世文書の採訪を兼ねて調査した。十津川村・川上村の宝蔵文書（折よく「兵庫県三木町宝蔵文書」も）の「目録」の作成を始めた。十津川村や三木町宝蔵文書は数年を要し、付録に史料原文を若干掲げて出版する。下北山村・上北山村は少しく後れた。なお、大阪営林局が林野地開放指令に備え、局員で管内山村調査を始めたが、私に難読文字の解読役として随行をもとめた。これも近世庶民資料調査といえる。私は科研費を申請、吉野山村調査会（会長は日本地名研究所長中野荘次氏〈山林地主〉）を設けた。これらの縁で「大阪木材市場史」（林業発達史調査会発行、昭和三〇年）を著作する。ところで、近世庶民資料調査成績は随一と自賛するが、文部省史料館の地方調査員を命じられるし、昭和二十七年には九学会連合調査会委員に加えられる。前年、有賀喜左衛門教授らの和歌山県隅田八幡宮六坊文書調査に参与した縁で、有賀教授の推薦による。同班に属したが、本部でも文書解読の役割をになった。この対馬調査から帰寧、奈良県教育委員会都介野《つげの》総合文化調査に合流する。たまたま対馬に同行した宮本常一氏がこれにも参加されたが、同年秋には私は金沢市に「春日懐紙」調査、宮本氏は奈良から上京、アチック・ミュージアムの所用、そして奥能登の時国家調査を了えて金沢大学に一日違いで立寄るという慌しさである。この奥能登調査のあと同氏の郷里の周防大島町から戴いた礼状の葉書を私は保存していた。いま三和町宮本常一記念館に寄付した（永島「旅する人」、『日本歴史』）。

二十七年四月、林屋辰三郎氏の譲りで立命館大学文学部日本史学科「古文書学」講師となる（在職二〇年、奈良本辰也大人に頼った原田伴彦氏は翌年出講か）。就任の手土産は『吉野郡川上村宝蔵文書』を利用した「木地屋の定住」（『日本史研究』）、「下市ニ持売リスベカラズ」が光る。「本願寺と奈良町人」（『日本歴史』）・「中世奈良の三市」（『ヒストリア』）はいずれも三月号、「町方と地方」（『国史学』）・「東大寺の経済」（毎日新聞社『東大寺』）は五月刊、

「奈良と堺」(『史林』)・『三木町有古文書』(近世庶民資料報告書)は八月刊である。なお「伊賀筒井氏の民政」(『史学雑誌』一一月号)は長らく大和筒井氏の与力(国衆)だが、伊賀入りの筒井定次の家老となった斑鳩町大方家文書の紹介である。「百姓なみ」が語られる。また、奈良市に合併される西山中(中鳥見庄)の添下郡富雄町の『富雄町史』は文化財や水利権問題などは他筆をもとめたが自著とした(三〇〇頁の地方史を構想した)。これの調査執筆に挺身した。成果は大きい。なお、三月に「山城国一揆の基盤」(『地方史研究』八号)に発表した。声高い山城国一揆の研究に対するコメントである。「近世庶民資料近畿分科会」(会長・堀江保蔵京大教授)の合同調査が加茂地方で実施されたり、奈良興福院所蔵『大和鷹山氏文書』(山城上三郡守護代)で国人の国衆へ上昇、信長政権の国衆追放ないし在地地主(大庄屋・庄屋層)化を述べた(のち「織田政権の消長――国衆と郷衆――」、『日本史研究』四〇号に詳説)。この合同調査のおり、関西学院大学法学部前田教授(村法史)を識り、また同大学文学部史学科に就職を薦められすでに四月から出講した。この二大学出講によって奈良高校を八月末に退職する。同月、奈良県教委の総合文化調査は「吉野郡龍門地区」(公事家史料『大頭入衆日記』を採訪)、なお吉野郡下市町の広橋・立石および阿智賀の官上部(官省符)郷で「摂津難波渡辺家」文書や公事家の「楠山家文書」(『大和下市誌〈資料編〉』)等を採訪している。同十月「珠光と利休」(『立命館文学』一〇一号)を発表した。とくに「珠光と利休」は林屋教授の推薦で学会誌に掲載、伝記研究だが画期的な学術論文といえよう(堀内師『茶道史序考』〈高桐書院刊〉は「初期茶道史」としては抜群)。同月発表の拙稿「茶道のふるさと奈良」(『茶道雑誌』)はこれのワキ役である。

同十一月の「中世阪神地方の発達――奈良社寺領を中心として――」は新任論文(故小野編纂官蔵「摂津社領給分等」・「摂津国寺社本所領并奉公方知行等」の両通が中心史料)である(本書では「港津都市」の四字を加えた『関西学院史学』二号)。同月、『日本歴史』(六六号)に「源平合戦の新史料」が「歴史手帖」欄に見える。『春日社記録

（春日社家日記）二』）の原稿づくりを小田基彦君（もと史料編纂所員）と始めたのがわかる（文部省科研刊行補助費の交付を申請する）。十二月号には「書かれざる史料」を投じた。吉野林業地では杉・檜は地主持ち、その他は村民の共用を許すというのである。翌二十九年は『春日社記録（春日社家日記）一』の校正に励んだ。なお、私は滋賀大学経済学部江頭恒治教授に招かれて、湖北の「菅浦文書」の校刊に当たることになった。

庶民資料調査、営林局調査、吉野山村調査会調査の成果ともいうべき「公事家考――家を中心とする村落構造の一研究――」を私は『史学雑誌』三月号（六三巻三号）で発表した。副題を初めは「山村構造」としたらしいが、成稿のみぎりに村落と変更した。南都七郷の北市郷に公事家が見える（『九条政基旅引付』〈文亀元・正・十七日条〉にも見える）。いずれも織豊政権下に消えている。私は水田が乏しく年貢のかからない公事在家（公事足）、山村・山村と都市との共通点として論説を期したのだが、南近畿一帯に亘るので学界の留意をもとめるのが主、調査中の速報というのに止まってしまった。じつは高柳先生が『日本歴史』創刊時代に中世史の理解を連載、対地税の年貢と対人税の公事とがかもし出す種々相を論じられたので有名である（後説）。私は尼崎地方の下鴨社領長洲御厨が東大寺領猪名庄（その一部が東大寺領長洲庄）に寄生するなど港津在家に関心した。公事家は足利将軍家盛時が初見らしい。同年秋の社会経済史学会大会（於関西大学）は太閤検地論議であり、これに古島敏雄議長から指名されて公事家＝役家を報じた。間もなく刊行の河出書房『日本歴史大辞典』に「公事家」を立てて頂いた（『国史大辞典』は宮川満教授執筆）。私の「公事家」史料の追及はつづく。

高柳先生の「年貢と公事」論は『日本歴史』の「中世史の理解」（先生が主幹〈のち会長〉の第一声、昭和二二年九・一〇・一一月号に連載）において論述されたもの、私は昭和十六年の史料編纂所退職前から承わっていた。

先生は戦後、「史料編纂所蔵書」の東京送還を了し、しばらくだが岡崎市外に寓居〈私はお訪ねした〉、そして還京、中野駅近くに住居された〈昭和二六年城山町に退職を機に邸宅を新築される〉。先生は昭和二十二年度から大正大学教授を兼任〈斎木一馬兄の奔走〉、なお先行の新しい日本歴史〈学際にわたる〉の啓蒙的な雑誌『日本歴史』〈辻先生・折口信夫先生、史料編纂所員も多数執筆。霞ヶ関書房〉の主幹に迎えられ、同人組織「日本歴史学会」を創められた〈『国史大辞典』「日本歴史」参看。通巻七号〉。幹事は史料編纂所有志、所外からは豊田兄や考古学の樋口清之教授。発行所が霞ヶ関書房から実教出版を経て昭和三十年から吉川弘文館に移った〈『日本歴史』通巻八四号〉。『日本歴史』は斯界の雄となる〈昭和二三年以来、主幹高柳先生は会長を自他から称せられ、編集実務は斎木幹事が挺身する〉。私は斎木兄のお手伝いに当たるべきだが、帰還は許されず、恩恵ばかりを享受することになる。斎木兄から小篇の原稿を徴された。「奈良における一条兼良」〈二三年二月号〈通巻一〇号〉〉「金融業の一僧」〈同年五月号〈通巻一三号〉〉を早々に呈出した。

昭和三十年、私は念願の校訂本『春日社記録〈春日社家日記〉一』、著書『大阪木材市場史』〈林野庁林業発達史調査会〉の刊行に成功した。ところで、朗報は小学館創立記念出版『図説日本文化史大系』〈編集委員長・児玉幸多教授〉第八巻〈安土・桃山時代〉に初めて「茶道・花道」の章が立ち、それに私が起用された。第八巻の編集委員は豊田兄、文化編は林屋委員が担当される。第七巻〈室町時代〉編集の森末委員とも協議され、茶花道を第八巻にまわされた。それに応えて、私は珠光に関しては新出の「真珠庵過去帳」、利休は「末期の文」ともいわれる「家産譲り状」〈魚・塩の座、問屋〈納屋〉の利権等も〉、不審庵「利休幻像」を掲げる。「譲り状」は桑田先輩『利休の書簡』に掲載されているが、なお原本拝見を望む豊田兄のために、所蔵家を探しあて、写真撮影、使用許可を頂いた品である。私は新発見の文献史料や十四屋宗伍幻像（茶人画像の最初）を添えた（茶器類は東京博物館林屋晴三氏解説）。

不思議、私には適役の『茶道古典全集』（今日庵淡々斎宗匠の還暦祝い）の編集主任の任が加わった。さらに不思議、『図録日本文化史大系』と『茶道古典全集』は美しい本になって翌年五月と年末とに発刊される。私は案外早いと感じた。五校ぐらいは当然と考えているからである。なお「著作目録」を見ると、『日本歴史大辞典』が始まったし、『図録日本文化史大系』（二千円）に対する文庫版の歴研・日本史研『日本歴史講座』（二百円）等々、なお論文「延宝検地論」「在家の分解」「中世奈良の市場」、成書では校訂本『春日社記録（春日社家日記）二』および『中世の民衆と文化』（創元歴史選書）を刊行している（民衆文化に「と」を挿入した）。三十二年は『茶道古典全集』や翌年発行の原稿執筆、三十三年また繁忙となる。『日本歴史』（正月号）には私の名が「歴史手帖」欄（執筆）にはじまり多数見える。新刊紹介に『南方録』（家永三郎氏）、『松屋会記』（豊田兄）および『今井町史』（新城常三郎氏）が私の労を犒って下さった。なお、「人物叢書」発刊広告に『一条兼良』『筒井順慶』が見える。『日本歴史』の厚意が有難い。論文は「織豊両氏の都市支配」（『史林』四一巻六号）が圧巻、「三木金物の発達と江戸市場の展開」（『社会経済史学』）、「摂津浜崎神人と魚貝商業」（『関西学院史学』四号）、なお「祖先のあしあと」中世編（神戸新聞社、五三回連載）など多数がある。翌三十四年二月には「織田信長の但馬経略と今井宗久——付、生野銀山の経営——」（『関西学院史学』五号）、六月「初期町人と同族組織」（『有賀教授還暦記念論集』）などを公表した。八月「春日社興福寺の一体化」（『日本歴史』一二五号）、「松永久秀と筒井順慶」（読売新聞社『日本歴史』七「天下統一」）は中世大和の首尾を語るもの、前者は春日若宮の創建を促し「神国大和」の称の起こりを説明する。後者には、一豊臣秀長伝」を加えると、神国大和の終焉、全国なみの封建体制化への急展がわかる。私は昭和三十年、大光院殿秀長の菩提所の紫野大徳寺大光院（大和郡山城下に創建）の伽藍復興記念冊子『大光院』を住職小堀老師と合作（河原書店寄進）している。三国太守秀長（茶匠利休の恩人）の伝記を寄稿したことになる。郡山におけるる葬送ないし忌日法要（慈悲をこうむった大名らが寄進）の導師古渓宗陳の法語（『蒲庵稿』）など小堀老師がもちろん担当されたのに私は救われた。あえてここに記すが、「和は乃わち春日社の爵邑、興福その治を柄り、東大これに左右す云々」は（五山の官僧惟肖得巌の永享元年「片岡山達磨寺再興記」、『東海瓊華集』所収。『後鑑』には鬱邑。史料編纂所同僚〈同室隣席〉の玉村竹二氏から『五山文学新集』を授かったさい疑義。早速お尋ねして確認した）、室町幕府が「春日神国大和」を公用していたことを示し、「神国大和」の実態が明らかになる。なお当時の「春日神国大和」も公武から「社寺王国大和」「社寺の都南都」と公認されていたのがわかる。これらを纏めれば、「中世大和史」となるのだが、昭和三十五年現在、その能力は私にはなかった。一事が万事、私の「本書」において論じた主要課題はすべて研究過程にあったことを明記する。

私の「本書」の新序文は、「本書」（学位論文「中世畿内都市発達史」）の舞台、あるいはバックスクリーンとして、本書の理解に役立たせるためのものだが、時潮や論文提出さきは十分心得てはおるが、住所のせいもあるし、本性を表わして、「中世南都史」（未刊）あるいは自叙伝の所用に資するものとなった。だから、古典あるいは文献史料の解題的、無味乾燥な文章を長々と記すことにもなった。もとより、私の文章は晦渋、それが老の繰り言的表記に化するし、なお長期間の執筆のため重複あるいは小間切れ文、とくに年代倒叙の文すら生じた。割り当て紙数大超過の長文となる。新調査も要したので時間もかかった。「凡例」・「あとがき」のスペースもここにもらった。そして結局は大削除。これまた読みにくくした。自叙伝（とくに愚弟賢兄論）をもと欲ばったのも失敗のもと、恐縮の至り、ひたすら詫びる。

中世畿内における都市の発達※目　次

第一篇

荘園領主都市

第一章　荘園領主都市の成立

わが都市の系譜は、古代律令国家の都城として建設された平城京（七一〇）ないし平安京（七九四）にさかのぼる。いわゆる東洋的古代都市の範疇に属する。しかし、平城京は平安奠都によって田園と化してしまうし、平安京も律令国家の解体によって都城としての機能を失なった(1)。

ところで、われわれは、奈良を平城京の後身、京都を平安京の後身として理解する。ともに井然たる街区を今に存しているなど、これをいうに十分である。この街区を構成する宅地においても、条坊制の一坪一町の宅地割では、奈良では平城古京の二行八門制、京都では平安古京の四行八門制を存していることなどからもかくいえる(2)。もとより、社寺の存在などもこれを示している。しかし、奈良は東方の外京の地、京都は左京から東山にかけて発達している。また京都では上京・下京の称がおこった。これらの変貌の事実は、新生といえるほどである。この変貌は、住民の単なる移動でおこったものではない。

かねて、律令国家の官僚であった貴族ないし社寺は、荘園制の発達に乗じて土地人民の領有に努め、荘園領主へと発展した。もちろん、多数の被官人を擁した。また、その巨大な消費生活の展開には、商工業者を必要としたし、これを隷属せしめた。貴族が社寺を建立することも多くなった。もとより地理的条件に恵まれた地域に集中する。かくて貴族ないし社寺の荘園領主を中心とした都市的集落が発生した。すなわち、荘園領主都市の成立である。すでに立地条件に恵まれた地域を占めたし、なお農業的要素を捨象したわけでもないが、商工業的要素もいっそう加わったので、都市化を進めたものである。しかも荘園領主たちは、その消費生活の資を得るため、地方において荘園を獲得して年貢のほか公事物として特産を上納させるほか、散所として商工業者を隷属させた。かくてその収得した物資の余剰分は、領民へ放出した。このため市場を開設している。この点では、なお古代都市のばあいと同じである。商工業の領主経営といい、荘園領主都市が、なお古代都市からの脱皮を図れなかったさまがここでも知れる。いちおう、この発展段階にある都市を中世都市ということもできようが、市民の成長度も弱いし、なお多分に古代的性格を持っている。

このような荘園領主都市として栄えたのが、京都および奈良である。なお古代都市の遺制も多く存したため、平城・平安両京の後身とも感じられるのである。平安時代に始まって南北両京（のち京都と南都）という称で奈良と京都が呼ばれたゆえんでもある。

ところで、京都・奈良に対して、関東に都市鎌倉が発達してきた。すなわち、鎌倉政権の所在地である。この鎌倉政権も荘園を基盤として、貴族的武家の樹立したものであった。それらの居住地として鎌倉が発達したのであり、これまた荘園領主都市といえるものであった。わが鎌倉時代において、いちおう都市といえるものは、京都・奈良および鎌倉との三である。しかも、これらの都市が発達してきたことは、この都市の消費生活を支えるだけに農業生産も発達してきたことを示している。地方にも、小荘園領主ともいうべき豪族や社寺が存在していた。これまた中央荘園領主に類する生活を展開することもできた。このため、地方にも都市の萌芽が生じてきた。

また荘園貢納品を運送したりすることで交通も発達してきた。このため、港湾に倉庫設備なども整えられるし、地方市場も発達した。これらはもちろん、地方の荘園小領主たちが握っていた。とくに港湾の都市化が進んできたのである。もちろん、京都・鎌倉をつなぐ東海道では、宿駅が整えられた。これが宿場に発達する。かくて、地方において小都市の萌芽が鎌倉時代に発した。史料に恵まれ、研究も進めば、全国にかなり多くの例証が得られよう。

いま章を改め、かかる荘園領主都市の実証的研究として、奈良をあげてみる。さらに章を逐い、京都および奈良の発達に関連して発達した阪神地方における荘園を見るとともに、そこに発生した地方都市の西宮および堺を採りあげてその発達を見よう。なお、本篇の記述対象年代はいちおう鎌倉時代とするが、発展過程の研究であるから、その前後にわたるばあいもある。

ここになお付言するが、奈良を以て京都がすべて明らかにされるというものではない。例えば、京都は首都であるから、武家権力の進出がいちじるしい。武家権力は奈良に及んだが、武家の駐在はない。武家政権は、なお古代政権の列にあったが、それでも封建政権を指向しているのである。公家側では、軍事警察権行使のためにこれを起用したものと考えてはいたが、もとより現実はこれとちがった。(3) 奈良ではこの武家権力の直射はいちおう避け得た。それゆえ、奈良・京都にはそれぞれ特異性の存することも見逃せない。

(1)　本章については、豊田武『日本の封建都市』(岩波全書)第一章第一節「古代都市の変質」が概観している。林屋辰三郎『古代国家の解体』第Ⅱ篇第四章「平安京における受領の生活」、ならびに村山修一『日本都市生活の源流』序篇第五章「律令都市の崩壊」が平安京の具体例を説く。

(2)　二行八門は方一町の地を東西に二分し、南北を八等分する。四行は東西を四等分したもの。奈良には行門の語は残っていないが、例えば次の文書はこれを示す。

沽却　今小路敷地新券文事

合敷地口三間　奥半町　七尺間定也、

在大和国添上郡東大寺今小路内、（中略）

永享肆年壬十一月卅日

左衛門次郎（花押）

（『東大寺文書』）

間口は分割されるが、奥行は遺存されているので、現在、なお奈良の街地に見られる。〝鰻の寝床〟の愛称がおこる。この基本体制を存しながら細分されたものである。京都のばあい、古い時代の例証を示そう。

七条令解　中立売買家券文事

合壹区地肆戸主 在一坊十五町西一行北四五六七門、（中略）

延喜十二年七月十七日

○令長および売買人の署名略す、

（『東寺百合文書』へ）

ここに四戸主とあるが、戸主は四行八門の一、すなわち各戸の班給地で、一町の三二分の一の地積である。東西一〇丈、南北五丈に当る。

（3）室町時代、一条太閤兼良など、この観念を持っていた。『樵談治要』など、公武協調論としてこれを示している（拙著『一条兼良』第五章「女人政治礼賛」）。

第二章　奈良の成立

第一節　奈良の郷

平安遷都によって平城京は廃された。しかし、すでにその東方の春日野に建立された興福寺・元興寺・東大寺および春日社の諸社寺は、その経済的基礎を固めていたので、自立発展することが可能であった。すなわち、荘園制の発達に乗ずることができたのである。と同時に社寺周辺の原野を占有して境内地を拡大していった。堂舎の建立に関連し、僧坊・社館および社寺使用人の住屋が社寺占地外へ進出したのである。このばあい、この地区にも平城奠都後間もなく、社寺建設の所用もあって外京条坊制がしかれていたので、井然たる街地が形成されることになった。ここで社寺周辺に散在した僧坊や堂舎を中心として在家群が発生した。その地域が郷と呼ばれた。これらの郷を包括して領主別に興福寺郷・元興寺郷・東大寺郷および春日社郷が成立した(1)。ところでこのような郷は、古代の郷里の郷でもないし、中世の国衙領の郷でもない。社寺境内地の在家地であり、門前郷といってもさしつかえない。その住民は社寺に属していて諸役を勤仕するものであり、この諸役が年貢の代りになるものであった。さらにいえば社寺の隷属民の居住地である。清浄な社中寺中に対して、界外の俗界の「さと」（里）という意味である。この郷には農民もおれば商工人も生じた。ともども下級社人寺人の類が多い。この種の郷は、法隆寺にも、薬師寺にも、西大寺にも見えるし、京都では祇園社・東寺などにも見られる。摂津西宮の広田社郷もこれである。全国各地にこの例は多いが、この社寺の郷にして規模の大なることは、奈良に比すべきものはない。なお、京都の上賀茂社郷の六郷[2]、山城石清水社郷の四郷、大和石上社郷の布留五十余郷[3]、摂津多田院の七郷などのように、数村に亘る郷もあるが、これも住民が氏人として隷属していた関係であり、奈良の社寺の郷と同類であるといえよう。それぞれの中心は宮本郷といわれた。これらが特殊に見えるのは、その農村的要素が強いままに終始したためである。これらの社寺の郷で、その在家群の増大したものが、奈良の郷ということができよう。もとより大社寺であったからであり、住民は、「奈良中止住之輩者、皆以寺社之公人・披（被）官人也」といわれたところである。この語は大乗院尋尊（一四三〇～一五〇八）が、その日記の『大乗院寺社雑事記』の延徳二年（一四九〇）の条に、「奈良中掟法」として書き留めている。

　ここに春日社郷・東大寺郷・興福寺郷・元興寺郷が成立するが、春日社郷は興福寺郷に併合され、その興福寺領の郷は、興福寺に一乗院・大乗院両門跡が成立したので、別当郷（寺門郷）と両門跡郷とに分たれた。寺門領の郷、すなわち寺門郷は興福寺の四周に奈良の中心部をなし、南都七郷といわれたものがそれである。両門跡郷はその外郭となるが、門跡の位置から一乗院は北里、大乗院は南里に主として発展した。北里・南里というのは、三条通りを界線として、奈良を両分した呼称である。ところが大乗院門跡は、治承四年（一一八〇）の兵火以後、元興寺の子院たる禅定院に移り、元興寺の実権を握ってしまうので、元興寺郷は大乗院郷に包括されることになった。東大寺郷は、その地理的条件から東大寺の西方に、興福寺領に接して形成された。古の東京極大路、すなわち京都街道に沿うており、鎌倉末期には東大寺七郷の称さえ生じた。これは興福寺の南都七郷に模した名称である。南都七郷の名称は、鎌倉中期には既に見られるので、奈良市街の主要部分は相当早く成立していたことが分り、鎌倉時代には東大寺郷・興福寺寺門領南都七郷・一乗院郷・大乗院郷に截別され、市容もかなり整ったものとみられる。

この奈良の各郷に商工業が発達し、商工人を中核とする市民が領主権を超越して一体化を進めたとき、そこに都市奈良の成立がある。次に郷の成立やその統制、市場建設などの詳細を掲げる。

第二節　東大寺郷

東大寺七郷という名はあまり使われていないが、ここに東大寺七郷の称を示すものをあげると、次の「薬師院文書」（東大寺図書館所蔵）がある。

目録

東大寺領七郷者、為御寺務御管領之□別用途間事

右、今度室町殿御下向、寺社御参詣当御門跡入御之段、先代未聞之御経営、所無是非也、仍院家領并七郷等、悉被懸催間別佰文宛者也、千万寄事於左右、雖為一ヶ所、有難渋之輩者、御門徒之沙汰、随御下知之趣、可加破却等之厳密之罪科之条、於御前評定之砌、領状申入一揆畢、然而若莅其時、有令改反之輩者、奉始日本国主天照大神、八幡大菩薩・春日大明神・大仏四王・二月堂等御罰ヲ可罷蒙連判之輩者也、仍起請文之状如件、

明徳二年九月十三日　　教承（花押）以下、三名略す、

これは明徳二年（一三九一）九月十七日、春日若宮祭礼見物（実は大和国支配）のために将軍足利義満が奈良に下向することになり、ついでをもって東大寺別当東南院門跡観海の許に立ち寄るので、門跡では寺門領および門跡領に間別銭百文を賦課してその接待費としようとした。この間別銭の催徴に門跡の坊官らが全力を尽くすことを盟約した起請文がこれである。ここに東大寺郷が東南院門跡郷（院家領）と別当管領の東大寺領七郷から成っていたことが示される。しかし東大寺七郷とはなく、東大寺領七郷とある。

次に『寺社雑事記』の明応五年（一四九六）四月九日の条を見ると、

一　於西転害久世舞有之、戌亥方之沙汰也、号般若寺勧進云々、造物在之、東大寺之七郷に申付云々、

とある。ここには東大寺の七郷とある。これよりさき、同記の文明十七年（一四八五）三月四日の条にも、

一　七郷・同天部・御領内・元興寺郷并東大寺之七郷以下悉以召出、云門跡方云衆中方、涯分責出了、（下略）

と見え、『寺社雑事記』の時代には東大寺の七郷といわれていたことが明らかである。南都七郷に対する東大寺の七郷である。東大寺七郷という例証はまだ見出せないが、これらは東大寺七郷というのと同じことであろう。なお、この『寺社雑事記』の記事を説明すると、南都七郷についでその天部《あまべ》がある。天部は「余部」であり巷所《ごうしょ》（号所）と同じ無公課地をいう。御領内は大乗院郷のことである。この記事は大乗院門跡がその池掘りの人夫を召したものので、ここに列挙された郷からいうと、奈良全体にその人夫役を課したことになる。ただ一ヶ所、一乗院郷がはずれている。このことは、興福寺が大和国司・守護の権能を握っており、しかも一乗院・大乗院両門跡が当時では守護の権能を行使していたことにもとづくものである。(4) 東大寺領へは興福寺別当の守護権がその寺門領同様に及んだ。別当はこの権能の行使はその学侶・六方《ろっぽう》に委ねた。学侶は武力を持たぬから、六方にもっぱら現場行動をさせたし、学侶・六方から衆徒（衆中）に命を下してそれを使役することもあった。むしろ当時では現場行動は

衆徒にまかされるようになっていた。両門跡の場合では、相互の門跡にその権能は及ぼせないが、寺門領へも東大寺領へも学侶・六方および衆徒を用いて所命を発することができた。直接にその守護の権能を行使することもさしつかえはなかった。この池掘り人夫催徴は直接に行なった例であった。また一乗院郷人夫が召されなかったのもこの理由からであった。さきの明応五年の記事に「戌亥方」とあるのは六方衆のことであり、そのうちの一集団のことである。東大寺領を考える場合でも、奈良でも大和でも、興福寺の守護権を見ねばならない。東大寺郷へはとくに興福寺の六方衆および衆徒の警察権が及んだのである。警察権はまま行政権をともない、支配権にも成長する。興福寺寺門領に警察権を行使した衆徒の棟梁が、やがて奈良および大和の支配権を興福寺の被官というかたちではあるが握ってしまうのである。東大寺七郷では領主東大寺のほか、興福寺の六方・衆徒の支配をうけるに至ったのである。しかし、もちろん興福寺側の押しつけである。拒否も可能であったが、これに甘んじたものであった。

ところで東南院門跡郷が見えない。これは北御門門前の川上郷などである（『寺社雑事記』）。川上庄は東大寺学侶の支配である。その在家が東南院領だったといえる。しかし東南院門跡はまま中絶もするし、川上庄は農民郷に終始するので、川上庄に没入してしまったのかもしれない（近郊荘園の一例）。

東大寺七郷の史料は乏しい。したがって七郷の郷名を記した一覧表的史料は見当らない。ここにしばらく東大寺の諸郷をとりあげ、それらの発達を見ながら七郷を見出すこととする。

東大寺郷はいちおう東大寺寺地の界外四囲に成立するものとも考えられるが、東方は山地に接するので、山上の地に僅かな僧坊および小屋の構築を見るにすぎなかった。南方には、東半部に春日社家郷の野田郷が成立したから、その西半部が余地となっていたにすぎないし、その延長には興福寺領があるので無限ではない。西方および北方がのこされていたというものである。しかしこの西方というのも、東大寺の寺地はそこで六坊大路（東京極大路）に接するから、大路を隔てて在家は構えられねばならない。北方はかなりの地域が開拓されていたが、地理的に難もある。かような立地条件に左右されたためでもあろう、実際においては東大寺郷はこのうち西方に発達した。これには平城京の六坊大路が平安時代には京街道として発達するし、またその西方は興福寺郷とはなるが、一条南大路（佐保路）沿いに東大寺郷は延びた。

東大寺はその創建にさいし、寺地の西辺部および南北辺部の大半に築垣を設けた。その南辺部には中央に南大門、その左右等距離をもって南東大門と南西大門とを設けた。西辺部には南からいえば西南大門（国分門）・西中大門（中御門）・西北大門（転害門）、北辺部には北大門がただ一つ設けられたようである。この築垣は板葺あるいは瓦葺のようである（『東南院文書』）。このうち西辺の三門は、西南大門が二条大路、西北大門が一条南大路（佐保路）に面し、その中間が西中大門であった。西南大門は西大門であり、金光明四天王寺の勅額がかけられ、総国分寺門前の行事が行なわれたので国分門といわれるようになった。西中大門は中門でいわゆる「焼け門」のことであるが、これは慶長十一年（一六〇六）正月に炎上した以降の称である。西北大門は佐保路門といわれたし、ここで転害会が行なわれるので転害門といわれるようになった。この三門はかの「天平勝宝八歳東大寺四至図」にも明記され、とくに西大門には東大寺との註記すらあり、諸大門のうちでは最大の規模を有していた（福山敏男『奈良朝の東大寺』）。平城京に面する方向にこの西辺の三門があったことからはもちろん、この西大門が最も重視されていたことがわかる。東大寺郷がこの西辺三門の門前、とくに国分門前近くに早く発達してくるのも、あながち地理的関係とばかりはいえなかろう。

東大寺の寺僧たちはもちろん僧坊に在った（二条大路は朱雀大路に次ぐ大路幅）。三面僧坊などだけでは収容しきれるものではない。子院もできてくるし、また私房もできたに相違ない。年中槌の音のするのは東大寺だといわれたくらいだから（『大鏡』）、寺に駆仕される下人たちはもとより、工事関係の工人や下人たちの小屋も設けられたことであろう。かの造寺司以来のことで、平安時代になっても同様と考えられる。ところで東大寺の寺地は七大寺のうちでも最大であるから、僧坊にせよ小屋にせよ、寺地内で十分にこと足りたことであろう。しかし寺外に住房や小屋を設けなかったとはいえない。とくに下人たちの小屋は寺内すなわち浄地はさけて、これを界外にあらしめることは、寺の方針として当然のことであったろう。その住房や下人の小屋が後世の諸郷のおこりだといい得る。

　長治元年（一一〇四）十二月廿八日付の僧覚尊の領田并房舎の譲状によると（「股野文書」）、その地は左京五条六坊五坪内にあったという。これは田地の所在地を示すもので、房舎の方は寺地内にあったかもしれない。また嘉応元年（一一六九）十二月付僧実勝の高市郡南郷檜前《ひのくま》条四里廿五坪内の田地売券によると（『東大寺文書』）、この地はかつて佐保田法橋の所領であった。佐保田法橋というからには、佐保田すなわち左京一条三坊・四坊あたりに住居していたのではないかと思われる。この僧が興福寺僧か東大寺僧かは明らかでないうらみはあるが、寺中を離れて遠く佐保田の地にあったものと見られる。この類の用例を諸郷に求めてみると、天永二年（一一一一）十二月十九日の平正盛の書状の宛名は片山都維那《ついのう》御房になっている（『東南院文書』）。この片山は東大寺の北東方の山腹地と見てよいし、そこに都維那某は住居していたものであろう。ついで無年号九月廿日付の晴兼奉の某の宣旨添状の宛名は、今小路在庁御房となっている。この文書は保元二年（一一五七）を下るものではない（『東南院文書』）。ここに今小路在庁御房というのは、東大寺三綱のうちで今小路に住んでいたものの謂である。これは平安末期に東大寺領復興のため才腕を振った覚仁《かくにん》であるらしい(5)。ここに今小路という東大寺郷のうちでも栄えた郷の名が現われていることには注意させられる。これらの諸例から、東大寺の寺外に房舎が建てられるに至ったことは立証できよう。

寺中に子院・坊舎の建てられたことは説明するまでもない。小屋などがながく定着するに至ったことも当然である。造司のあった寺中戌亥の松本の地などには住家が多くなり、これがのちに雑司の地となってくる。例えば承久元年（一二一九）十二月の秦姉子の家地売券には（「根津美術館所蔵文書」）、「正蔵《倉》院乾方の私領」を売るとし、その所在は「東大寺造司官之内松本南従路東辺」だという。これは「松本の南より路の東辺」と読んでも、「松本の南、路より東辺」と読んでもよい。しかもこの路は「限西大路」とあるから、京都街道となった東京極大路のことである。寺中西北隅がすでに房地ではなく、家地と化している。しかも私領となっている。このような家地が多くなることで郷ができてくるのである。

寺僧といえども寺中に私房を建設するためには寺の許可を得ねばならない。永久五年（一一一七）二月九日のこと、僧禅得は、すでに上司東（雑司東）の荒野を開発して私房を建設していたのであるが、この日、東大寺五師所に証判を求めてこれを得た（「根津美術館所蔵文書」）。こののちは門弟らに譲与するなり、売却することにもなるのである。保元二年（一一五七）には僧感仁が僧印厳に売渡している（同上）。いまだ房地としてであるが、俗人に渡ると家地となるわけだし、家地となると類を呼ぶことにもなる。また小屋などもできてくる。嘉暦三年（一三二八）十月のこと、東大寺寺家の集会において、「寺中郷民小屋事、云出入之行儀云住宅之下品、殊可有其沙汰候哉矣」（『東大寺文書』）という厳制が議定されている。すでに郷民たちの寺中進出がさかんになったことを示している。

国分門前の郷の成立については、例えば康治二年（一一四三）六月廿八日付の「重誉大法師遺産分与状」によると（「大東急文庫所蔵文書」）、国分門の北脇に楞伽院という子院の敷地があったが、その房地は次のように門弟たちに頒たれた。

（異筆）「北端拾間信尊分、次南拾間姉子分、次南尊珍分也（花押）」

楞伽院房地壹院　在東大寺国分御門北脇之内、辰巳角、先年之比沽却暹有五師畢、

四至　限東川、限北水門川、　限西大垣、限南暹有五師領、

この房地の辰巳角はすでに暹有五師に売却されており、ここでその残余地が信尊・姉子・尊珍に分与されたようである。なお引用は略すが、この文書の次条の記載では、姉子の分はその死後は尊珍に譲ることになっている。ここに門弟とはいうが、これらは子女たちのようであり、いわゆる真弟《しんでい》であったらしい。寺僧が家族をもっているのである。例えばさきの保元二年の文書には、僧感仁の長女長男も署名しており、家族を持っている。これらがすべて寺僧になるとは限らない。ここにも郷民化の要因がある。古くは寺僧の女子など財産を分与されると、一期の後は寺僧になった者にわたしているが、いったん俗人に富力が加わることになれば、これに売却することもあり得る。売却には原則としては寺家の承認を必要とした（前掲「康治文書」）。永暦元年（一一六〇）二月七日付で平姉子はこの家地十間を処分している。恐らく尊珍に渡ったものであろうし、寺家も承認している（『東大寺文書』）。ところでこの尊珍は清原姉子にその房地を譲っている。おそらく平姉子のも合せてであろう。しかし、尊珍はその地を多（秦）中子に質入れしていた。そのため養和元年（一一八一）に姉子は南北八間四尺のうち西五間三尺の地を多中子に分譲した。この地は中子から僧尊勝に文治三年（一一八七）に売却され、かくて尊勝は八間四尺の地を得て、やがて承久二年（一二二〇）に大中臣姉子に譲与した。姉子はおそらくのちに蓮阿彌を号したのであろうが、この尼蓮阿彌は安貞二年（一二二八）にこれを養子の尊慶に譲った。これらは一族の相伝のようであるし、他に売られたりしてもまた買戻しをしたらしい。しかし養和元年の清原姉子の分与状には北口西のはし二間

を文法房に売渡したといい、尼蓮阿彌の安貞二年の譲状ではそのうち北口六間二尺を正道房に売渡したと記される。ここで房地がかなり細分されてくることがわかる。また八間四尺の地は、「限東河、限西類地源中子領、垣之巡、限南源中子領、限北路」とあり、この地の北に路があることになる。その北の方には水門川があるのだし、細分されると路もできてくることがわかる。なお、この源中子と多（秦）中子とは別人であろう。文永元年（一二六三）十月十五日付の上野女・藤原姉子・寛遠房の三名連署の「西水門之内南辻子ヲク」の家地売券には、その三間の家地は東西北は中垣を限り、南は大道限りとしている。この大道は二条大道が国分門内に通じていたものであろうか。また寺中にも大小の道が通じ、この道に面して家地の垣が設けられていたことになる（『大和国古文書』）。ともかく、鎌倉時代初めごろまでは、俗人といっても寺僧縁辺のようで、真の郷民が家地を入手するまでには立ち至らなかったらしい。しかし細分されることといい、寺僧縁者の郷民化も進んでくるのである。このことあたりからも、郷の成立がすでに進んでいたことが知れよう。もとより住民は、すべて「寺社之公人・披（被）官人也」（『寺社雑事記』所収「奈良中掟法」）といわれたように、もとは社寺に隷属したものであったからにほかならない。社寺堂舎が社寺内外に設けられ、それを中心としてその近傍に住民の小屋が群集するに至るのである。この国分門北脇の楞伽院の地は、安貞二年の譲状の端裏書には「スイモンノチノケン」すなわち水門の地の券とあるから、やがて水門郷となり水門町となるところである。なお大垣のうち、すなわち寺中のことであるが、このように房地が細分されると、交通に便利な京街道に面する西辺に門や通路が設けられ、大垣はしぜん所用にたたなくなってくる。もちろん、寺中の水門の地に家地が増えるようになって水門の地名も生じたのであろうし、西になお家屋敷はのびて京街道に接してしまう。この家地が増えても初めはその家地に垣が廻らされていたろうが、街道筋ともなるとその垣は廃されるに至ったことであろう。僧坊などでは俗人の家地と異なる浄地であることを示すためにも、また自警のためにも墻壁を設けることに努めている。すでに寺の下人や寺の工人たちが郷民化してしまった大永二年（一五二二）十二月のこと、新禅院禅秀は新禅院の聖教類を夜盗などから保護するため、西塔芝原の南北に垣を設けることを寺家に願い出て、この芝原を寺家から借用するからには、垣内に竹木を植えたり、田畠・小屋等を作ることはしないと誓約している（『東大寺文書』）。子院や私僧房ができたばあい、その構内（垣内）で小屋や菜園などを設けても、寺家としてはこれを禁止することはできなくなっていたことが示されるし、またここに垣を設けることは、このあたりまで民家が進出してきていたと考えてもよさそうである。寺地を示し、また警戒線とした大垣は、すでに所用にたたなくなってしまったのである。

国分門の北脇の寺域に子院・僧房が増え、俗人もこれに住うことになって水門郷ができた。これに歩をあわせて、国分門の周辺にも子院・僧房や小屋も増えてきた。それが国分郷に発達するものである。建久四年（一一九四）三月に松南院尼禅妙が、かねて了鏡房から流渡された家地三間を珍成守に売却しているが、その売券には「国分里押上河北辺奥」と見え、家地三間の南と西はいずれも川を限りとしている。この国分里は国分郷であり、そこに押上という地域名が見える。水門とさほど隔っていないところである。同じく同八年五月九日の某家地売券には「国分郷押上辻子之内南辺」の「三間捌尺間二間丈間壱間」と見える（『東大寺文書』）。ここに国分郷には辻子があり、それが押上辻子といわれたこともわかる。しばらくして国分郷は押上郷という名になってしまった。なお当時の奈良では七尺一間が主であったが、ここには一丈一間、八尺一間が見えている。また六尺五寸一間もある。また明徳二年（一三九一）十二月十七日付の阿佐の売券によると、「押上敷地合、口肆間、奥貳拾間五尺、在東大寺中御門前」と見えるので、押上郷の地は中御門（焼け門）にまで及んでいたことがわかる（『東大寺文書』）。

この国分郷と同様に中大門の門前に中御門郷ができた。正応四年（一二九一）二月の東大寺年預五師の「寺家文書勘渡状」によると（『東大寺文書』）、中御門郷民石王丸の興福寺西金堂修二会薪役勤仕に関する一件書類があったようであり、このころ中御門郷が見える。事実、二月廿三日付の石王丸の起請文が見出せる（『東大寺文書』）。ついで建武二年（一三三五）十二月廿日には東大寺五師所は中御門郷八幡講神楽料米田納所職について縁浄法師の訴訟を裁許している（『東大寺文書』）。これらによって中御門郷の存在を指摘することができる。

佐保路門すなわち転害門前には転害郷が成立した。元久二年（一二〇五）三月十八日付の僧定西の手掻郷の家地売券によると、その家地の東は京大道で限られている。すなわち転害門に面する西側にあったことがわかる（『筒井氏所蔵文書』）。なお建暦三年（一二一三）二月十二日付の尼某の家地売券によると、その家地は手掻大路にあって、東は大路に限られるという（「大東急文庫所蔵文書」）。手掻大路も手掻郷と同じだし、この大路は京大道である。手掻はもちろん転害のことである。この京大道に沿った転害郷にはとくに旅宿が多くできた。正応二年八月の興福寺一乗院家寄人の銅鋳物師友光の一乗院に対する愁訴状の中に、「彼手掻辺者、一向令宿人、為其業支身、今所令渡世也」とある（『東大寺文書』）。やがて旅宿郷ともいわれるのである（『東大寺文書』）。なお転害郷が水田地帯から発展してきたことは、長暦元年（一〇三七）十二月八日の王某の水田売券に「在手掻御門佐保大路北辺後田」とあることからも知れる（「保坂氏所蔵文書」）。

ここに東大寺西辺の三門の門前に門前郷のできたことを示したが、なお今小路郷のあったことが知られる。例えば嘉元二年（一三〇四）正月に東大寺で富裕郷民に有徳銭《うとくせん》を賦課しようとしたさい、小綱《しょうごう》・公人《くにん》等が起請して調査簿を提出したが、その名簿は次のようである（『東大寺文書』）。

注進　有徳交名事

手掻

寅入道上　十仏上　春命入道中　春徳入道中　寅乙入道上　セイシ下

今小路

二郎コウカナ下セイタカアマカムコ　三郎太夫下　観音太夫スシヤウキン下　善徳ミヤスミ上　黒石二郎下ミヤスミ　ミツ上中御門

押上

石若太夫中　千鶴三郎太夫下　弥徳下　辰五郎下　カタ(ママ)ソク入道子息下

已上

右注進如件、

喜元二年正月十四日　　小綱公人神人等上

ここに上中下とあるのは、賦税等級をあらわす。このような課役は寺僧とか寺人は免除されるからその数が少ないのである（後説）。ところで東大寺郷では、この当時では手掻・今小路・押上（国分）の三郷が主体であったことがわかる。今小路郷から中御門郷がわかれてくるのであり、そのほか宮住郷・スシヤウ（朱雀カ）院郷も同じくわかれてくることが知れる。

今小路の地名は、さきに平安時代の例として「今小路在庁御房」の名を指摘したが、なお久安六年（一一五〇）八月廿五日付の行長の敷地売券によると（『東大寺文書』）、「東大寺郷今小路東頬」の「口七間三尺五寸、奥廿八間二尺四寸七尺間定」を二十七貫文で売却している。いまだ今小路郷とはないが、今小路の地名は判然としている。やがて今小路郷の成立となる。

ここに押上・中御門・今小路・転害および水門の五郷があがったが、東大寺七郷はこのほかにいずこになるであろうか。このばあい、四郷は西辺の門前郷であるから、他の南辺・北辺の門前郷と考えねばならない。まず南辺で南院郷が見出せる。

南院は真言院の別称である。よって南院郷は真言院郷、すなわち南西大門の門前郷といえる。前掲の正応四年の寺家文書勘渡状に「南院内十地院文書三通他寺成妨之時大切証文歟」と見え、すでにそのころには成立していたことがわかる。この南院郷は興福寺の東里に接するので紛擾がおこる。八月十九日付の興福寺返牒によると、十地院築垣のことで興福寺僧の識眼房が争いをおこしたらしく、南院前の大路に東大寺から公人を遣わして杭を打ったので、興福寺六方衆の丑寅方衆がその杭を抜き棄ててしまうという事件があった。この大路は興福寺の支配だというのである（『東大寺文書』）。なお南院郷については、興福寺に尋問したりして東大寺の理と決し、再度にわたって綸旨を藤原氏長者に下し、興福寺に諭さしめた徴証がある（『東南院文書』）。この綸旨は八月廿六日・九月五日付で年号を欠いているが、後嵯峨天皇の綸旨で仁治寛元のころのものである。おそらく、前の興福寺返牒もこのときのものであろう。鎌倉時代にこの郷の成立を見るのである。しかも房地は細分される。安貞二年（一二二八）三月の僧融慶の子息僧信増への譲状には、「南院前房地、合房二宇・土屋一宇」とあるが、このうちの二間二尺は勝浄房、西四間も同人に譲り、東五間は定学房に売却、また五尺も同人に譲渡している（「三宅氏所蔵文書」）。しかし僧侶への譲渡売却である。この郷が、郷として発達し、七郷といわれるようになったかいなかは疑わしい。郷民の成長については知るところがないからである。

次に北辺では北大門が唯一の門であるし、その近辺に郷の成立があった。すなわち北御門郷である。しかし、この地域は水田地帯である。至徳二年（一三八五）三月十七日付の僧隆寛の水田売券には、「北御門出口五段田内三瀬町田」とあり、「河上庄田地」とも見える（「石崎文庫所蔵文書」）。同じく康正三年（一四五七）三月廿四日付の法花堂諸進玄祐の水田売券にも「北御門出口六反之内、竪道ヨリ南二反目、水田壹反」と見える（『東大寺文書』）。

しかし、応安六年（一三七三）のものと思われる「北御門在家人交名」が存しているので（『東大寺文書』）、北御門郷の成立は疑うべくもない。田地は川上庄を構成し、在家地域は北御門郷を構成したものといちおうは考えられる。ところでこのころ東南院門跡領の川上郷が見える。この在所は明確にはできないが、北御門郷の一部が、領主を異にしたので川上郷の名を称したものかと思われる。

東大寺七郷の名は一四世紀末にあらわれるから、それ以前に郷名を称するもの七つをあげるべきである。押上・中御門・今小路・転害と水門・南院・北御門とをあげると七つとなる。しかしこのうち南院郷は郷としての成熟は疑わしい。それゆえ他の一郷を求めねばならない。このばあい、かの「北御門在家人交名」と同時と思われるものに「ソキ郷分」という在家人交名があり、これは「みやすみ家十六間」とあるので宮住であったことがわかる。宮住は中御門とならんで今小路郷に含まれていたことは、嘉元二年の有徳郷民注文を掲げてすでに記した。しかし、宮住は郷としても今小路の寄郷《よりごう》である。その後、宮住郷とはっきり示される例証は、天文三年（一五三四）二月八日付の俵屋彦右衛門の「宮住郷桔梗屋敷地売券」であり（『東大寺文書』）、その間の発達状況はわからない。ソキ郷という名称もわからない。実は北御門・ソキ郷とならんで中御門郷分の在家人交名もあり、それに応安六年四月十八日と見えるのである。この三通の注文の存在から見れば宮住郷が七郷の一かとも考えられるが、これ以外の徴証は叙上のように乏しい。そこでなお他を見よう。

さきの嘉元二年の有徳郷民注文には、今小路郷内に「スシヤウ院」というのがある。おそらくこれも寄郷であろう。無年号でしかも郷名を破損のため欠いている一文書に、「その郷は今小路郷の寄郷である。故将軍家尊氏が筑紫八幡より上洛のとき、寺から御供に差上された。朱雀郷民は今小路へ帰ったが、その郷民はなお在京した。いよいよ帰寧したので、今小路郷に属して諸役を勤仕しようとしたが寺家ではこれを許さなかった。またいま祇園会の課役を往古の例に従って賦課されたのは納得し難い。今は東頬に家が二・三間あるばかりだ」といって東大寺に愁訴しているのがある（『東大寺文書』）。これは朱雀院郷としてよかろう。朱雀院とスシヤウ院すなわち衆性院は同じであり、のちには今小路分と中御門分とに分れたように（後説）、一郷というべきものではない。また転害郷には窪という地もあり（「応永卅一年左近三郎売券」『東大寺文書』）、これはのちに窪郷といわれた場合もあるが（『東大寺雑集録』）、これは問題とはならない。ところがいま一つの今在家郷がある。この郷名は長享元年（一四八七）八月の「八幡祭礼棟別人別帳」（天理図書館所蔵）に見えるし、一六世紀には市場郷としてかなり繁栄したものである（『多聞院日記』）。この地は、嘉暦三年十月の集会事書（既掲）に「新在家非人温室事、穢気分無苦見哉、如昔可有其沙汰候哉矣」とある新在家の付近と見てよい。すなわちこの温室は北山の麓となろうし、今在家は転害郷に接するものである。この今在家郷は成立の年次によっては七郷の一となろう。

ここに幸いにも東大寺郷の発達を知ることのできる好個の傍証がある。それは東大寺八幡の勅会である転害会がようやく郷民の祭礼化してきたことで、東大寺諸郷による神賑行事の主宰が始まった。もとより寺家から各郷に催課するというかたちはなおつづいたが、この諸郷勤仕の記録から、郷名が検出できる。貞和四年（一三四八）の転害会奉行の薬師院実舜の「執行日記」によると、同年の転害会風流《ふりゅう》の頭人は次のように定められた（東大寺図書館所蔵）。

一トウ（頭）人ケウミヤウ（交名）ノ事
上ツカサ（司）　キヨクニ（清国）　北ノ御門
下ツカサ　ハル太郎カマコ　ヲシアケ（押上）
セイナウ（細男）　五郎入道カムコ（婿）　イマサイケ（今在家）

ホツシヨ（法施）　セムスワウ（千寿王カ）三郎カコ（子）　イマコウチ（今小路）
ホツシヨ　マタ太郎カコ　テンカイ（転害）
スマイ（相撲）　コムス　スイモン（水門）カシウリ（菓子売）
スマイ　ケントウ三郎カコ　テムカイ
スマイ　十念カコ　テムカイ
スマイ　ムマノ（右馬）太郎太夫　ヲシアケ　ヨリトウ（寄頭）五郎イマコウチ、春日ノサンシヨ（散所）ノ舞人トカウ（号）ストヰ
ヘトモ、タウカウ（当郷）ニイルウエハ、サタニヲヨハスシテ、ソノヤクヲキシス（不免除）、
ミコシトコロ（御輿所）　ケム六（源）　イマサイケ　アフラクラ（油倉）ノ下部
ミコシトコロ　リキメイ（力明）　ヰマコウチ
キヒヤウ（騎兵）　七郎　カミツカサ（上司）　アフラクラノ下部
ヨリトウ三郎キタノミカト
キヒヤウ　イシ五郎　イマサイケ
ソノコマ（其駒）　マコ太郎カコ　イマコウチ
ヨリトウハル太郎　イマサイケ

ここで郷名は、北御門・押上・今在家・今小路・転害・水門の六がある。中御門は見えないが、これは今小路の寄郷のためか、あるいは然るべき郷民がいなかったためかと思われる。ともかく今在家がここに見えることは、その郷は成立していたと考えてよかろう。かくて東大寺七郷は押上・水門・中御門・今小路・転害・今在家・北御門といえよう。宮住郷は今小路の寄郷としてなお自立しなかったであろうし、南院・雑司あるいは鼓坂《つさか》・山上はこれらとは別個の性格を持っていたのであろう。東大寺七郷は、かくておおむね京街道ぞいのものであったこ

ともわかる（近世に転害八町といわれた例がある）。

もとよりこれらの七郷といえども、なお寺坊を中心としていたことには相違ない。転害郷でも例えば檜扇坊というのが応永卅一年（一四二四）五月卅日付僧実融の売券に見え、「南北五間奥エ東西廿八間、七尺間定」と訳される（『東大寺文書』）。しかしこののちは徴証がないし、この坊地の民家への転進も考えられる。

東大寺七郷といっても、さきの宮住郷のように独立郷ともいえるような寄郷もできたように、あらたに在家がおこり、郷といえるほどになったものも少なくない。

かの「長享元年祭礼棟別人別帳」では、手掻・西手掻・窪・今在家・西勝院垣内・今小路・今小路衆性院・宮住・中御門・中御門スシヤウ院・中御門キヤクシ坊・押上・押上湯屋辻子・押上南・南院・北御門・雑司《ぞうし》・鼓坂・西院・水門・東木屋・東ヨリ二番木屋・三番木屋・四番木屋・新禅院垣内・山上・上院・北上院・南中院の地名とそれぞれの在家の棟数人数を示している。これにはすべて分とあるだけで、郷という名は一つも見えないから、郷と郷になっていないもの（在家群）との区別はできない。しかしこれから郷を摘出し、郷民構成を詳述することができるがここでは省略する。ともかく、寺内に在家の進出がめだっている。寺内への在家の進出が小屋に始まっていることはすでに述べたが、ここでさらにその寺内進出の経路を見ておこう。

鼓坂には古くから鼓坂社の建立があるが、ここに地蔵院ができた。この地蔵院の屋敷地子の正平六年（一三五一）十二月の請状がある（『東大寺文書』）。房地ではなく、畠地化していたものであろうし、ともかく寺僧ではないものが住むに至ったものであろう。西院では文明十五年（一四八三）八月廿七日付で西室院奉行所堯賢の西院の畠地売券がある。東は二月堂畠、南は類地、西は他領畠、北は他領畠だといっている（『東大寺文書』）。西院は寺中であるし、ここに少しく以前、将軍義教の倉方にまでなるという政商の西室大夫法眼見賢が家をかまえた。また西院大夫法眼ともいわれた。嘉吉の変後、見賢は逃亡したし、これは興福寺六方衆に破却されている（本章第四節参看）。その敷地などおそらく畠地となっていたろう。寺中では房地が畠地と化し、それが郷民の所有に帰したり、家地となったりしたものが多かろう。鎌倉末期ごろから、東大寺の房舎の壊たれたり、他所に遷されるものが多くなった。建長二年（一二五〇）・弘長二年（一二六二）には、朝廷から制禁されたことがあるくらいである（『東大寺文書』）。それ以後はいっそう廃退もあったろうし、その房地は畠地化もしたろう。もちろん荒野の開発もある。嘉暦三年の集会のさいにも、南上院故隆玄得業の住坊を壊って他所に移したので、本主寛智を寺中制符に背くものとして罪科に処している。また学侶や衆徒が断罪のため房舎を破却することも戒めている。これはむしろ、興福寺が司法警察権を行使することに対する抵抗ででもあったろう。ともかく、房地跡などは在家となる傾向が大であったのである。しかし郷となるのは、交通のよい京大道に沿った寺辺の地域であった。東大寺七郷のうちでは、農民郷といえる北御門郷といえども、綿屋の存在が指摘できる（『東大寺文書』「文明十六・九・四転害雁金屋藪売券」）。

東大寺の西辺、すなわち京大道に沿って東大寺七郷は発達してきたが、南院・水門のあたりはともかく、今小路・転害では、房地・家地の売券から見ると、京大道に東面するものが多いし、間口は比較的狭く、奥行は半町に及ぶほどである。このことは、京大道が東大寺大垣に沿っていたので、京大道の西側に房地家地が設けられるという、片側のものであったことを示すものと思われる。西北端部や西南端部（押上）では寺中への在家進出にともなって、大垣などは撤去にひとしくなったであろうが、西辺中央部ではなお大垣も存していたのだろう。それゆえ転害には西転害の地域ができるし、中御門郷は西に伸びたものであった。しかし祇園社など京大道に西面したため、しぜん西面の在家もできてきたのであろう。この京大道両側に街地ができる時期は明らかには示せない。江戸時代にはかなり東側に在家の進出があったといえるようである。もとより在家は荒野地にできた。東大寺寺地に接した寺外のやや高地に東大寺郷は成立したものであろう。水田地帯への在家進出はその発展であったろう。それゆえ、領主の支配権は土地によったのではなく、人に対して公事（諸役）として課せられたし、人を支配したものと思われる。東大寺郷の多くは寺外ではあるが、寺中と同じように、東大寺が支配権を容易に及ぼすことができたし、東大寺郷を成立させることにもなったのである。しかし大和守護識の地位にあった興福寺がこの東大寺郷はもちろん、寺中に対しても警察権を行使するようになった。郷民にしても興福寺の被官人となったものがいたし、敷地にしても興福寺領民でこれを取得するものも生じた。かくて中世では、東大寺郷は東大寺および興福寺の二重支配をうけたかたちであった。寺中でも抵抗はしたが、興福寺警察権の介入は拒否できなかった。そこに東大寺郷の惣郷としての組織化が阻まれたことでもあろう。

文安四年（一四四七）に東大寺郷は春日社造替料棟別銭を興福寺から課せられた。東大寺ではこれを拒否したが、綸旨も下されたし、幕府ではもちろんのこと興福寺の主張をいれた。同年九月八日付で幕府御教書が東大寺に下されて納入が命ぜられている（『東大寺文書』）。

東大寺郷民生活の展開についてはなお次篇に述べる。

第三節　興福寺郷

興福寺郷は、興福寺の寺地方四町を繞る大垣[6]の周辺に成立した。しかも、南大門の門前を中心とし、その末寺化した[7]元興寺にかけて発達した。やや遅れて興福寺の西辺が発達したし、東辺に接する春日社郷を併せた[8]。南大門が面する三条大路を界線として、南里（南郷）と北里（北郷）とに分たれたことは既述した。この南里は、その南限は岩井川であり、北里の北限は佐保山地に及んだ。

ところで興福寺郷には、半自立的な一乗院および大乗院の両門跡郷が成立した。そのため興福寺郷は、別当の支配する寺門郷（南都七郷）と両門跡郷との複合体となった。寺門郷が本寺の周囲、両門跡郷はその一乗院郷が北郷（その東部は東大寺郷である）の西部、大乗院郷が南郷（東部は春日社郷である）の南西部に発達した。大乗院はまた南郷にあった元興寺郷を門跡郷に准じて支配した。

これらの郷は、南都七郷とか東大寺七郷といわれたように、なお下部組織単位としての郷（のちの町）を包括した。しかも南都七郷というのは、行政上の便宜から下部組織の諸郷を七集団としたものである。南都七郷の称は鎌倉時代中期にすでに通用しているから（『中臣祐賢記』）、鎌倉時代早くから行われたものといえる。実は、奈良の発達は、平清盛がその子の重衡を将として決行した治承四年（一一八〇）末の南都焼討による復興事業に転機が生じたと見られるのである。かくて、興福寺郷が相当に発達したと見られる鎌倉末期ないし室町初期（一五世紀初頭）において、その構成を見ると、別表のようである(9)。

この南都七郷に門の名を配したのは、興福寺の諸門の門前に位置するからである。そのうち、新薬師という名は門の名ではなく、新薬師寺の寺名による。同寺は東大寺の末寺ではあるが、有縁の興福寺も、検断権を行使、その所在地近傍だったので名称としたものである。その高畠郷は、東御門郷の野田郷とともに春日社家郷であった。なお七郷に堂塔の名を配したのは、その堂塔で必要とする人夫役を分担させたものである。そこに東金堂郷が見えないが、それは塔郷というのがそれである。塔は五重塔のことで、東金堂の塔であった。さらに大乗院門跡郷においては寄郷がある。これは大乗院門跡が治承の南都焼討元興寺禅定院に移ったのち、元興寺郷のほかに発達していた近傍地を併せたものである。これは、禅定院鎮守の天満社の社地というべきものであった。

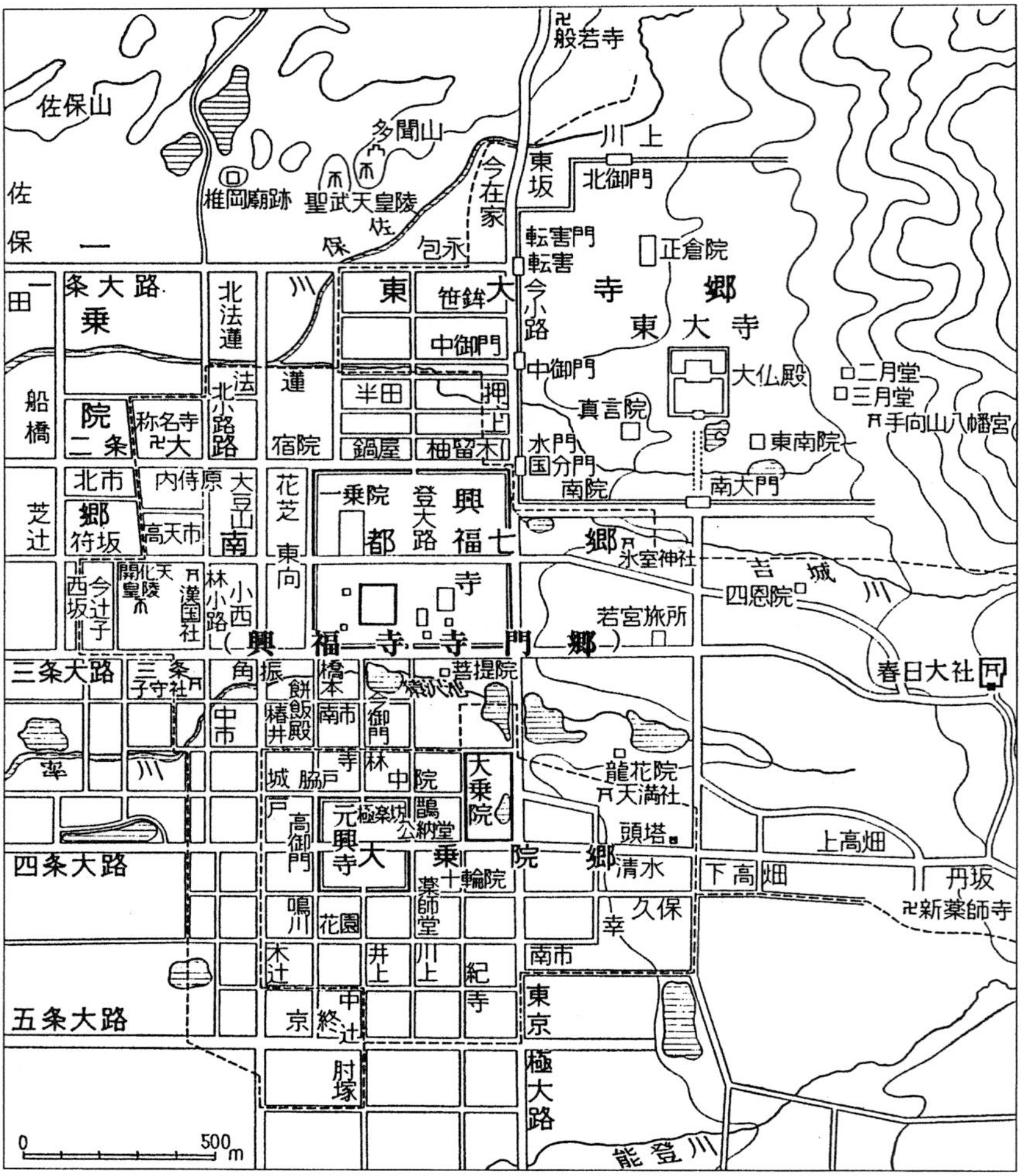

『奈良』(日本歴史叢書３　吉川弘文館)所掲

南都諸郷図　(諸寺領郷を示す)

郷		町名
寺門郷（南都七郷）	南大門郷食堂郷	東城戸　西城戸　脇戸　高御門　鳴川　花園　井上
	新薬師郷塔郷	京終　中辻子　紀寺　貝塚　下高畠　上高畠　新薬師　丹坂《にさか》
	東御門郷金堂郷	南院　中村　登大路　東里　芝　西野田　東野田　北野田　重持《ちょうじ》院
	北御門郷講堂郷	菖蒲池　下北小路　南法蓮　宿院　新乗院　押小路　吐田《はんだ》　柚留木《ゆるぎ》
	穴口郷北円堂郷	苻坂北方　高天北方　阿弥陀院　内侍原《なしはら》　二条　東芝辻　西芝辻
	西御門郷西金堂郷	小西　角振《つのふり》北方　林小路　高天南方　苻坂南方　今辻子北
	不開門郷南円堂郷	今辻子南　下三条　上三条　角振南方　椿井橋爪　橋本　餅飯殿《もちいどの》
一乗院郷		紀寺　尭光院川上・内院薬師堂郷　芝辻　西御門　北市　船橋　新在家　法蓮　広岡　阿古屋川　佐保田　不退寺　東里
大乗院郷	本領	幸《さいわい》　南市　岩井　南市　九《く》納堂《のうどう》前　川上　辰巳小路　法乗院氷室前　野田　花園西御門門前
	寄郷	東中院　西桶井　東桶井　窪頭塔　十輪院　幸　宮馬場　松谷　九《く》尊《そ》小路《こうじ》　今辻子　春日見　御所馬場
		毘沙門堂　極楽坊　不審《ふじがん》辻子《つじ》　光明院　瓦堂　木《き》辻子《づじ》
	元興寺郷	東鳴川　藏下　高御門　東寺林　西寺林　辰巳辻子　無縁堂　南室　北室　小南院《しょうなみ》　中院　極楽坊辻子
		今御門
東大寺郷		転害　今小路　宮住　中御門　押上　南院（水門）　北御門（以上、東大寺七郷）　スシヤウイン（朱雀院カ）　今在家

興福寺の寺領郷の統制機構もしだいに整った。いちおう鎌倉末期の状態として述べてみよう。このとき、両門跡郷には、興福寺別当の支配権は及ばない。別当の支配は、寺門郷すなわち南都七郷に限られた。別当はその事務官である三綱にこれを支配せしめたものである。この場合、諸郷を組別したのが七郷であり、三綱は七郷のそれぞれに仕丁・主典各二人を宛ててこれを支配した。ところで、司法警察権であるが、興福寺の武力は、六方衆と称せられる学侶の若僧が握ったので、これが隊長となり、衆徒といわれる僧兵を指揮してこれを行使した。六方衆は寺中寺外の僧坊の六方から本寺に出仕して組織した集団であったので、便宜、南都七郷を六方に分って、その警察権行使にあたっては、その分担とした。六方衆は、戌亥方・丑寅方・辰巳方・未申方・龍花院方・菩提院方の六方から成るが、南都七郷を分って、郷の支配を分担した。したがって南都七郷は、行政的徴税的区分であり、さらに警察権行使の六方の区分を持ったわけである。犯過人検断にさいしては、当該の郷の六方衆の分担の方衆が六方衆の意志を体し、衆徒に命じて現地に赴かせる。この場合、組郷の仕丁も立会うわけである。

これに対応して、下部組織の郷には、役人として興福寺の下僕が在住していたものと見られる。それは半官半民的存在であり、在地の年寄《としより》で刀祢《とね》（祭祀権を握る）の称呼を持ったものかもしれないが明らかでない。むしろここにも、仕丁が在住したものかと思われる。室町初期には年寄となるが、そのときは民間人となっている。

ところで、興福寺別当の警察権は、東大寺郷と大乗院郷の元興寺とに及んだ。興福寺が大和守護職と自認するからである。しかし、東大寺郷は、これも荘園であり、法理上からは他の警察権は及ばない。東大寺でもこれは拒否していた。しかし、違勅の犯過人は検断できるという特例が守護にはある。(10) また東大寺郷民にして興福寺の寺人あるいは従属民となったものがあるので、それらに対して検断を行ったものである。東大寺では、当初から興福寺の大和守護職たることは認めていないから、ここで紛擾も生じた。東大寺郷に対する六方衆の実力行使の例は、室町時代に至ると頻発した[11]。次に元興寺は東大寺の三論宗と興福寺の法相宗とを兼帯したので、元興寺別当には両寺僧のうちから選補された。やがて元興寺郷は大乗院門跡の寄郷となったが、その警察権は、元興寺別当と興福寺別当および大乗院門跡とが行使することになった。現場到着の早い者順勝ちという慣例が成立している。このことは、『寺社雑事記』の随所に見えるところであり、興福寺別当の警察権行使は衆中が当ると見える。元興寺郷の警察権が三寺院に在ったことは鎌倉時代にさかのぼると考えられる。その衆中が六方衆を擱《お》いて、直接に別当の命をうけることになったのは室町時代のことである。ここに衆徒と見えず、衆中と記されているが、衆徒の代表者二〇人が衆中（官符衆徒）と称する機関を組織し、興福寺の武力を掌握したからである。この衆中は貞和四年（一三四八）に興福寺から足利幕府に提出した「興福寺軌式」（内閣文庫所蔵）にも見えるのでその成立時代を知ることができる。やがてこの衆中の棟梁が官符（官務）と称し、「奈良中雑務検断職」に補せられて、奈良警察署長のごとき地位を占める。戦国時代には、この官符は大和随一の大名が就任する例となり（筒井氏が独走）、そのときは、各領主郷のすべてにその行政警察両権を及ぼすに至った。この元興寺郷の場合は、その室町時代のことである。

なお、両門跡郷に対する門跡の警察権は、門跡が早くからそれぞれ衆徒（衆中ではない）を召し抱えたので（「興福寺軌式」）これに行使させた。門跡（貴種）はその創立以来、諸院家（良家）を分属させ、自ら別当に補任された場合のほか、それぞれ配下の院家の別当拝任を強行し、興福寺勢力を両分したし、互に優位を競った[12]。大和守護職も、興福寺別当が握ったものではなく、両門跡に与えられたものとするに至った。これは室町幕府が両門跡の抗争を仲裁しての処置というべきだが、鎌倉時代から成立してきた慣例と見られる。そこで門跡郷では相侵犯することなく、必要の際は互に了解のもとに入部することにしている。

大方両門跡事者、和州一国之依為守護職、奈良国中以下在々所々、不及其所之案内、入使者条古来より事也、
但両門跡預（領）知者、自他令申案内、是各守護故也、於其余者、東大・興福以下、不謂権門高家、無是非入使者
者也、是併守護号故也、

とは、『寺社雑事記』の文明五年正月十七日の条に見えるところである。これは室町初期からの実情をいったものであろうが、衆中の奈良市中警察権掌握を馴致せしめるものであった。

ともかく、鎌倉時代には各郷領主寺院の権限は強く、それぞれ支配権を強化して、いわゆる奈良地域を分領していたのである。これに両門跡の守護権能行使があり、一体的支配の端が開けたといえるものである。なお、この郷の統制については後述する。

第四節　市場の建設

奈良の市場としてはまず平城京の東市・西市が考えられるが、中世奈良の都市地域は平城京の後ではないし、その中世市場は全然別個のものである。平城京の東市が『枕草子』に見える「辰の市」とその地を等しうするようであるが、これは奈良から相当離れている。辰市も荘園都市の前駆として考えられるが、その頃から要地に市場がさかんにたてられてきた。その多くは荘園領主の名のもとに荘官的名主たちが開設したものである。

奈良のような荘園貴族領主都市では、その消費生活がさかんに展開された。その需給機関として領主が開設したのである。はじめは各地荘園から上納する公事物などを投下したことであろうが、しだいにその領民である商工人の自営で商売させ、市座銭すなわち市場税を収益するために市を開設しているということになってきた。市場を開設するのはなお領主であって、商人が自ら衆を結んで市場開設するまでには中世の奈良では至っていない。

中世奈良の市場では、鎌倉時代に興福寺一乗院門跡の開設した北市（北市町）、同じく大乗院門跡の開設した南市（紀寺幸町）があった。室町初期に至って興福寺六方衆が中市（子守町）を開いたので、各三日に一日だけ開くという三斎市として一市ずつ連日に市が奈良興福寺郷では開かれることになった。その三市鼎立は半世紀で破れ、中市のみが存続したが、これも店舗化してしまっていたし、天文元年の「一向一揆」であとかたもなくなった。この一揆の後に、なかば反動的に市場復興がはかられ、興福寺学侶が春日社神供料を得るために高天市、同じく六方衆が南市を新設した。このとき両門跡は拱視していたし、高天市（高天町）・南市（猿沢池近く南市町）は地を新にして開設されたものである。

これは、その所管はともかくとして、興福寺が興福寺郷に開設したものである。ところで東大寺はどうであったろうか。東大寺でも興福寺郷の南都七郷のように、東大寺の七郷がその門前に成立していたのである。ここに立市の史実は早期には見当らない。中世末において今在家市（『多聞院日記』永禄十・十二・六）および転害市（『二条宴乗記』永禄十一・正・十三）が見えるが、これは同一のものであると見てよい。ともかく中世末まで東大寺郷に市が見えないのは、東大寺郷の検断権（司法行政権）を握ってしまった興福寺がこれを許さなかったのではあるまいか。史料がないということだけではなさそうである。中世末の永禄年間には、松永久秀が奈良多聞城にあって、興福寺から奈良および大和の行政権を奪取してしまっていた。そこで商人達も久秀の許可を得れば立市も可能であった。したがって転害市は、あるいは郷民が自発的に立市したもので、東大寺が開発したものともいい切れないし、市とはいえ、常設店舗であったらしい。ここで正月市初が行われているが、買物に来た興福寺の多聞院英俊は「何もこれなし」といっているくらいで、上流僧侶の趣向にあうようなものがないということでもあろうが、繁栄した市とは思われない。東大寺郷の市に問題にならぬものとしてよかろう。

なお大名であった松永久秀は、いわゆる城下町政策として多聞城下の法蓮に永禄十二年十一月に市を開設した（『多聞院日記』）。法蓮町南二丁目の南北道路は中央に佐保川の分水溝をのこす。紺屋町の遺構だが法蓮市場の遺構とも）。これは元亀三年末の落城まではつづいたらしいが（「樫尾文書」）、短期間のものであった。

このほか虹が出た場合には市を立てる風習が公家貴族間にあり、奈良でも貴族寺院にその例が見られるが、もちろん臨時の祝儀的行事であって、商業的意味はほとんどない。

かくて中世奈良の市場は興福寺郷（総郷）のそれが採り上げられることになる。まず北市であるが、その創設年代は分らない。所在地は興福寺領のうちであるが、一乗院門跡領の北里にあり、一乗院領の市である。その後、北市は北市郷となり、北市町となって現在にその名をとどめている。

中世の奈良は興福寺領と東大寺領に大別され、その興福寺領は南都七郷と一乗院郷・大乗院郷とに小分されるに至った。この一乗院・大乗院両門跡領の成立が市場開設に関連を持ってくる。もちろん、市場が存在していたのを両門跡が自領に編入してしまったのか、自領内に新設したのか、いずれの場合も考えられる。ともかく社寺とその荘園領主的存在とから奈良の都市化が進んだし、常設市場の開設となったものである。ここで一言するが、奈良を門前町と規定し、また市場は門前市場と規定されやすいが、貴族荘園領主的社寺の性格からいっても、門前町化の漸進はあったものの、これを門前町と呼ぶことはできない。市場においてはなおさら門前市場というべきものではない。

北市を南市以前の開設という仮定の上に論を進めるが、南市開設以前では、北市という名は出てこずに、単に市と呼ばれていてもよいわけである。さらに、北市のほかに市があってもよいし、あるいはのちの南北両市の前身が、すでに成立していたとしても不合理ではない。それがある時期に南北両市と呼ばれるようになったとも考えられよう。ともかく、北市・南市の創設期の史料を見出すことによってこの問題は解決される。興福寺では一乗院側のものよりは大乗院側の史料が多く現存するという実情も加わって、大乗院領の南市はかなり明らかとなるが、一乗院領の北市は、その創設年代などとくに明らかでない。南市の方から北市を想像するほかはない。

　南市については、『大乗院日記目録』の乾元々年（一三〇二）九月の条に南市祭が大乗院門跡において行われ、田楽が演ぜられたことが記されている。この田楽は、同門跡においてかねて行なわれていた小五月会《こさつきえ》[13]の門跡領郷民の田楽の一として、南市からも他の諸郷にならって参勤したものであり、とくに「新市初也」と註記されている。市祭といい、小五月会参勤の初ということから、南市の創始はこの乾元々年九月のごく近い時期ということになる。ちなみに小五月会は五月五日を式日とするし、大乗院鎮守天満社の祭事であって、門跡でも神賑行事があるし、春日若宮への奉賽が行なわれるのである。この年は何等かの都合によって、九月に遅延して行なわれたのであった。この市祭が行なわれた事実から乾元々年に南市の創設というのである。しかし、これをただちに創設とはいいきれない。ほぼ乾元々年の頃を南市の創設とするだけである。そしてここに南市の称が見えるので、北市はそれ以前の創設ということになる。

　南市の初見する史料は『大乗院日記目録』である。大乗院尋尊大僧正が同門跡の記録文書を基として編述したものであり、信憑度もかなり高い。しかし後代の編著であるし、南市と明らかに原典に示されていたか、あるいは新市の初なりというような註記は、尋尊の主観の所記であるとして、これに対する一抹の不安も生じよう。しかしこれに対しては傍証がある。この小五月会と関係を持つ春日若宮において、その神主中臣祐春の乾元二年の日記に南市が見えるのである。その「乾元元年記」が散逸してしまったのは惜しいが、翌「嘉元元年記」の五月六日の条に、小五月会郷民の若宮社頭参入を記し、そこに南市新在家分として猿楽三人が社頭で演能したと記しているのである。これが「嘉元三年記」（一三〇五）には南市郷民分の猿楽と見える。ここに新在家と見えることなど、南市の創設期をしのばせるものであるし、それが郷として独立していくさまが明らかとなる。その地は岩井郷に属していたものであろう。ここで初めて南市と明らかに見えている。かくて乾元々年ごろの南市創設ということはほぼ信ぜられる。しかし、なお創設といえるかどうかは疑わしい。ところでこの南市は、近郊の福島市（文永二年「参宮雑々記」に見える）を移したものという所伝が同じく尋尊大僧正によって語られている。この福島市の他はすなわち古市の地であって、岩井川の沿岸のようである。ここに尋尊大僧正の時代には市神の恵比須社がなお残っていた。

ここで中世奈良における市の初見をさぐると、弘安六年（一二八三）のそれがある。中臣祐賢の子息の「若宮神主中臣祐春記」（『春日社記録』日記三）の記事である。その一を掲げると、九月八日の条に、社領摂津浜崎郷の供菜の進納がなかったので、定使春員が市において供菜八百三十文を買って進納したというのである。[14]これは単に市とあるのみで、北市・南市のいずれとも分らぬし、他の市であったかも知れない。南市を乾元々年の創設とすれば、これが北市であり、その当時はそれ一市であるから、市とだけ記されたともいえよう。ところで正応三年（一二九〇）になり、祐春が市の歌会に赴いたことが記されている。またその「永仁六年記」（一二九八、遺憾ながら未刊）によると、社領越前河口庄の若宮への貢納が「市の二郎殿」の手で行なわれている。すなわち二郎という商人が為替業務を行なっていたものであろう。ついで「正安三年記」（一三〇一）には、鍛冶男のことを市に申し遣わしたところ、返事は本意を失ったと祐春は記す。また「嘉元三年記」（一三〇五）には、祐春は例の市の歌会のため、市奉行の丹波公の許に数回にわたって赴いたことを記している。これらはすべて市と示すだけである。ところで「嘉元三年記」の小五月会の記事には、既述のように南市郷が見えるのである。しかも南市に対する若宮の地位は、小五月会に限らず、さきの鍛冶神人の一件など、単に市奉行あたりと懇意であるというよりか、市座への加入を交渉したものと思われるし、口入権を有していたとさえ考えられるもので、若宮神主が南市の支配権の一部を有していたものとも考えていい。事実、若宮神人には南市の市座商人たる特権があったし、若宮神主には口入権があった。明らかには正和二年（一三一三）の「若宮神主中臣祐臣記」に示されている。これらの事例から、若宮と南市との関係には深いものがあり、いわゆる南市の創設年代の乾元々年以前に『若宮神主記録』（東大史料編纂所影写本）にあらわれる市も、南市の前身として考えてよさそうである。

大乗院領にいつしか市が創設された。かりに北市がすでに存在していたとしても、しばらくは南市という名は生じなかったであろう。新市といっても、大乗院の市といっても分ったことであろう。南市というのは第三者が便宜上これに呼称をつけたものである。直接関係を持つ領主である大乗院、領主的な若宮神主からは、市といえばそれで十分であったろう。この市の店舗はしだいに在家化し、郷的存在となってくる。創設当初はその在家規模は整わなかったであろうし、在家としての賦税は免ぜられていたと見るのが至当である。それが在家役を勤仕するようになり、いわば郷として自立してくる過程が、祐春の「乾元二年記」に南市新在家分と見え、「嘉元三年記」の南市郷分と見えるところに示されよう。小五月会郷の一として他の諸郷と並べて記されるのだから、市郷と記されるはずはないし、この頃には、南市という名称は確立していたと見てよい。その南市という名称ができたのは、一乗院領の北市の前身が存在していたので、ここに一方が北市、一方が南市と呼ばれるようになったと考えるのが穏当な解釈であろう。北市との相対関係はなく、これを奈良の南部にあるということで南市、あるいは南市の前身があったところに北市が生じたので南市の称もおこったと解することももちろん可能である。ちなみに北市の名称の史料的初見は元応二年（一三二〇）である（『大乗院文書』）。しかし、一乗院・大乗院両門跡の規模などから考えて、従来の所説のように、北市があり、南市が生じたとしておこう。旧説になずむ感があるが、未だこれの反証はないのである。とはいえ、『若宮神主記録』の市は北市でないことはもちろんである。

南市の創設年代は、かくて通説の乾元々年よりはさかのぼる。通説がその根拠とした『大乗院日記目録』の同年九月の記事は、その出典が徴証できないので十分に批判できないが、禅定院(大乗院門跡)において南市祭があり、さらに小五月会に新市が初めて参仕したとあるのは、南市郷が成立し、その郷民として初めて小五月会勤仕のことを示すものとして了解できる。南市祭があったということは、必ずしも南市ができたということではない。また新市の小五月会勤仕の記録を得た尋尊が説明的叙述をしたとも考えられよう。すなわち乾元々年というのは、南市郷の成立を説くもので、南市の創設をいうものではない。

南市という名称は、おそらく乾元々年をさかのぼること僅少のころに生じたものであろう。しかし、その前身はなおそれより若干さかのぼる。私としては、正応三年(一二九〇)の「中臣祐春記」に見える市は南市の前身として考える。弘安六年(一二八三)の「中臣祐春記」に見える市は、興福寺公人の購入を示すだけのことであるので、あながち南市の前身とはいえないのでこれは保留する。ともかく南市の乾元々年に創設と断定した通説は破棄されなければならない。それが近郊の福島市を移したということも、大乗院がその市の振興策として、福島市を停めるためにこれを併合したものかとも思われる。

かくて中世奈良の市場は、一三世紀後期にその史料的初見があり、領主の市場創設が相次ぎ、一四世紀初頭には一乗院門跡の北市、大乗院門跡の南市とが著名になったということがいえよう。北市はその史料の欠如から明らかにするを得ないが、南市はその市場機能に至るまで、繁栄の状とともに詳述することができる。

室町時代初頭、応永七年(一四〇〇)に南市は焼亡したらしいが(『東大寺文書』)、すぐに復興している(『三箇院家抄』)。北市・南市の繁栄の状を見て、興福寺の若衆である六方衆がその管理する寺門領南都七郷内に新市の開設をはかった。これが両門跡の了解を得て開設されたのが応永二十一年四月のことで、その位置が南北両市の中間に当っていることから中市と呼ばれるようになった。なお南北両市の間日に中市が開かれたことも、その名がおこる一因であろう。

中市は新市・今市ともいわれるが、これは南北両市が既存したから生じたものといえよう。このほか「木守尻の市」という名もあった。この呼称の由来は従来不明とされたが、(15)これについては明らかにする史料がある。当時の興福寺大衆（全寺）集会奉行、別会五師の長専五師の日記である『寺門事条々聞書写』の「応永廿一年記」によると、「四月十五日、当子守宮辰巳新市為六方被立之、両市之間日立之」と見える。すなわち、この新市が子守宮（率川社）の辰巳に位置したので木守尻の市という名を生じたのであった。六方衆の新市として中市がここに立てられ、しかも北市・南市の間日を市日とすることで学侶および両門跡の了解が得られたのであるから、ここに奈良興福寺郷には三日に一日ずつ三市が開かれ、連日に一市が開かれることになった。

この三市鼎立の繁栄がしばらくはつづいたわけであるが、北市・南市はこの中市に圧せられ、半世紀を経ないうちに衰退してしまった。大乗院尋尊僧正が市は百年のものなりなどといったのは（『寺社雑事記』）、この中市のみが盛況であったのを羨望したことばとして受けとれる。大乗院の南市などは畠地と化してしまっていたし、北市も北市郷となったが、農民郷化してしまっていたのである。北市・南市の衰退はその位置が街地のはずれであったことと、店舗商業の発達に禍いされたものである。そのうえ、市場がすでに領主の収益源となっていたのみで、市場商人が自立を進めて領主権を排除する傾向が強くなるし、市場商人たるを脱して店舗商人化を進めたためである。これは中市についても同様のことがいえる。この中市の商人が興福寺の目を掠めて、興福寺が忌み嫌った本願寺の門徒となるものも多かった。それらが興福寺六方衆の搾取と信仰圧迫とに対する反抗から、大坂地方の一向一揆と呼応して、天文元年（一五三二）に奈良町人の一向一揆を蜂起せしめるに至った。(16)これがいわゆる奈良天文一揆である。一揆が敗北すると、興福寺は中市郷を亡庄にしてしまったので、中市も中市郷という名もしだいに消滅してしまったのである。こののち、しばらく中市という名が『多聞院日記』などには散見されるが、それもやがて消えている。

ここで奈良における中世市場は消滅したのであるが、しかしそのままに放棄はされなかった。当時、興福寺寺家といい、両門跡といい、経済的窮乏に陥っており、新財源の獲得には汲々としていた。もちろん上層部には気力はなく、実権を握って寺務の衝に当った中堅以下にその欲求があった。この一つのあらわれとして、市場の復興があった。

天文一揆後、いちはやく興福寺学侶が新市の開設を企てた。その目的とするところは、学侶の課役であった春日社の神供備進のためとされた。これには奈良市中支配の検断権を握っていた衆中の棟梁、すなわち官符といわれた筒井順興の了解も容易に得られたし、商人側でも市座商人となって特権を得て他を圧そうとする意欲もあった。ともどもその利害が一致して、天文二年に新市が、南都七郷の一で北里にあった高天郷に開設された。これが高天市である。さきの中市とは三条通りを挟んで対称点にあり、北に当るのは高天市である。もちろん中市の再興ではない。中市は六方の開設であったし、この高天市は学侶の開設である。この高天市の創設にあたって、官符の筒井順興もその保護に努めているさまや、市場令の懸札が『春日大社文書』（『春日神社文書』第壱・第弐・第三と補遺とを合わせ、昭和六十年に六巻とし『春日大社文書』と題した。春日顕彰会発行分は五巻に編集した）から知られるのである。この文書は案であり、年号を欠いている。そのため、平泉澄氏をはじめ、これが天文二年のものであることの決定ができず、現在に至るまで誤って応永廿一年の中市開設のさいの文書としている[17]。

高天市の創設と前後して、中市を失った六方衆も新市を開設した。名目などは分からないが、学侶が市を持ったのに対抗したものである。その位置は南里で餅飯殿郷の東部であった。これも新市と呼ばれたが、しだいに南市と呼ばれるようになり、南市町となって今に至るのである。このとき、既述したように、かつての大乗院の南市は畠地と化し、その郷名もすでに失われていたため、この寺門領内の南市の名があらたに生じたのである。天文二年以後、南北両市と市場をいう場合、しばらくは同じく寺門領南都七郷内に立てられた高天市と南市とを指すことになった。しかし北里には一乗院の北市郷が厳存していた。そこで南北両市とか新市という場合のほか、北市といえば市場機能を失った北市郷を指すものである。この学侶の市は高天市という名が通例では用いられている。天正八年（一五八〇）に興福寺が織田信長に提出した「指出《さしだし》」[18]、すなわち「興福寺春日社領一紙目録」に「両市座銭」と見えるが、これは高天市および南市を指すものである。これは一乗院の北市、大乗院の南市の両者を指すものではない。理由は南北両市は既述のようにそれぞれ大乗院・一乗院の両門跡領であって、このとき両門跡はそれぞれ独立的（別判物）に門跡領の指出を提出しているからでもある。学侶の高天市、六方の南市が寺門領としてかの一紙目録に掲げられたのである。

両市座銭というからには、天正八年まで高天市および南市が市場機能を有していたかのように考えられる。しかし、実際は両市とも市場ではなくなっており、地代収納に過ぎなかったようである。前章に述べたように、奈良の店舗商業は発達してきており、両市に市座を存したとしても、これまた店舗商業であった。市日を設けたものではない。学侶・六方は中世的市の復活をここに行ない、財源として搾取の強化をはかり、市場制令を発令したり、その独占的営業を認めようとはしたが、市場外商業の発展も目覚しく、内には市場商人の自立化もあったので、地代収納以上のものとはならなかったのである。近世後期に至るまで、六方は南市座銭を収納している。その収納帳を「南市引付」というが、これは南市の地代を収納したものであることもこれを立証するものであろう。中世奈良の興福寺郷の諸市は、永禄年間ごろにはすべてその跡を絶ったものといえよう。荘園領主に代った武家が奈良に入ると、これまた、市の開設を企てたが、広範に店舗商人の発展してしまった奈良では、市の独占営業もはかれず、したがって市の発達は見られなかった。もちろん、奈良に入った武家達は、なお中世的市の開設を企てたからでもあった。

中世奈良の市場のうち、代表的なものとして一乗院の北市、大乗院の南市、六方の中市が鎌倉・室町時代にあげられるし、戦国末には学侶の高天市・六方の南市があげられる。この開設者の変遷も、とりもなおさず興福寺の没落過程を示すものであった。興福寺の実権が学侶・六方に移っているし、もちろん大厦の倒壊が必至となっているのである。

ここで、通説の中市＝高天市ということも、南市の戦国末の復興ということも、ともに誤りであることは明らかであろう。しかしなおその誤りを、さらに実証するに足る決定的資料が現存する。それは大乗院尋尊僧正の書写した地図が現存し、室町時代の三市のうち中市・南市の位置を示している。その中市はのちの高天市とは異なるし、南市ものちの南市よりははるか南方にある。

その絵図は、尋尊自筆の模写になるもので、「小五月郷絵図」と題されている。既述したように大乗院の小五月会を催行するための費用とする小五月銭を課徴せられる大乗院郷および寄郷を図示したものである。この尋尊絵図は断片となっていま天理図書館保井文庫に存するが、これが破脱以前のこと、江戸中期の大乗院隆遍僧正以前に縮図され、他の諸種の絵図の縮写せられたものと一冊の書巻に纏められ、「簡聚図絵抄」と名づけられて興福寺に現存している。この「図絵抄」にはなお尋尊筆の「大乗院領指図写」もある。この両者に南市が見えている。その位置に異同があるが、これは南市の文字の記し方の相違程度である。南市堂というのが見えるが、これは観音堂のことである。〔補註〕

元来、例えば南市の現位置から見ると、その所在地が興福寺寺内とあまりにも接近し過ぎる。諸人雑踏の、しかも金銭を取扱う市を浄地近くに開設するものではない。少なくとも一乗院領の北市ほど、寺内との距離があって当然である。さらに南方の地は、その南境の寺林郷は大乗院領であるが、これは寺門領南都七郷のうち、餅飯殿郷と元林院郷とに含まれた地である。ここに大乗院が南市を開設することはできない。なお中市を見ると、これは子守郷に開設されたもので、南都七郷のうちである。しかしその位置は寺内を最大限に隔たっていることが知れよう。

戦国時代ともなると、財源獲得のためには、ある程度までは伝統も棄てねばならない。六方が南市を現在の南市町に開いたのは、寺内領内であること、高天市とその距離を必要としたためで、不浄を忍んでのことである。もちろん餅飯殿・光明院・椿井《つばい》あるいは寺林・脇戸の諸郷が都市奈良の中心地として発展していたという関係もあった。ともかく市が寺内近く開設されるということも時勢の然らしむるところであった。ちなみに南市も近世では商業町として奈良の中心となり、市といえば南市町をさすというほどであったのである。

（1）奈良の発達の概要は、『世界歴史事典』（平凡社）・『世界大百科事典』（平凡社）および『日本歴史大辞典』（河出書房）の「奈良」の項に執筆した。

(2) 清水三男『日本中世の村落』第二部四「山城国上賀茂社境内六郷」参看。
(3) 拙著『奈良文化の伝流』第三篇第七節イ「石上社と布留郷」参看。なお、郷の性格については将来に研究を期する。
(4) 同前書、第一篇第三章第二節「大和守護職の掌握」参看。
(5) 覚仁については、拙稿「東大寺の経済」(小林剛編『東大寺』所収)参看。
(6) 大垣については、興福寺が犯人に死刑を宣告する場合、この周辺を犯人を引き廻す「大垣廻し」という儀例があるので、この語が使われたことが知れる。「大垣廻し」の初見は、寿永三年(一一八四)である(「中臣祐重記」)。詳細は『(魚澄先生古稀記念)国史学論集』に述べた。
(7) 末寺とはいえぬので、末寺化とした。その理由は、本文でのちに述べる。
(8) この時期は、拙稿「春日社興福寺の一体化」(『日本歴史』一二五号)に述べた。平安末期である。
(9) 南都七郷の構成を表記したものは、「光明院実暁記」である。これは永禄初年の書写である。本表はそれにもとづき、さらに『寺社雑事記』によって門跡郷を加えた。この場合、一五〜六世紀の事実と考えられるので、古記録によって検討してみた。そこで年代を決定した。
(10) 東寺領大和平野殿庄の犯過人召喚について、鎌倉幕府が一乗院門跡に達した関東御教書に見える(『東寺百合文書』に)。
(11) 本章第一節に述べた東大寺西室大夫法眼見賢の住宅破却などその例である。
(12) 『奈良文化の伝流』第二篇第三章「公卿子弟の南都寺院進出とその管領」参看。
(13) 同前書、第二篇第一章第一節「小五月会」参看。
(14) 本篇第三章第二節参看。
(15) 小野均「中世に於ける奈良門前市場」(『史学雑誌』四五巻四号)。これは中市を天文二年新開設の高天市と同じと見たためである。
(16) 第三篇第三章第三節に説く。
(17) 平泉澄「座管見」(『わが歴史観』所収)、魚澄惣五郎『古社寺の研究』、小野均「前掲論文」等。『春日大社文書』

の原本を調査しなかったためであるし、中市＝高天市という先入観に捉われ、「懸札掟旨高天市之儀也」とある袖書さえ中市と考えたためである。

(18)「春日社記録」は東京大学史料編纂所謄写本。ちなみに『若宮神主記録』は影写本。

〔補註〕「小五月郷絵図について」(『ビブリア』二九号)。石井進氏・安田次郎氏らの研究が進んだ。

第三章　阪神地方の港津の発達

第一節　荘園の発達

奈良・京都からの最短距離の海岸線は、摂泉の地である。とくに、水上交通も開けていた。奈良からは大和川および木津川、京都からは淀川が難波、いわゆる大坂地域に集注していた。大和川は近世になって新大和川が開かれるまでは大坂に注がれた。木津川は淀川の一上流である。また淀川は、その上流宇治川をさかのぼると近江に至る。

飛鳥・近江の都といい、平城・平安両京といい、この大坂地域を基地として成立したといえよう。いわば大坂は扇の要にあたる。(1) したがって、古代の貴族ないし社寺が、この地方に勢力拡張をはかる趨勢が生まれた。そこで摂泉地方がひらけたのである。もとより、摂津地方などは、地勢の関係から、河川の氾濫が連続し、荒蕪地が存したり、荒蕪地と化したものも少なくない。それゆえ、摂津海岸が一帯的に開けたとはいえない。難波と総称された大坂地域においても、点的に開けたのである。

奈良時代に墾田政策が展開すると、貴族および社寺は、近江および摂津に墾田の占有をはかった。奈良時代、最隆勢を誇った東大寺の摂津進出を例とすれば、天平勝宝四年（七五二）に安曇江を買得し、同八年には水成瀬・猪名・長洲《ながす》を勅施入され、延暦二年（七八三）には新羅江を相博して安曇江を拡大している。東大寺のみならず、南都七大寺のすべてにおいて、これが見られる。なお、近江については、伝統の北進政策の底流もあったし、そこで東大寺が北陸に進出したことなどはここでは省略しよう(2)。

ともかく、摂津地方への進出は、貴族以上に南都寺院が強行した。いったん、基地を獲得すれば、さらに拡大されるわけで、それには、「寺許付二他名一、実入二寺家一」(3)というような詐謀手段さえ講じている。

平安京が成り、荘園時代が展開されると、南都社寺も墾田の荘園化を徹底するし、摂関家藤原氏が摂津の荘園的領有をはかった。もちろん、貴族および社寺が、先進の南都社寺を追って、荘園獲得を競った。藤原氏を繞《めぐ》って、奈良・京都の社寺ないし貴族が、摂津において荘園獲得戦を展開したわけである。もちろん、荘園領主化してきた皇室も例外ではない。このため、現今の尼崎にあたる長洲庄では、土地は東大寺が領するが、その住民の大半は、京都の下鴨社が領するといった形態さえ生じている（本章第二節参看）。土地の領有、職＝得分権の領有、ないし人の領有等、この摂津地方の領有形態は錯雑した。これに関連して土地の細分化が進むし、生産の発達が大となるのである。もとより、京都・奈良の海口にあたるということで、その外港として港湾が発達することになる。またその魚菜の供給地であった。さきに長洲庄において下鴨社が人を領有したといったが、これは漁民を領有したものである。その漁民は、すでに摂関家の漁民となっており、その散所（民）であった。かれこれ、摂津でも海岸地帯の獲得がいっそう競われた。そのため、奥地は若干のゆとりがあった。京都からはやや遠方となった和泉と同じである。そこで、そこへは大勢力の摂関家が進出した。

かような競争のばあい、藤原氏の氏社氏寺であった春日社興福寺が有利となったことは否まれない。藤原氏も公的立場はあるが、これが援助をした。そのため、摂泉の地に春日社興福寺領荘園が拡大した。

ともども荘園領主の住む京都・奈良との関連が深くなったものである。この地方の発展は荘園領主都市京都・奈良の発達を支え、京都・奈良の発達がこの地方の発達を促進した。なお、ここからは河上交通に移る。そのため、河上からの陸揚げ地として奈良に対しては山城木津、京都では淀が港町として発達してくる。(4)ともかく、京都・奈良を指向して、全国的に荘園と港が発展した。もとより交通運輸がさかんとなる。また、これを狙い、関税収益をはかって荘園領主が関所を設置した。次に摂津のばあいを見よう。

朝廷ももちろんこの地方の開発には力を注いだ。能勢東西両郷の採銅所の設置とか淀川流域に於ける馬牧の設定などがある。牧では古く大隅島・媛島（西成郡）や畝野（河辺郡）に設定されたが、平安時代ではすでに廃せられ、官牧として著名なものは豊島《てしま》・鳥養・為奈《いなの》野の三牧がある。これに勅旨牧として後院牧百町があったが、その所在地は不明である。(5)ところで牧は原野であって、その開発が進むと、田園化して廃滅の運命にある。中世においては叙上のいずれも廃絶している。その中にあって、垂水牧なるものが、実は荘園化したが、中世末まで存在したことは注目される。しかもそれは摂関家領である。

摂関政治、すなわち藤原氏が荘園制に立脚して政権を握ることになり、公領は荘園化し、藤原氏の握るところとなったものも多い。在地から藤原氏に寄進されたり、藤原氏が開発した荘園も多く、藤原氏の荘園は全国に亘った。社寺も藤原氏に接近したから、社寺領といえども藤氏領の名を冒したものも多い。すなわち、本家職が藤氏に握られるのである。逆に藤氏が社寺に接近し、あるいは崇敬のため、あるいはその子弟を寺院に送ったため、その所領を社寺に寄進したばあいもある。これと同様なことは、子女を宮廷に多く送ったので、皇室との関係についてもいえる。それらのさいにおいても、本家職はその手中に残したばあいが多い。摂津の荘園はこれが典型であり、藤氏有縁の寺社本所領が群立するゆえんである。

さて、前掲の摂関家領垂水牧は官牧たる豊島牧の後身といわれる[6]。これについては、別個のものであるとの反論もあり[7]、鎌倉初期の史料から徴証すると別個説が成立するが、成立初期の状態は不明である[8]。豊島牧の一部が垂水牧となったといい得るかもしれないし、藤氏領になった当初から牧とは名ばかりであったかも知れない。垂水牧は東牧・西牧に分たれるが、垂水東牧はすでに一一世紀後期においては荘園化されてしまっている。しかし、この東牧の中に、なお中条牧の如く、牧名を称したところもあるので、垂水牧は藤氏所領の当初においてはその私牧として出発したものと推定してもよさそうである。その開発が進んで、牧の機能は中条あたりに圧縮され、これまた荘園化し、ついにいずれも名称のみとなったと思われる。

垂水牧の鎮守として春日社が南郷に勧請されるが、それは寿永二年（一一八三）に、西牧が奈良春日社に寄進された時に現地に鎮座されたといちおう考えられる。しかし所伝によれば、田原藤太秀郷の勧請という。垂水牧と秀郷との関係を示す所伝が、中世においては流布されていた。それについての一文書がある。

春日社御神供料所河上関事、承平年中田原藤太秀郷当社仁有子細寄進以来、厳重異于他神用、当知行無相違候之処、近年彼代官職事、走井伊豆守仁雖申付、公用無沙汰之間、任約諸之旨召放候、然間為直務之分、役所之儀於三国辺河上可申付候、被成其意得被申付候者本望候、筋目申事候、早々可被申付候、同此通守護代方可被申届候、恐々謹言

九月廿一日　　祐恩判

南郷日代殿　　　　　　　　　　　　　　（傍点は筆者）

奈良春日社々家辰市祐恩が、社領垂水牧現地代官たる今西氏に対して河上関代官改替につき指令した天文年間のものである（『今西家文書』）。本文書に春日社あるいは当社とあるのは奈良の本社を意味する。関所については後述するが、この垂水牧付近において、武士の鼻祖であり、藤氏の侍であった藤原秀郷が関係していたと伝説されたことは、この垂水牧の成立が、牧であったことをおぼろげながら示すようである。なお隣接して東寺領垂水庄が弘仁年間から成立するが、これは純然たる荘園であった。(9)

垂水東西両牧は春日社に寄進された。東牧は保安二年（一一二一）十二月に、摂政忠通が春日社三旬御供・二季神楽・五節句社頭宿直料所として寄進したものという（『春日大社文書』）。このことは『永昌記』裏文書の西条山田郷公文刀祢・職事等の摂関家政所への申請状に、「当御牧被寄進春日社、已及七十年」と見え、同じく中条住人寄司等の申請状に、「当牧者、去康治年中之比、宇治禅定殿下（藤原頼通）被寄進春日社」とあるのと対比できる。この両申請状は年紀を記していないが、同じく裏文のそれを指すものと思われる。しかし康治年中（一一四二）の寄進と記すのは、年代が少しく疑問となるが、東牧は西条と中条とに分れており、保安には西条、ややおくれて中条が春日社に寄進されたものと解せられる。すなわち春日社へは両度の寄進であって、しかも、中条の開発は西条におくれたものと思われる。垂水西牧は寿永二年六月に春日社朝御供料所として摂政基通から寄進された。(10)

春日社では、ここに朝御供が垂水西牧を料所とし、十日毎の旬御供が東牧を料所として始められた。ちなみに夕御供は大和国内を料所としている。この東西両牧が神供料所として寄進されたのは、日次神供を忠通の父関白忠実が永久二年（一一一四）に備進したのを発展させたもので、藤氏の氏社に対する祭祀の関係からである。春日社の実権を握る興福寺が介入し、その学侶が両牧の管理者となり、その運営が社家に委ねられた。この運営に当る者を牧務職といい、その任免は学侶の推薦を以て氏長者が行なった。牧務職は別称を名主職ともいっている。社家では西牧が寄進せられたのに際し、現地代官として今西氏を派遣した。これが南郷目代である。その現地政所に春日社が鎮座している（南郷春日神社）。ところで今西氏の執務ははじめ西牧に限られたものらしい。ここで南郷の称が出てくるのは、春日社の社家集団たる正預方（中臣氏）が南郷と称したのにちなんだものである。とすると東牧は神主方（大中臣氏）の北郷の管理で、その荘務形式を異にしたものと見られる。[11] 建長五年（一二五三）に書写された『近衛家領目録』によると、「寄進神社仏寺所々」として西牧が掲げられ、社家知行とも註せられている。東牧は「年貢寄進神社仏寺所々」の項に掲げられ、西条年預は大中臣時高卿、中条年預は大中臣泰重と註せられ、西牧と管理を異にしていることを実証している。しかし時代を経るにつれ、今西氏の勢力が東牧にも及んだ。室町末期には、今西氏は摂津の春日社領――太田郡粟生村・水尾村・沢良宜村・三宅村・吉志部郷・上穂積村・豊島郡菅井村・矢部郡兵庫南関・卯原郡山道庄――の惣代官であった。これは永禄頃、すなわち荘園の崩壊した当時の残存社領の註文に見える。[12] ところで東西両牧は春日社に寄進されたが――西牧の如く下地知行も春日社に移管されたが――摂関家はなお本所としてこれに臨んでいたのである。したがって摂関家大番役をこれらは勤仕するし、続松《たいまつ》等の公事の一部は摂関家に納れた。正応六年（一二九三）六月に春日社政所は摂津所在の社領に令し、公武の命に応じて多田院造営料棟別拾文の催課を認めしめたが、垂水東西牧は氏長者が本所だから、その成敗に依れというている（『多田院文書』）。以て両牧の性格が知られよう。かかる摂関家と春日社興福寺との関係は、大和国の場合にも見られる。平田庄の年貢半分が保留されたり（『近衛家領目録』）、応永十二年（一四〇五）に近衛家がその邸宅造営に際し、一乗院領平野殿・当麻・長河の各庄に反銭を勤仕せしめたのも同趣である。「本所反銭」と明らかに記されている。[13] 興福寺一乗院領では薩摩島津庄等十七ヶ所を別相伝領というているが、[13] 本家職のなお摂関家に存するものをいうのである。文明二年四月に一条兼良は「摂津福原庄領家職并検断人足料」を春日社興福寺造営料に寄進したが、本家職は一条家にあり、これは一種の請所の如きものであった（『春日大社文書』以下同じ）。というのは、福原庄内には兵庫関があり、この関所には興福寺代官が居り、その直務を強化していたから、直ちに福原庄の所務も果せるし、一条兼良の在寧中であってみれば、本所年貢の如き直接手交できたのであって、両者ともに利とするところであった。[14] この場合、本所－領家両職の下地分割もなされていたかも知れない。摂関家と春日社興福寺との関係が、本所－領家の如きものともいえることから、かかる形態は当然とも見えるが、叙上のものは摂関家から春日社興福寺に寄進されたばあいのものである。

摂関家は子女にそれぞれその所領をあたえ、その子女から社寺にそれが寄進されたものも多い（『近衛家領目録』）。そのばあい、領家職の譲与である。さらにその領家職も分割される。それらは得分の分割にすぎないが、しぜん下地の分割も将来されるわけである。すでに摂関家も五家に分立するし、叙上の関係から各家各社寺の所領名が多く見られる因由である。しかも荘ではなく、名がその所領単位となるものもあった。惣領制は次第に崩壊する。今の神戸市中枢部において、福原庄が一条家、輪田庄が九条家、兵庫庄が室町院御領となり、それが上中下の三ヶ庄となって足利将軍家領、その下庄が石清水八幡領に寄進されたり、あるいは若王子社領あるいは相国寺相応軒領となった時期もある。[15] また兵庫島における兵庫関が北関は東大寺、南関は興福寺が領し、その収税目を区別して関税を徴し、またその関税のうちから国料月俸銭として相国寺・等持寺および北野社が収納した如きもある。さらに摂関家領兵庫新関の設置もみられる。[16]

摂関家が本家職をその手中に遺したこと、領家職が社寺等にあったことは、その精神的権威によって、荘園をながくこの地に存続せしめた。若干の荘園においては地頭の設置もなかったほどである。名田の解体も進展しながら、なお荘園制を内部から支えるという矛盾もあった(17)。

摂津海辺は奈良からすれば最短距離のところにあり、海上交通の要点でもあるし、海産物の給源地である。交通の点からいえば、淀川の河上交通もこれに准ずる。したがって港湾としての兵庫島が天平年中に行基菩薩によって構築されたし、貞観年中には賢和大徳により、建久年間には重源上人によって修造された。平清盛も治承年中にこれが修造を行なっている(『神戸市史』)。兵庫・渡辺・神崎一洲が三ヶ津と称せられ、その要衝となっていた(『春日神社文書』)。また尼崎大物浦も開かれた(『東大寺文書』)。なかんずく兵庫は京都奈良の寺社本所の年貢運送経由地であり、さらに日宋貿易および日明貿易がそれぞれ平氏および足利氏によってこの地で行なわれた。問丸の発生、為替業務の開始等も早く、足利氏においては将軍御倉を設けたし、京都の土倉でここにその代行店を設けたものもある(『教言卿記』)。また応長(一三一一～一二)には鋳物師の存在が指摘できるが、これは同島修理用具の鋳造とか舟航者にその便を供したものであろう(『東大寺文書』)。奈良の社寺では西国の年貢をここに集めて陸運したり、あるいは淀川河上運送の中継地たらしめたり、室町時代には一部を和泉堺へここから廻送している(『東大寺文書』)。また海産物の給源地としては、和泉海辺が経営されたが、この地帯も重視された。例えば浜崎庄民が春日散在神人の称を以て、生魚を春日社に納れるとともに、その販売権を握っていた如きである(後説)。京都の鴨社が長洲庄在家を領し、漁民を使役したことも同巧である。

中世の関所は、関税収益のために設けられるものであった。一には高まりきたる貨幣経済に対処する貨幣収得のためであった。しかも所領荘園の喪失による財政彌縫《びほう》のために、寺社本所はこれが設置あるいは獲得に努めた。兵庫関をめぐる社寺の角逐については、かつて詳述したところである(『奈良文化の伝流』)。兵庫関についでは神崎・渡辺両関をめぐって東大寺・興福寺が角逐するし(『東大寺文書』)、京都の咽喉たる山城淀関においては西園寺家・高野山・大和達磨寺・興福寺が争奪している（「中臣祐春記」・『高野山文書』）。とくに摂津に所領を多く持ち、しかも摂関家を背景とする春日社興福寺は海辺および淀川河上に関所を持つのに有利であって、淀・禁野《かたの》・渡辺・神崎・兵庫を河上五ヶ関と称しており（『春日大社文書』）、春日社供菜関として鶏殿・楠葉両関を領有した（『寺社雑事記』）。後醍醐天皇の建武新政にさいしては諸関の撤廃が行なわれたが、この楠葉関のみはとくに残存を許されたという（『太平記』）。鶏殿関の陸地は広瀬であり、また水雲ともいわれた（『寺社雑事記』）。この他、垂水牧三国辺において春日社の関所が設けられていたことは上述した。この関所の設置は、多くはその所領内においてであるが、かりに関所のみを獲得したばあいには、陸地を得て関務逐行の便をはかるものである。関屋を設ける必要もあり、さらに近接地の開発を行なうものであった。たんに関税の徴収に当ったというよりは、多くは物資運送の中継点としたもので、さらにそこは、問丸・土倉の発生発展から、在家が並び、都市へと発展するものもあった。逆にかかる港湾都市的存在だから関所を設けたこともある。これらの諸関の所在のうち、兵庫・淀がとくに発達し、兵庫では正直屋棰井氏の如き豪商を輩出せしめた（『神戸市史』）。なおここで、武家勢力の侵入も考えねばならない。

まず、その一は平氏である。日宋貿易に着目した平清盛は、兵庫港に関心してこれが修築を企て、さらに関連して福原庄を入手した。治承四年（一一八〇）の福原遷都もその結果である。摂津には多田源氏が蟠踞していたが、諸源蜂起の頃には、なお平氏に属していた。寿永二年七月、平氏の西走によって多田蔵人大夫行綱はこれと袂を別ち、源義仲の入京に呼応するかの如く、摂津河内を経廻し、河尻（神崎川尻）の海港において舟船を扼している（『玉葉』）。もともと多田氏は多田庄が摂関家領であったから、その侍たる関係からこの地に入部したものと思われる（『近衛家領目録』）。平氏の滅亡によって平氏所領は没官領となり、寺社本所へ返付、あるいは源氏に給付され、源氏勢力が伸長した。寿永三年には平氏追討の兵粮米が源氏から課せられたのを、垂水東西牧では院宣を請うて免除され、源義経もこれに同意している。しかし源氏がその配下に所領を宛行なうため、諸荘園の押妨もあったと見え、例えば垂水西牧萱野郷の如き、加納の地を領した二郎房なるものが義経の許しを得て郷内政所役を押妨している（『春日神社文書』）。この源氏を頂角とする武家の侵略に呼応して、現地豪族が発生し、最後には荘園制を崩壊せしめた。現地豪族は荘官的名主の発展したものか、あるいは幕府から入部せしめられて土着したもので、室町時代には国人衆として活躍する。鎌倉末の正和四年（一三一五）に兵庫関の大山崎離宮八幡荏胡麻勘過の紛争に伊丹左衛門三郎が乗込んでいるが、国衆伊丹氏の濫觴を物語るものである（『大山崎離宮八幡宮文書』）。奥地には有馬・塩川氏、上郡には吹田・伊丹、下郡には瓦林などの各氏が発展してくる。

国衆池田氏自体も、細川氏の被官ではあるが、応仁の乱には大内政弘に内応したこともあり（『後法興院政家記』）、そののち細川氏が分裂すればその去就も定まらなかった。と同時に在地下部組織の封建編制も不可能であって、その勢威も一国に及ぶものでなかった。在地状勢を見れば、なお荘園の残存するものがあり、さらに自治村落の発達が目立ってくる。はやく応永十年（一四〇三）五月に春日社領垂水西牧榎坂郷民が集会し、故老の仁にも先例を尋ねて、三国堤の築造に関し、東寺領垂水庄がその割当分を遷延せるを幕府に訴えた如き、村落自治機能の萌芽が見られる。東寺領垂水庄（蔵人村）が三国堤二十余町を庄内にもつので、洪水などの時には庄本であるから竹木を伐り、屋内等を壊って、防水に当るのが前例であり、堤の築造は垂水庄のほか榎坂・穂積・野田秋永の諸郷が、その割当分を勤仕する。しかも淀川河岸においては、上流の鳥養御牧から吹田堤に至るまで、本所年貢をもって修造費にあてる例だから、垂水庄の本所たる東寺をして早速に修造に当らせてほしいというのである（『東寺百合文書』）。このばあい、なお春日社荘官の指導が見られ、村民自治の完璧さは見られぬが、戦火等の頻発に悩まされれば、しぜん武家支配への反撥となり、独自の自治機能を発揮するに至るものである。農民の成長があり、いよいよその統制は困難となる。とはいえ、惣的結合の無限の発展はみられず、なお荘園制に立脚する荘官支配が存在していた。しかも、その荘官の武家への上昇はほとんどなかった。垂水牧の今西氏、山道庄の高井氏の如きは荘官として武士化したにとどまり、近世では庄屋層に移行した。京都周辺往復の要地であったため、絶えず戦乱転変の激しかったことが、かえってこの結果を生んだものであろうし、寺社本所の膝元たる関係であった。しかし、生産の発達に支えられて、農村は成長し、先進地区の称をほしいままにするに至るのである。

第二節　摂津浜崎神人と魚貝商業

荘園領主たちは、その消費生活をみたすため、その膝下に商工人を養った。都市ばかりでなく、その生産手段の特殊性にもとづいて、これをかなりの遠隔地に置いたばあいもある。漁民などこれに類する。その漁民が魚商人に転化するばあいも見られる。もちろん、商工人といえば、隷属民が自立への道程に入ったことを示している。すなわち、その生産を貢納品としたほか、一部の余剰を他に売りさばくに至ったことである。かくて現地の商業要素となる。やがて、商工人として自立するが、その自立は、需要が増したことが最大要因である。荘園領主のほかに、支配権力者として武家が進出してきたが、また自立には便宜となった。かかる商工人の発生と発展とが、荘園領主都市の商業を発達せしめたほか、現地に都市の発生をうながしたものである。

はじめ荘園は、原則として田地の存在をもって設立された。畑地・原野・山河は、土地支配の対象とはならなかった。そこは在家支配（人の支配）が行なわれており、荘園とは切り離されたものも、また荘園に付属されたたばあいもあった。しかし、ぜんじ畑地原野の経済価値があがり、田地に伍するものとなってきた。荘園は、おおむね在家支配を超克して土地支配をもって成立することとなった。これには田畑耕地の比率が大きく影響している。[18]なお田地をもたぬ隷属民にしても、[19]同じく荘民の列に加わってくる。隷属民たちは、その労働力を領有されたものであるし、生業を山野河海に依存したものも多い。良民にしても、もちろんその労働力が領有の対象とされてはいたが、二次的なものとなってきた。

われわれは、中世における土地の私的領有を等しく荘園と呼んでいるが、その時代差・地域差による荘園構造の差異を識別せねばならない。それは荘園において、在家支配・土地支配の比重差、所職の下地化の進行度に左右されるものである。[20]

阪神地方における荘園の乱立は、さらに所職の分立となり、その領主権確立のために下地の分割が行なわれ、土地の細分化がうながされた。そこに開発もいっそう進むというものであった。その実状についてはすでに述べた。加えて阪神地方は奈良・京都の最短距離の海岸線である。そのため交通運輸上の効用はもちろんのこと、さらに魚貝の供給地として重視された。したがって貴族・社寺などは漁撈民を確保する要があった。漁撈民にしてもその生業の安泰と身体の安全とをはかって貴族社寺に身を投じ、その隷属民化した。漁撈は労役であり昔は賤役とされた。しかも技巧を要するところから、その技巧を持つ解放民が再びこの隷属民の主体となった。いわゆる散所あるいは神人といわれたものがこれである。その多くは土地をもたぬし土地は与えられない。とくに田地においてである。しかし住居は、小屋とはいえ設置されるし、菜園的畑地の開拓は進められる。ここに宅地・畑地が成立するが、なお在家支配の段階を出でない。しかしこのばあい、荘園領主の土地支配の対象化することにもなる。

一一世紀末から一二世紀にかけて、摂津長渚庄（前節には長洲庄と記したが本節では長渚庄とする。ここに使用する史料には長渚と記されるによる）の住人の支配をめぐって東大寺と賀茂御祖社（下鴨社、略して鴨社）との間に紛擾が生じた。その経過についていては、幾多の論述もあるし、土地支配と在家支配（人の支配）との二元的支配の実相に及んでの論究も見られるに至った。[21]このばあい、荘園領主は東大寺であって、必然的に在家領主を圧倒し、土地支配の中に在家を埋没してしまうべきではあった。しかしこの在家領主が名だたる鴨社であったから、土地支配の強化をはかる東大寺との相論が、はてしなく繰り返されたわけであるし、訴訟に対する朝廷の裁決も、それぞれの用いるところとはならなかった。もとより長渚庄は、天平勝宝八年（七五六）の勅施入にかかる東大寺の根本所領であったが、墾田施入のこととて一色荘園化にはなお時を要した。その間、人を対象とする公事の催徴権はなお朝廷に遺っていたし、官府の支配権はなおこれに及んだ。この公事催徴権はやがて小一条院敦明親王以下に伝領されるに至ったが、東大寺の関与すべきものではなかった。しかしたまたま長渚庄の住民は漁撈に従事していた。その荘民の漁撈も東大寺が確保し得たはずであるが、東大寺の勢威はこのころ沈滞していたし、もちろん親王家の権威も地におちていた。そこで漁民はさらに有力な権門に頼る必要から、二条関白家（藤原教通）に身を投じてその雑色となり、その散所として官府の公事を免れ、漁撈権の確保をはかった（荘民のすべてが散所となったのではなく、そのうちの漁民と解したい）。かくて二条関白家から皇太后（藤原歓子、教通の女）職家に譲与され、歓子を本願とする常寿院に寄進された。しかしそのころ鴨社の切望によって、応徳元年（一〇八四）に山城小栗栖郷との交換が行われ、鴨社領長渚御厨の成立となった（『摂津国古文書』）。長渚庄の漁民が鴨社の供祭人（供菜人の転訛）となったのであり、長渚御厨はこの供祭人をもってかく称えられたものであって（「小野晃嗣氏所蔵文書」）、その敷地は長渚庄であり、東大寺領である。このばあい、この供祭人達の宅地はあり、耕地も幾分は備わり在家化していたろう。やがて東大寺はこの在家の土地を基礎として、一方では供祭人である荘民に公事を要求した。そこで在家役を鴨社に上納していた荘民は、二重の負担を負った。そこで鴨社の抗議となったわけである。これには東大寺がその土地支配の強化に乗り出して、鴨社の排除をくわだてたと解せられるし、鴨社側では供祭人の支配すなわち在家支配によって、いぜん宅地および耕地はそれに付随するものとしてそこでの土地支配の強化をはかったため、東大寺の忌諱にふれたとも解せられる。鴨社の土地支配の強化とは鴨社領荘園の設立（立荘）ということになる。

かかるばあい、公家の裁決にしてその抜本的なものを求めるとすれば、鴨社御厨を廃絶せしめるか、あるいは下地を分割して東大寺領長渚庄と鴨社領長渚庄（御厨と称しても可）との分立がはかるべきである。しかしようやくその勢力をもり返してきた東大寺は、その分割を頑《がえん》じるものではなかっただろうし、鴨社にしても、ここから神社の必需品たる魚貝を得るのであるから、その放棄は不可能である。公家では両者の既定事実を基として、土地は東大寺、在家＝人は鴨社の支配という裁決をくりかえすのみであった。これに対し東大寺は、勅施入の寺領に他の領主権が設定されたのは無効であるとしてなお抗論した。官府の公事催徴権はすでに弱退化してしまった時代のこととて、この主張は是認される。しかし公事催徴権がすでに具体化し、それが転々として鴨社の在家支配となったものであるし、むしろ住民がその漁撈権確保のために身を摂関家に投じ、それが鴨社の在家支配を成立せしめたものであるから、法的根拠においても、現実問題としても、鴨社の主張は正しい。そこで長渚庄における二元的支配はなお続けられたし、その紛擾も終息しなかったため、史上を賑わすことにもなったのである。いつしか土地を得て鴨社領長渚御厨が設立され、一五・六世紀までは存続したようである（「小野晃嗣氏所蔵文書」）。ところでこの住民がすすんで身を権門社寺に投じたことは、もとより土地寄進のばあいも同様であって、荘園設立の要因をなすものであった。また在家支配において、藤原教通のその女歓子への譲与が見られるが、事情によっては子女数名に分割譲与してもよい。また歓子の菩提を弔うため常寿院に寄進されたというが、さきの譲与といいこの寄進といい、その得分（収益）の譲与寄進であって、住民の身はなお摂関家の散所の雑色であって、領有権はいぜん摂関家にあったものと見られる（『近衛家領目録』）。このため住民もなお摂関家領たることに甘んじたろうし、東大寺にしてもあえて声を大にはなし得なかったものかとも思われる。ともかく鴨社領とはなったが、それは供祭人として漁獲物の一部を鴨社に上納するもので、また摂関家散所、ないし長渚庄へ数多の領主権が及んだ。これはいずれ下地の分割領有へと進むものであった。そのうえ、武家の地頭職設置もこれにさらに所職が加わることであるし、これはいずれ住民にして人身土地ともに武家に投ずるものであったから、そこで下地分割がいっそう激しくなった。

荘園は収益権の対象であるから、その乱立といい所職の分化といっても、必ずしも生活村落の分立をもたらすものではない。しかし下地の分割に至ると、しぜん村落の分立をもたらすばあいが多くなるのである。この点、図式的に村落の続出ということはできないが、村落の分立と土地の開拓および細分化とをうながしたものとはいえよう。のち尼崎となる長渚庄にしても、猪名庄の河浜二五〇町が分割されたものであり（『東南院文書』）、それが開発されて東大寺領長渚庄のうちに、ついには鴨社領長渚御厨を生んだし、また猪名庄の一部は興福寺領猪名庄となるし、そこに神崎が生れてくる。河辺・海辺の開発までここに進むというわけである。

浜崎神人は春日黄衣神人であって、その若宮神主の支配下にあった。春日若宮の神饌たる供菜、すなわち魚貝の売買を事とするものであって、長渚庄の鴨社供祭人が漁撈を主とするのと若干の相違がある。浜崎神人の住居地は浜崎庄であるが、この浜崎庄は春日社と一体化していた興福寺の根本所領であって、この点も、東大寺領長渚庄における鴨社供祭人の場合と相違がある。さらに春日社興福寺は、藤原氏とまた一体化していたから、摂津国をその知行国化していた藤原氏からの保護を現地においてもうけることができたため、浜崎神人としてはあえて権門社寺に身を寄せる必要はなかった。長渚庄民は検非違使庁役の催徴を免れようとして、二条関白家に身を投じてその散所となったというが、かような官府の公事も浜崎神人にはかからなかったわけである。官府とはいえ、これまた藤原氏の構成するところであったからである。春日社興福寺領であったことは、本所が藤原氏、領家が春日社興福寺という領有関係であるが、実際は藤原氏の本所権は興福寺に委ねられる例であった。浜崎庄および浜崎神人は春日社興福寺の一色所領および領民としてその権威を誇ることができたのである。浜崎神人においては、春日供菜貢進の黄衣神人であったことから、興福寺領荘民としての公事は免除されていたものである。

ところで、浜崎神人が黄衣神人であることは、とくに注目させられる。春日神人は大別して黄衣神人と白人神人とになる。黄衣神人は本社にあって神事に奉仕するものであり、白人神人は社寺領内に散在して、あるいは荘官となって末社を祭祀したり、あるいは商工業に従事したものである。したがって浜崎神人もこの白人神人であらねばならないが、黄衣神人である。ところで浜崎神人がなぜ黄衣神人であったかということは明らかでない。ここでは本社神人に准ぜられるほどに重用され、それゆえに強く隷属させられていたと説くのほかはない。とくに本荘成立以来の隷属民であったと説くべきであろう。

海に遠い奈良の春日社としては、供菜の魚貝の供給は摂津あるいは和泉の社寺領にこれを求めねばならなかった。京都における神社と同様である。京都では一方、これを江州湖岸に求めたが、奈良春日社でも和泉海岸からこれを得た。堺近在の魚貝売買の輩が春日供菜備進神人であった例証も検出できる（『春日大社文書』）。ともかく神社の必需とする魚貝備進の輩であったためにこれに神人たる身分が与えられたものである。

春日社浜崎神人の成立は、興福寺領浜崎庄が仁寿年中（八五一）に施入（藤原氏からと思われる）されたさいの成立とされる（後述）。浜崎庄は興福寺の根本寺領として別当領である。興福寺十二大会の料所であり、摂津国では吹田・河南・新屋・味舌《ました》・沢良宜・猪名・溝杭の諸庄と列を同じくしており（『興福寺年中行事』）、おそくとも平安中期を下るものではないと思われるから、ここにいう仁寿年中は正しかろう。浜崎神人は浜崎庄民にして、しかも漁撈の輩が、とくに身を春日社に投じて漁撈権（むしろ商業権）の安全をはかったものであり、春日社において若宮祭が保延二年（一一三六）に創始されたので、これに属することになったし、若宮神主の支配下に入ったものであろう。

浜崎供菜神人にしても、かの鴨社供祭人にしても、その所属する神社に魚貝を進献するか、と同時にその販売を認められ、その商圏の安全を保証されたものである。いわゆる座衆である。ここで浜崎神人が商権の獲得を仁寿年中とすることは、この神人等の主張であってその傍証はない。座商人がその起源を平安朝の昔といい、その主張を立証するために偽文書の作製をなすことも稀ではない。浜崎神人の成立は平安中期にさかのぼるかもしれないが、商売に転ずるのは、平安末期あるいは鎌倉初期であったろう。鴨社供祭人としても、既述の時期ではなお商人化は見られなかったとしてよかろう。浜崎庄民たる漁民の、かつは春日神人として、かつは商人としての成立は、鎌倉初期とするのが妥当であろう。浜崎神人のばあいは、繰り返していうことになるが、鎌倉初期に春日社の方では供菜の確保のために、浜崎庄民の方では商人として発展するために神人に列したものであったろう。このことは、鎌倉初期において荘園の動揺を食いとめようとした寺社本所の応急策でもあるし、一方、商工業の発達してきたことを如実に示すものである。

浜崎神人の成立は、他の漁撈民あるいは商人との競争のためであったから、絶えず商圏の保持に注意せねばならなかったし、侵害されたばあいにはその領主たる春日社に訴えてその停止をはかることでもあった。春日社では摂関家（氏長者）に訴え出るし、実力行使となれば興福寺僧兵の動員もできた。いまその商権が侵犯された一例として弘安三年（一二八〇）のばあいがまずあげられる。浜崎庄および浜崎神人の文献としては古いものである。その侵犯に堪えきれなくなった浜崎神人はこれを本社に訴え出た。

摂津国浜崎御庄供祭（菜）神人等雑掌謹言上

欲早任先例、致生魚売買業、厳重供祭更不可令闕如由、被申下　長者宣子細事

右去仁寿年中之比、被奉施入件浜崎御庄於興福寺領之後、彼庄住人等、令補任春日御社散在之神人職、致生魚売買之業、以件上分令備進当社厳重供祭、已雖送数百余之年序、敢無他妨、爰近代募諸権門之威、売買輩雖有之、浜崎神人等存穏便之儀不及塞申、而剰近年、動不知案内輩等、令擬退転于当社供祭人売買、此条未曾有次第也、若雖為向後、依奸媒之輩無道濫妨、於彼業、於有致違乱之族者、厳重供祭闕如之条不可待言、社家御大訴何事如之哉、然者早御憲政御時、被経御沙汰、於彼売買者、永不可有他妨之由、欲被申下　長者宣、仍粗言上如件、

弘安三年五月　日　　摂津国浜崎供祭神人等雑掌

浜崎神人の魚貝商売が他の新規商人等のためにいちじるしく侵害されているので、この辺でその特権を明らかにして、他の所からの商売を防遏せねば禍根となるというのである。もとより春日若宮神主も同感するところであったから、春日社家全員にはかって、春日社家全員の愁状を氏長者に上申した。

春日社司等謹解　申請　長者殿下政所裁事　請殊蒙　恩裁、任浜崎庄供祭（菜）神人等雑掌解状旨、被成下　長者

宣

全所捧上分子細状

副進

一通　雑掌解

右子細、委見于供祭神人等雑掌解状、凡当庄神人致生魚売買之業、以件上分備進当社其来尚矣《ソノキタルコトヒサシ》、誠是厳重神供也、争可有濫妨之義哉、若猶為新儀張行之輩、於被致売買之妨者、恒例貢進《クシム》之上分可令闕怠之条、頗神威隔薄之基也、望請　恩裁、且供祭不失先例、人止新儀之濫妨、上分備進可無退転之由、被成下　長者宣、欲備于末代亀鏡、仍勤事状、以解、

神宮預従五位下中臣連祐親
権　預従五位下中臣連能国
権　預従五位下中臣連祐良
次　預従五位上中臣連祐広
権　預従五位上中臣連祐秀
権　預従五位上中臣連祐家
執行正預従四位下中臣連祐貫
若宮神主正五位上中臣連祐賢

此連署社解依不同、神主方別紙ニ書之畢、但社解ハ只同事也、神主方連署ハ正権神主二人許也、

弘安三年五月日

権神主従五位下大中臣朝臣彦継
神　主従四位上大中臣朝臣経世

この春日社家の訴訟を受理した氏長者の処置は明らかではないが、興福寺別当一乗院門跡に対して、浜崎神人の特権を保護すべきことを命令したものらしい。かくて興福寺別当から次のような政所下文が発せられた。

摂津国浜崎神人生魚売買事、不可有他所妨之由、寺家〔信昭〕一乗院御下文案文

興福寺公文所下　摂津国浜崎庄庄官百姓等

　可早任先例、致売買等沙汰生魚事

右当庄住人春日神人等訴申生魚売買事、任先例可致其沙汰、更又不可有他所妨状、

依　政所仰下知如件、以下、

　　弘安三年七月廿三日　　　　知　事法師

　　　　　　　　　　　　　　　権専当奉仕在判

寺主〔行賢〕法橋上人位在判　　　　大知事法師

（以上「中臣祐春記」）

藤原氏が、あえて長者宣、あるいはとくに綸旨・院宣の類を請うてこれを下令しなかったのは、なお興福寺領民としてその特権を有しているということを示すだけで、浜崎神人の商権保護は十分できると考えたからであろう。摂津海岸線はほとんど興福寺が領していた。渡辺・神崎から武庫・山道・魚崎に至るまで興福寺領である。その間に東大寺領猪名・長渚両庄のほか京都社寺の所領が若干あるが、興福寺領は絶対多数に及んでいる。藤原氏の勢力を背景ともするし、現地での興福寺勢力はなお大であった。この興福寺別当の免許状を示すことで、十分に他領商人を屈服せしめることができると期待された時代のことであった。

しかし、いつまでもかような特権は維持されるべきものではなかった。この浜崎神人の訴訟はなおつづけられ

たし（後説）、一方では政治社会事情の進展もあるからである。というのは、他所商人の侵害というが、この他所商人にしても、その領主をもつし、それを本所としてのその商権を得ていたものである。その領主はとうぜん公家方であるし、藤原氏とも関係がないとも限らない。いったん紛擾がおこると、公家はその裁決に苦しむのである。なお紛擾の原因には、魚貝の需要が高まったために、魚貝商人の活動が活潑となり、封鎖的特権商業もその需要の前に打破されつつあったと見るべきである。それゆえ政治権力にしても、よほどの強さがなければ紛擾の裁決などできるものではない。ところで当時の政治権力は、公家はもちろん、これを圧倒した武家にしてもようやく沈衰の兆があったのである。はたして、そののち南北朝動乱時代が訪れると、浜崎神人の特権が侵害された。

貞和元年（一三四五）に至って浜崎神人と広田社神官供僧等との間に刃傷相論事件が出現した。事件の発端は、神崎庄の魚貝商人の右近太郎と福田三郎というものが、西宮へ商売に来たところ、広田社神人三郎太郎等よりその商売の場銭を要求されたので、乱暴を働らき、かえって広田社神人らに打擲された（この広田社西宮神人は散所民である）。この神崎の魚貝商人等は、浜崎神人かあるいはその配下であったらしく、この訴によって春日若宮神主千鳥祐任が興福寺に申告し、興福寺から公家へと上訴するに至ったものである。かくて尋問の院宣が広田社を所領する白川伯家に下された。

しかし、事態はすでに変化してしまっていた。ここでいまいちど弘安三年の相論をかえりみるが、既述のような興福寺別当の制札ぐらいで、浜崎神人の商権が保護されるというわけには行かなくなったようである。弘安八年九月には、次のような長者宣が若宮神主に与えられている[22]。

浜崎神人与大番舎人主殿所并鴨社供祭人相論生魚交易事、両方訴陳状并問注記被経御覧了、浜崎庄為興福寺領、住民為若宮神人備進供菜之条不背理、被遂日来之沙汰、不可有相違之由、別当左中弁〔中御門為方〕殿御奉行候也、仍

執達如件、

弘安八年九月廿六日　　左衛門尉光広

謹上　春日若宮神主殿

いぜんとして生魚売買権をめぐって現地の紛擾がつづいていたことが示される。またこの長者宣により、紛擾中の生魚商人が浜崎神人と鴨社長渚供祭人であることが明らかにされるし、長渚供祭人が摂関家大番舎人主殿所の供御人をかねていたこともわかる。いぜん摂関家の雑色たる身分もかねそなえていたのである。現在の尼崎市の地域内で、摂関家・東大寺・春日社興福寺・鴨社等の有力社寺の権益をめぐっての紛擾が種々のかたちで展開されていたことが知れよう。この裁決に当る公家、その中心たる摂関家自身もまたその権益を持っているのであり、しかも問題は漁民あるいは魚商人が漁民から生魚を買取って領主に納入するのではなく、生魚商業がすでに展開しているのであるから、簡単に解決するはずのなかったことがこれででも知れよう。この事情があった上に、南北朝動乱がおとずれたのである。公家・武家ともにあまり頼りならぬとしたら、商人達は実力で商権をまもるよりほかはない。しかも殺伐な時潮にあったのだから、貞和の事件が刃傷事件に及んでしまったというわけである。もちろんそれでも、公家に訴え出たし、公家でも裁決にあたったのである。浜崎神人を刃傷した広田社西宮神人の領主伯家に下された院宣は、次のようである。なおこれは二回目のものである。

院宣案

摂津国浜崎庄黄衣神人申訴事、若宮神主祐任申状副具書、如此、子細見于状候歟、何様事候哉之由、院御気色所候也、仍上啓如件、

貞和二年四月廿五日　　左少弁〔万里小路〕仲房

謹上　伯二位殿

これより先、前年十二年廿四日に院宣が白川伯（資継王）家に下されているのである。その尋問によって広田社祠官供僧等は、浜崎神人はすでに守護方に訴訟したが、事実無根の訴として棄却されたため、ここに院宣を申し下したものであると抗弁した。このため興福寺側が重ねて上訴したために、右の院宣が伯家に再び下されたものである。ところが、この院宣に対して広田社側の陳弁がなかったので、興福寺側では再度、若宮神主の上訴を公家に挙申した。

御寺務御挙状案

当社四季供菜備進摂津国浜崎庄黄衣神人訴間事、若宮神主祐任状副具書等、如此、子細見状候歟、以此旨可令申沙汰給之由所候也、恐恐謹言

貞和二—

五月廿九日　　法印覚懐

謹上　左少弁殿〔仲房〕

ここに御寺務とあるのは興福寺別当、すなわち一乗院覚実であり、覚懐はその出世奉行、すなわち秘書官長に当る西南院法印である。これにもとづき、六月一日に重ねて院宣が伯二位資継王に下された。それでもなお広田社側が答えなかったので、六月廿六日に興福寺別当から再三挙申があった。さきの六月一日付の院宣は、同十七日に広田社に送られてきたので、同廿七日に広田社祠官等が陳弁状を左少弁仲房の許に持参した。ところが仲房の家人が、さきの四月廿五日付の院宣に対する陳弁がなかったということを理由として陳弁状を受付けぬことになった。ようやく七月十六日に至って、広田社の陳弁状が伯二位家を経て公家に進達され、これが同廿六日に興

福寺に送られている。このさい、伯家では広田社側にはまったく違犯の事実のないことを副申している。

この相論の結末はつかなかったようである。武家も当時は足利尊氏の時代となっているが、南北朝抗争期であるし、公家・武家いずれもかかる小事件にかかずらっているわけにもいかなかったことでもあった。しかも春日社興福寺といい、広田社といい、公家としてはいずれにも左袒することもできなかった。当事者はやや興福寺側に立った観もあるが、伯家・広田社という有力な公家の羽翼を放擲することもできなかったのである。興福寺側にしても事の真相は十分には分からなかったようであるし、この程度の事件は累発している。そのうえ、一乗院・大乗院の両門跡が南北朝の抗争にまきこまれ、党争を繰返していた時期であったから、現地の調査も十分にはしなかったし、全力をあげて公家武家に無理強いをすることもできなかったというわけである。

たまたま同年十月に、広田社祠官供僧等からの詳細な陳弁状が提出されている。そこでもなお相論の解決が見られなかったようである。この陳弁状から、この事件の経過がいっそう明らかに知れるし、すでに当時の公武権力では解決など期待できぬものとなっていた[23]。

貞和二年十月の広田社の陳弁状によっても、浜崎神人等の謀訴であるということを主張しているし、同社としても自分達に違犯事実はないとしているのであって、この事件の解決は見出せるものではなかった。

広田社側の主張によると、西宮に立ち入る魚貝商人等は、いかなる権門勢家の領民といえども、一人一荷三銭の上分を広田社家に納める例だといっている。しかも浜崎神人である神崎魚商人等は、広田社領の供祭釣船から魚貝や小鰯などを買請けてこれを振売していたものであるともいう。しかも武家の守護方の家来だといって、その権威をかさにきて広田社への上分(税)を納めなかったため、上分をとろうとする広田社神人との間に喧嘩がおこり、神崎商人等が腰刀を抜いたので、広田神人等は逃げ隠れさえしたが、それを神崎商人等は逆に広田社神人等が刃傷したと謀訴したというのであった。

当時の武家では、足利尊氏のもとで、摂津守護には赤松美作権守範資が任ぜられていたし、現地には守護代河江右衛門太郎入道円道があった。かの浜崎神人はすでに守護方に款を通じていたようである。この河江入道も現地調停に乗り出し、西宮で検証や対決を行なったようではあるが、広田社側の主張は意外に強く、浜崎神人にしてもその論拠も薄弱であったため、解決までにはいかなかったものである。しかも足利氏初政時代は、なお武家権力は弱く、事なかれ主義の時代であったという関係もあった。この事件は、かくて時の進展による解決をまたねばならなくなったわけである。

西宮は、周知のように広田社の西宮戎社の所在地として発達してきたものであり、中世では広田社を白川伯家が管領することになったので、西宮一帯は伯家領となった。この広田社神領という関係から、西宮へは春日社興福寺をはじめ、南都社寺もその所領を設定することはできなかった。もちろん西宮の海上権も広田社が握っていたものである。西宮は鎌倉末期には相当な集落をなし、商業もおこったし、とくに阪神の沿岸漁業の集散市場となっていたものと見られる。[24] その商業の殷賑に関連して、西宮戎社の信仰もさかんとなったらしい。これは前掲の広田社神人と神崎商人との喧嘩において、広田社側に落ち度のなかったことの証として、「此条、都鄙参詣人等群集之間、社家無其隠」との主張において、参詣人の群集といっていることでも知れよう（「広田社旧記」）。かの喧嘩も戎社の祭日に市も立ち、そこに近隣の商人が入り込んださいにおこったものとも見られる。西宮の魚市とでも考えてもよかろう。ところで商取引あるいは市場営業等においては、しぜん、なお幼稚ではあるが、慣習的な商法が見られてくるし、平和的商取引ということも大衆の要望から生じてくる。それには、人力以上の神仏の冥力がかられるのが中世の例であった。かようなわけで西宮戎社門前町が発達してくるのである。またこの理由から、浜崎神人を後援した武家の守護方にしても、理不尽にここへ武力干渉もできなかったというわけである。西宮の広田社側から、将来は神崎商人とよく協議するから、この紛擾のことには手を引いて欲しいと申込みをうけた。守護代河江入道にしても、これを容認するよりほかはなかったという事実もある（「広田社旧記」）。広田社あるいは広田社（西宮社）の神威もさることながら、商人、むしろ商人を必要とするに至った大衆の要望が、公家・武家の支配権力の一方的行使を阻止するに至ったと考えねばならない。

ところで浜崎庄は興福寺領であり、その住民のうちに春日若宮神人があり、それが漁民であった。浜崎庄の位置についての確証はなく、なお近世では浜崎の地名は失われてしまった。しかしこの貞和の相論から、浜崎神人はほぼ神崎商人というに等しいことが分るので、神崎に境を接していたところと見ていい[25]。しかも長渚庄とあまり離れておらぬことはその紛擾からも知られる。したがって浜崎庄は近世において浜村といわれたあたり、現在の国鉄尼崎駅近辺に比定してよかろう。猪名・長渚・神崎・新屋・浜崎の尼崎地域から西宮にかけての沿岸は、中世では有力な漁場であったともいえよう。浜崎神人に対する鴨社長渚供祭人たる神人は、その数は三百人、間《もう》人《と》二百人と元永元年（一一一八）にいわれ、その漁民数がここに示されるし、在家数千軒に及ぶとさえいわれている（『東南院文書』）。かなり誇張もあろうが後世の尼崎もかかる漁村から発展したことが知れよう。しかも「敢無地利益」の海辺湖浜から発達したものである（『摂津国古文書』）。

さてこの貞和の相論を通じて、われわれは浜崎神人の動向について注目させられるものがある。それは浜崎神人の自主的活動が顕著になったことであり、自立化が進んだということである。守護方百姓とも自称し、守護方に款を通じていることは、武家勢力が増大し、武家が圧迫してその被官化をはかった結果ともいえるが、むしろ浜崎神人が進んで武家の権力を迎え、社寺の権力とあわせてその活動の後楯としようとしたものと見られる。したがって、広田社側ではすでに浜崎神人といわず、神崎商人といっている。浜崎神人の配下として神崎商人があったとも見られるが、これは同じというべきであろう。さらに商人といっておるところにも、それらの自立化を見るべきであろう。

武家は寺社本所の領する商人等の奪取をはかったというが、むしろ商人等が進んでこれに投じたというべきであろう。このことは、荘園のばあいでも同じである。ともども浜崎庄といい浜崎神人といい、春日社興福寺領からの脱却も時期の問題となってきた。その脱却の一手段として武家の権力を迎えたのであって、これを武家の侵害とのみはいえなかろう。

浜崎庄のばあい、応永三十三年（一四二六）には、なお興福寺領として残存していたようであるが、永享三年（一四三一）には有名無実となったらしい、康正二年（一四五六）でははっきりと不知行といわれるほどであった。猪名・溝杭両庄などよりは不知行化が早い（『寺社雑事記』）。したがって応仁の乱（一四六八）ともなると、もはや起死回生のすべもまったくなくなった。浜崎神人についてのその後の動向はまったく不明である。推測すれば、春日黄衣神人の称号は、その商圏の拡張といい、その保身のためといい、自ら誇示していたかもしれないが、本社との関係は絶えたものと考えてよかろう。すなわち浜崎商人の自立である。それがまた武家の被官になったとしても、それは昔日の隷属民としてではない。荘園領主の社寺側にしても、かつては魚貝必需のために、供菜神人を確保せねばならなかったが、商品流通が活潑化したために、あながちこれを温存する必要もなくなったということも考えられる。かの弘安三年（一二八〇）の第一次事件のあとの同六年のことであるが、浜崎神人からの魚貝進納がなかった。そこで九月には、浜崎庄定使の春員が、その責任をとり、奈良の市で魚貝を買い求めて春日若宮に納入している（「中臣祐賢記」）。このことは奈良で魚貝が必要とあらば買求めることもできたということを示す。しかも、当代では土地支配の方に重点がおかれるし、現物上納よりか金納を欲することにもなった。他に重大事件や事情もあったとはいえ、貞和の西宮との相論に、春日社興福寺が、積極的に浜崎神人の訴訟の達成をはからなかったということも、こんなところにその理由があったのであろう。これはおそらく鴨社領長渚御厨についてもいえることであろう。神社などで毎日欠くことのできなかった魚貝などは、一面ではすでに恒常的上納も期待できないという事情もあって、その入手方法の切換えが行なわれたものと見てよい。これには京都・奈良のような都市の市場には、すでに全国からの物資が搬入されていたことが関係したものといえよう。もとより、都市民の需要が増大したということでもある。しょせん、供菜神人などの確保や温存は、商品流通の未熟時代の所産といえようし、商品流通の活潑化とともにその重要性は減ずるものに至ったものといえよう。

浜崎神人の魚貝商業は、まさしく中世の座商業の一であり、この神人が魚貝座を組織していたものと考えてよい。魚貝の商品化とともに、その座は組織されたものであろうし、それは鎌倉時代に至ってからであろう。おぼろげながら、浜崎神人は、長渚御厨あるいは広田社領漁民から、その漁獲物を求めて、これを販売していたことも知れる。そして南北朝時代以後は、たとえ本所を有していたとしても、かなり自主的な商人の座に変質したもののとも考えられる。もとより、これには浜崎庄の位置が阪神地帯だったという関係もある。浜崎神人の魚貝座が自主化商人の座となった室町時代に、いかなる道程をたどったかについてはいまのところ知るすべもない。

第三節　西宮の発生

上述の諸要因にもとづいて、地方に小都市の胎動が始まった。その一例として西宮を見る。

西宮町は、広田社の神郷から発達した。広田社の境内郷である。広田社は、「廿二社」（二十二社）の一に列せられた大社であり、古代からの名社である。ここで境内郷が発達してきたのも当然である。この郷は、上述の奈良のばあいと同様である。ここも、小荘園領主都市といえる。しかも海陸の交通都市、ないし漁港としての性格を持って発達する。

中世の西宮地方は広田社領であった。この広田社領であることは、古代末期において、あらためて確認されたものである。いったんは公領に編入されたが、荘園制の発達によって、その公領が広田社領となったものである。もちろん、古代において、広田社には神田や神戸が所領されていたから、その神戸の便補として、公領(郷)が給付せられたであろう。したがって、広田社には宮本郷と便補の郷とを合わせて、広田社領神郷が成立したのである。西宮は、その末社の所在によって宮本郷的なものであった。そのとき、広田社も荘園となった。すなわち、広田社と同社領とを合わせて、神祇伯白川家の荘園となったのである。

神祇伯白川家というのは、神祇官の長官である神祇伯の職を世襲するに至った家である。万寿二年(一〇二五)に臣籍降下のあった源延信を祖とし、また臣下ではあるが、神祇伯に任ぜられると王と称することが許された。広田社は神祇官の支配をうけた。しかも、広田社を氏社とした古代氏族も存在しなかったし、律令国家が衰えても、神祇官から離脱するというのでもなかった。そのため、白川家が神祇伯を世襲するとなると、白川家の氏社化、荘園化した。一二世紀のころであろう。

広田社が神祇官に属していたため、広田社の神領は藤原氏や他の社寺の侵略を免れた。そこで、阪神地帯では珍らしく藤原氏以外の本所領(貴族領)となった。この一帯は、藤原氏および春日社興福寺領で囲まれていた。またその一帯は元来は公領であったから、その中に広田社の社領が占在したかたちである。

広田社は神呪山(甲山)を神山とする。その山麓に社殿を構えた。その社殿の地は、再三の移動があった。文献で知られる範囲で、もっとも古い社殿の地は高隈ヶ原であるという。上ヶ原新田の西南の丘といわれるから、西宮市上ヶ原町内（「上ヶ原」と登記されている）の地といえよう。ここから高原を下って広田川畔に移り、享保九年（一七二四）に、それと近接した現地に移ったものである。そのころでは、広田村、明治町村制では大社村大字広田の地内であった。

ところで、往時は広田社から海岸線もさほど遠くはなかった。やがて一帯は公領となるが、神領と主張すれば、相当範囲の地域は確保できた。もちろん、公領内の神戸《かんべ》も与えられていた。しかも、砂浜や山野地は公領とはいいじょう、その支配権力は弱かったから、広田社で神領と称することも可能であった。しかし、荘園設置が競われることになると、土地の争奪が始まった。広田社では、その領有権を明確にするため、その要地に末社を建てたし、既存の神社を末社とした。その付近一帯はこれで確保できるというものである。その一として浜南宮が末社として出現した。この浜南宮が現在の西宮神社地域である。付近には、農漁民、むしろ農民が住居していたろう。その地は免租である。なお、広田社末社としての浜南宮の成立は、一一・二世紀のことと思われるが、正確にはわからない。もちろん、この地に神社が創建されたのは、古くにさかのぼることであろう。(26)この浜南宮の近傍に西宮町が成立することになる。

広田社末社の浜南宮が成立したころ、すでに本社の広田社と末社の浜南宮とは、同一接続の神郷でなくなっていたと推定する。すなわち、広田郷と浜南宮郷(27)とが見られ、広田社神郷の組織単位となったと思われる（中世の広田神郷は広田・西宮・鳴尾・灘の四郷よりなる）。いわば、広田社神郷は、公領あるいは荘園によって切断されたろう。やがて、広田南北両社という称がおこるが、これは、浜南宮の発展にもとづいてというよりか、一社にしてその社地を切断された地に分立したためといえよう。

この浜南宮は、その立地条件から、広田神の神格の一である海神としての信仰をあつめた。しかも、その海岸は漁港化したし、近辺に漁民を擁した。すなわち、漁業が行なわれたのである。これは商業的要素である。契機に恵まれれば、商業が展開することになる。そこに都市の発生が見られるというものである。

なお当時、漁民は貴族あるいは神社に隷属していた。とくに神社は魚貝が神饌物（供菜という）として必需品であったから、漁民を確保したわけである。あるいはこの地の漁民は、広田社に属していたというよりは、官司に属していたといえるかもしれない。ともかく、律令制官司の解体よって、広田社隷属に一本化したといえる。阪神地帯では、尼崎という地名は海人部《あまべ》の居住から生じた称であるとさえいわれるが、この尼崎地方では、長洲浜に藤原氏の散所民で、下鴨社神人となった漁民があったし、浜崎に春日社神人があった。この浜崎神人は、魚商人化した。阪神地帯で有力な漁民でいえば、広田神人・下鴨神人および春日神人であった（前節参看）。各社がいずれも、漁民に協力支援を与え、その漁業権を伸長せしめたからである。もちろん、いまだ漁業権の確立はない。観念的には、大海は神々の神領であった。広田神も海を領していたから、広田神人としてもその漁民が操業したのである。

広田社の浜南宮郷に西宮の街地ができ、西宮町に発展する。すなわち南宮の鎮座地をめぐってできた集落が西宮という名を負ったのである。西宮の地名の起こりは、広田社が西宮という通称で呼ばれ、その広田社のうちで南宮が栄え、南宮郷も発展したので西宮の称をえたと説明できる(28)。

広田社の総称として西宮の称がおこったのは、いつごろであろうか。またなぜ広田社が西宮と通称されるに至ったかという問題は解きにくい。これについては、『西宮市史』（昭和三十四年）に、西宮地名研究史が詳しく説かれている。そして断定は、むしろ将来にかけている。あらためて論議もおこることであろう。私も試論を提出したい。

西宮と広田社が通称されたのであるから、とうぜん、これに対する東宮があってよい。西宮については、菟原《うはら》郡に大国主西神社という古代の名社があり、これが西宮といわれていたのだが、広田社に統合され、それで西宮の称がやがて広田社に移ったという所説がある。しかし、大国主西社が西宮といわれたかいないかという確証はない。

私は、西宮戎社が後世に西宮神社といわれるところから、南宮社の諸小社のうちで、戎社がその西部にあったのかと考えたが、これは成立しそうにもない。さらに、広田本宮（北社）に対して南宮を西宮といったのかと考えたが、南宮（南社）の名が用いられているのだからこれも無理である。そこで最後に、住吉大社に対して広田社が西宮と称せられたのではないかとの試論を提出したく思う。すなわち、摂津国における東西である。広田社が住吉大社に対して西宮社と称せられたとする理由は、海上権の問題からである。東は和泉堺にはじまり、西は播磨に至るまで、海岸に住吉社が存在したことは周知の如くである(29)。住吉という地名が数多くあるのもそのゆかりといえる。これは住吉大神が海上を神領としていた名ごりであるし、平安時代にはあらためてその海上権を主張したし、大坂湾岸の要地に進出したのである。流行神となったのである。当時の律令政府にも要求したし、律令政府が弛緩して自力でその繁栄をはからねばならなくなると、いっそう積極化したものである。

広田社も同様である。平安時代に入ると、広田大神の神位昇叙が目立つ。しかも西宮海上の神領化もはかった。広田社は風神であるとされたのも好都合だし、浜南宮の創建で住吉神の信仰も加味した。そこに奉祀した剣珠も、種々の性格の信仰を獲得するが、元来は珠である。潮の満干をはかる珠でもあった。同宮には三個のそれぞれの珠があり、剣珠だけが残ったとの合理的な説明も後世では生まれている。剣珠の名も武家時代に確立したものである。この浜南宮をともなって、広田社もその海上権を主張した。さらに広田大神は天照大神の荒魂《あらみたま》である。平安中期には、たまたま伊勢信仰がおこってきた。これも広田社の発展には好都合であった。(30)伊勢・住吉の両流行神の信仰を広田神は合わせ持って、海上権を主張したものである。(31)とくに広田社では、浜南宮が栄えた。この創建も、また発展も、当時勃興してきた御子神信仰にもとづくものである。若宮あるいは今宮などが各地にさかんにできた時代である。もちろん、西宮浜の漁民が阪神沿岸では優勢になったのである。

かくて、広田社には海神としての信仰はいっそうあがった。しかも、広田社の海神信仰は浜南宮が中心となり、住吉大社に対立する神威を示したといえよう。

大治三年（一一二八）八月、広田社頭で「西宮歌合」、同九月二十一日に「南宮歌合」が行われたところ、住吉大神が羨やまれ、夢想をしばしば垂れたので、同九月二十八日に住吉社で歌合が行われたと伝えられる。歌神といえば、住吉大神だから、広田社に先んじられたのを不快視したのは当然である。しかし、これは歌だけの問題ではなく、住吉・広田両社の拮抗を示すものといえよう。これには、海上権の問題もからんでいるとしてよかろう。

広田社を西宮といったという徴証は、この広田社頭の歌合を西宮歌合といったことがあげられる。これは、写本しか存しないから、当初から西宮歌合といったかということは確実ではない。他に傍証を必要とする。これには、大治四年に死去した源俊頼の歌集『散木弃歌集』に「にしの宮に神民の船にほこさかきして、ぬされ(幣料)うといふ物とりて、風のいのりするかたかけるをよめる」という詞書があり、西宮の称はすでに見える。なお西宮の称は、元永二年（一一一九）九月に、貴人某の広田社参に随行した源師時の日記である『長秋記』に、三日に広田社に奉幣し、四日に西宮社に奉幣したと見える。すなわち『散木弃歌集』の時代のものである。しかし、『長秋記』

の一本には、西宮社が、南宮社と見えるので疑問となる。いちおう『散木弃歌集』を初見というべきである。しかし、南宮が西宮の称呼を占有する過程がしのばれる。

　これで、広田社、とくに浜南宮が住吉社に拮抗したさまが知れよう。このとき、広田社の神輿が、海上を和田岬まで神幸する神事が始まっている。その徴証は、治承四年（一一八〇）にあるが（『山槐記』）、その源流は前掲の『散木弃歌集』の時代に求められる。これは広田社の海上権の主張であり、まさしく住吉社に対するものである。この拮抗時代に広田社が西宮と呼ばれるのであり、それも南宮を中心としているということができよう。換言すれば、摂津の海辺において、東の宮が住吉であり、西の宮が南宮である。西宮の称は、海に関連しておこったといえよう。また広田が生田その他の西方の諸社があるのに西宮と呼ばれたゆえんである。なお、広田社が二十二社という大社の列に加わったことでも知れるように、神祇官に属する神社として有力だったことが関係している。建久五年（一一九四）に広田神戸郷に造住吉社段米が賦課されたのに対し、広田社神官供僧が拒否し、強訴に及ぼうとしたこともかなり意義が大きい（『神祇官年中行事』）。

　治承二年（一一七八）ごろの編述といわれる『梁塵《りょうじん》秘抄』にも、「淡路の岩屋には住吉西の宮」の句が見える。住吉と西宮広田社が摂津海辺では他を圧していたことがわかる。くだって永徳二年（一三八二）の起請文に、ことに、「当国ちんしゅ住吉広田大菩薩」と記されている例がある。[32] 摂津国の東西両大社という存在である。

　西宮の称呼は、海上信仰をたどることで了解できよう。住吉社が東宮、広田社（西宮社）が西宮といいたい。住吉社を東宮といった例はないが、西宮広田社がこれに一籌を輸したかたちだからである。あえて、西宮の称呼のおこりを住吉社に対するものとする試論を提出するものである。

　広田社が住吉社に拮抗する勢いを示し、西宮と称せられるに至ったことは、とくにその南宮付近の発展があったものとして、本稿では重視せねばならない。西宮の称のおこりは地名論議以上のものがある。

西宮の称は、広義には広田社全体をいい、狭義には南宮社をいうことになる。この南宮でも、その一小社を西宮といったかも知れない。ともかく、それぞれの境内地的な郷が、広田郷（宮本郷・本社郷）と西宮郷の称をとるに至る。地名的な西宮の名がまず現われるのは鎌倉末期であり、一三世紀後期といえるようである。

西宮南宮社は、社人を多くかかえたし、漁民および農民も隷属させたにちがいない。神社の近傍にそれらが居住し、類を以て集落を作ったろう。このばあい、漁民には商人的要素があるし、神社の祭日などには、市が立つことになって、商業が芽生えた。この南宮社の市については、延慶二年（一三〇九）にその徴証がある（『温故雑帖』、この書物は寓目していないので吉井良尚著『摂播史蹟研究』から引用する）。

その八月、広田社の散所神人である海岸の漁民たちが、新たに田畑を切り開いたのに対して、領主の神祇伯白川家が課税し、その代銭として船上の銭貨や市庭の津料《つりょう》を強制徴収したのに対し、広田社の神官供僧らが抗議しているのである。ここに市の開設があったことが知れる。なおこの抗議訴状のうちに、この海岸の漁民の居住地は西宮だし、南宮背後に位置する市庭は西宮の真中だといっている。西宮郷が知られるし、その中心に市庭があったことなど、その都市への発展の要素が成熟していたことがわかる。この市庭の創立年代は不明である。なお「武州文書」に収める「市場祭文」には、全国の有名な市をあげているが、それに「西宮浜の市」が見える。この南宮背後の市をいったとしてよい。祭文には延文四年（一三五九）の年紀を示している。この年紀には疑問があるが、さほど時代のくだるものではないし、西宮の市の存在がそれ以前にあることは既述のとおりである。

ところで、西宮には応安四年（一三七一）に大火があり、約八百軒が焼けたと「吉田家日次記」に見える。しかも、それ以前に、延慶年間にも大火があったと記されている。延慶といえば、さきに掲げた漁民の田畠課税問題のおこったときであり、すでに七八百軒の在家があったとしてよかろう。西宮の発達がしのばれる。

なお、鎌倉末期においては、西宮戎社が南宮においてもっとも信仰を集めて発展した。戎社が漁業あるいは商業神として成立したのである。市庭において市神として戎神をまつる習慣も生じた。奈良の南市では、乾元元年（一三〇二）にその祭が見られる（第二章第四節参看）。大和の竜田では延慶四年（一三一一）に法隆寺西郷民によって戎祭が行なわれているが、この竜田市は著名なものである（『嘉元記』）。西宮戎が市神とされたのは、この年代をくだるものではあるまい。とくにその祭には市も立つし、群集も雑踏したろう。戎祭は、既述の和田岬神幸祭が八月二十二日であり、これは広田・南宮もあわせた祭礼で、なお純然たる戎祭とはなっていなかったかとも思われるが、ぜんじ戎祭化していたとはいえそうである。貞和元年（一三四五）のことであるが、この祭日に浜崎魚貝商人が入町してきたのに対し、広田神人が交易税として、一人一荷三銭の徴収をしようとしたことで刃傷事件をおこし、浜崎商人の領主春日社・興福寺と神祇伯白川家・広田社との間で係争事件をまきおこしている。その日は群集が雑踏し、その中での騒動であった（本章第二節参看）。すでに広田では、魚商人に対して入町税をとっていたことがわかる。この商人は、祭日に群集する人々を商売目当にしたといえるが、平時でも町民に行商したのではないかと思われる。西宮浜の漁民も、付近の住民にその広田社進納の余剰魚貝は売ったろう。その漁民のうちに商人化したものもあろう。ところで、浜崎神人も西宮漁民から鰯などを買入れたようである。しかもその取引は、海上で行なわれたらしい。ともかく、市が立つといえば魚貝だけではない。しぜん日用品にも及んだろう。祭日に限らず、三斎市・六斎市などと定期常設市場化したと思われるし、これは店舗化するものである。

ところで、わが都市の発達は、南北朝動乱をはさむ一四世紀が劃期となっている。西宮町も例外ではない。南北朝の動乱などでは、人馬物資の交通輸送が増え、とくに港町などの発達はいちじるしい。応安六年（一三七三）

のこと、兵庫関所で上り船から関税を徴していた東大寺が、漏船して西宮浜へ入港する船が多いといって広田社を訴えている。兵庫関を脱税して西宮浜に寄港するのである。広田社がむしろ勧めたものであろうが、むしろ平和安全を欲した商船の動きであると解したい（『師守記』・『東大寺文書』）。これも西宮の港町化を示すものである。西宮郷の都市化がいっそう進むのである。

第四節　堺の発祥

ここに堺の発祥を見る。堺は港町である。荘園制下における港町は、荘園領主の居住地を指向しつつ数的にも質的にも発展する。港湾地が単一の荘園という関係に立つものもあるが、その港湾がとくに重要なものであれば、荘園的封鎖性は次第に減少してゆく。港湾地が発展して港町としての存在が指摘される頃となれば、それはいちじるしく開放的になってくる[33]。港町の開放性は、それが発展のために、必然的に将来されるものである。しかも港町は、それ自体消費都市化する。とくに移入を主とする港町においていちじるしい。中世においてこの移入の港町は、畿内に限定していえば、京都・奈良の二大荘園領主都市の門戸たる兵庫・淀・木津・坂本・大津および堺である。地方の港町はこれらのいわば従属的なものといってよい。これらのうちで、外国貿易という側面的援助もあって、兵庫および堺が異常な発展を為す。なお、年貢物の金納化より進んで、荘園制の動揺によって生じた商品化もこれを助長する。しかも年貢物輸送も他の目的も生じていぜん行なわれる。例えば延徳二年（一四九〇）に、大内新介は中国より三千人の手兵を率いて上洛するが、そのために国許より米一万八千石を輸送した如きである（『蔭涼軒日録』）。

京都および奈良における荘園領主は、説く迄もなくその数は多い。朝廷といい武家といい、これまた荘園領主である。これらの荘園領主は、要衝に位置する港町については関心を注ぐことになる。その最上の意欲は、それの領有であろうが、開発領主であってさえも、これを保持するには困難を生ずる。荘園領主はそれぞれのその年貢物輸送には、その被官を港湾に派遣し、また直属の梶取らを擁していたわけだが[34]、次第に港町の問と結び、これに輸送を一任することになる。問は早く商業機能を具えたものであるし、単一の領主とは限らず、その実力によっては数個の領主と契約を為すに至るのが常である。はじめは身分関係をも伴っていたものが、単に契約の形に発展するのである。はじめ荘園領主の港町領有の意欲は、その港湾地帯への進出をはかり、領下港町の建設となって現れた。兵庫における如く、これを擁する福原庄は、早く天平年間には、東大寺領であり、次いで平家所領として著われ、これが源頼朝の妹たる藤原能保室家領となり、転じて九条兼実領となっている。しかし福原庄は、輪田庄や兵庫三箇庄を内包しており、それぞれに本家領家の存在が指摘できる。室町時代となれば、将軍家は兵庫下庄を直轄領としており、また外国貿易の関係もあって将軍家御蔵を擁している程であって、兵庫は事実上、将軍直領の観があった（『教言卿記』）。それ以前の鎌倉時代においても、これが無意味に将軍家より手離されていたとは考えられない。すなわち兵庫は、外形的には幕府勢力の下に寺社本所の勢力が伸びているが、しだいにそれは得分関係のものとなり、内容的には、はじめ寺社本所らに育成せられた港町が、しだいに自立的傾向を示していたといえる。鎌倉末期から東大寺興福寺が兵庫島の南北両関を扼するが、これは関税収益を主目的としたには相違ないとしても、この港町進出の意欲があったと考えてよかろう[35]。

堺が荘園として成立するのは、『堺市史』の考証する如く、鎌倉時代の建長頃である。東寺最勝光院領摂津堺庄である。堺は南北両庄に分かれるから、それぞれについて考究する必要があるが、ここではしばらく併合して記述を進めてみよう。堺はその地理的関係から、早く住吉社との関係を有している。『堺市史』は、後醍醐天皇の延元元年（一三三六）四月に社領として再確認されたことが知られるが、伝説的にはなお古くにさかのぼるといって存疑している。ここにその伝説を私の寓目した史料から検討して見よう。その一つとして『住吉大神宮年中行事』をとりあげる。これは九月に行なわれる同社相撲会の説明のためのものである。ちなみに、この相撲会は『拾芥抄』にも掲げられている。

此会天下安全之御願、当社厳重之大会也、致種々之礼奠、表三韓退治之義、不可不厳重行之神事也、昔此日於堺浦、以三韓所貢珍財、交易成市、名浜市、本朝市之始也、是以置浜浦使、開口下司、小塩穴刀祢、浦網使、浜御油座使、治堺浦、取賦税勤仕神用、延元年中熊取弾正於堺、致狼籍、仍被加制止、厳密可致其沙汰之由被仰下、又正平十五年十月九日堺庄如元被返付当社、然凶盗蜂起、掠略神領、相撲会衰微、職此之由也、今神輿出御、宿院設伝供、師子雖渡無舞楽、勅使間纔存礎石、相撲競馬寥々無聞、宿院辺婦女売小升為小児玩、空伝宝市之名、懐古者感情無窮

（「東山御文庫文書」）

これは恐らく住吉社と堺との関係が稀薄となった室町初期のものであろう。延元年中の熊取弾正の狼藉ということは、既述の後醍醐天皇の安堵と連関されるが、この熊取弾正の乱妨は、正平十三年（一三五八）八月に楠木正《まさ》儀《のり》に命じてこれを停止せしめんとした後村上天皇の綸旨と正《まさ》しく合致するものであって（『住吉神社文書』）、この時にそれが成功したものと解せられる。十五年とあるのは十三年の誤りとしてもよいし、延元年間からかなりのそれほどの年数を要して、再びかかることのなき旨の安堵がなされたと見てよい。この点ではおおむね信をおける本書の記載において、相撲会に当っての市の興行が興味を引く。堺浦には住吉社の供菜人が早くから見られたのであろう。浜御油座使というのも、南北朝頃には同地に進出する大山崎油座神人との抗争があるから、これも

その頃以前にその存在が指摘できそうである（『離宮八幡宮文書』）。また宿院は、住吉社の宿院である。すでに平安期に開口原《あぐち》の地にあったといわれ、住吉神主の小堂が永保元年（一〇八一）の『為房卿記』に見えている。これらによれば、本朝市の始めというような平安朝までは遡れないであろうが、此の辺が住吉社の勢力圏となっていたのは、時代もかなり遡るのであろうと思われる。神功皇后以来という伝説も、あながち否定されぬほどのものである。住吉社の本宮といわれる開口神社の末社化も、平安中期に見られたであろう。開口神社の社地に設けられていた宿院に、住吉社の御旅所が設けられ住吉神輿が渡御する例がはじまっている（『開口神社文書』）。もとより住吉社は海神であり、この地に漁民の存在が多かった因縁である。しかし、上代からその当時にかけては、堺の地は問題になるほどのものではなかった。むしろ漁港として堺浦が注目されていた程度であろう。堺の地が問題となるのは、鎌倉末からと見られる。

堺の近辺は住吉社の勢力圏といったが、明証は欠くけれども、和泉国は、平安中期頃からは摂家家領となっていたのではあるまいか。『近衛家領目録』によると、和泉国はその大番勤仕の国となっている。この関係によるものか、春日社興福寺領の荘園が、和泉国内にかなり数多く見える。また堺浦近辺の漁民は、春日社の供菜のための魚貝の採集にあたっていた。嘉禎二年（一二三六）十月に春日社祠官等は、「道を守護の武士通ぜざるの間、和泉国の日次の供菜魚貝等、去月下旬より当日に至るまで進上せざるに依って、彼の供菜物、悉く皆闕如せしめ了んぬ」と訴えているのでも知れよう（『中臣祐定記』）。これはのちに建武四年（一三三七）六月、足利尊氏が吉野通達の疑ありとして禁止した春日社供菜備進の市座神人に、堺浦魚貝売買再開を許したことのあるのと考え合わせることによって（『春日大社文書』）、それが堺浦のそれであったことが明らかである。この供菜神人は、春日社では他の座衆神人が散在神人として白人神人と称されるのに関わらず、とくに黄衣神人に列し、本社神人と同様の待遇を与えられている（「中臣祐春記」）。春日社にしてみれば、海岸の最短のものは当地であるから、とくに重要視して、恐らく平安期から漁民に神人の身分を与えていたものと考えられる。また応長元年（一三一一）に、興福寺一乗院貝新座寄人四郎男が、和泉国の住人千手王次郎から二百六十貫文を借り、鍬を購入して信濃地方へ売捌きに出かけているが、この貝新座寄人は、この堺浦の供菜神人かあるいはこれを取扱った商人であろう（筒井寛聖氏所蔵「東大寺文書」）。これを助長したものとして、嘉禎二年の春日社造替に、造国司として和泉守藤原顕方の任ぜられたことがあげられる。仁治二年（一二四一）に顕方が造国司として阿波守となるまで、和泉国は春日社の造国となっている（「中臣祐賢記」）。これらによって見ると、堺浦近辺において、住吉社に並んで春日社勢力が延びていたことがわかる。それかあらぬか、「世良親王家御遺跡臨川寺領等目録」によると、堺南庄の前身たる塩穴庄は、本家が春日社であると見えており（『天竜寺文書』）、堺の地に春日社はその手足をすでに伸しているといえる。これらは南北朝動乱の胎動時代だが、春日社が塩穴領を領したのは、さらに遡るものではあるまいか。推測すれば、住吉社の勢力圏に春日社が進出したのであろうか。堺浦および堺の発展の初期には、私は春日社興福寺の荘園領主としての存在があったといいたい。

ところで堺は、住吉社ないし南都社寺の魚菜供給地としての一面を持つし、荘園として発達してきた。また堺は、宿場でもあった。さきに、『為房卿記』の永保元年の条に、住吉神主の小堂が見えることを指摘したが、為房は熊野詣にさいして、この小堂に泊ったのである。この地は、当時流行した熊野詣の通路にあたっており、王子社も設けられていた。南海交通路の要地だったわけである。しかも、新たに発見した元亨三年（一三二三）七月の「堺御庄上下村目録帳」写によると（「海龍王寺文書」）、堺庄の惣田数は、早晩田を合わせて一一六町五反半二七歩が算せられ、上下両村に分れていたことが知れる。なお年貢免除地が四九町八反余もあるが、上村だけでも、王子・

天神・音布宮の神社、音布寺・西光寺・勝福寺・蓮成寺・一乗寺・実相寺などの寺院の免田が見える。この社寺は、すべてとはいえないが、その多くは荘内に存在していたとはいえる。さきに、開口社大念仏寺や王寺社を掲げたが、なおこれらの社寺が存在していることは、そのあたりに、人口の集中があったといえるものである。

ところで、この田数帳には上下両村をもって堺庄が構成されていたことが示されている。堺庄は、建武新政時代（一三三四）ごろからは堺南北両庄が明らかに区別される[36]（『住吉神社文書』）。もとより、堺は摂津・和泉両国に跨っている。既述したように、東寺最勝光院領としては摂津堺庄と見えるが、嘉元二年（一三〇四）に天王寺遍照光院領となった堺庄は和泉とある（『伏見宮御記録』）。元亨の田数帳には国名は見えない。なお、開口社付近に塩穴庄があり、これは上条・下条両郷に分れていた。もちろん、荘名は荘園領主がその収益権の対象として立てるものだから、一土地において両荘名を有することもある。堺の場合、いちおう、摂津領を堺北庄、和泉領を塩穴庄を含んで堺南庄といったものと考えるよりほかはない。そして元亨田数帳の堺庄は、摂津堺庄、すなわち堺北庄と考える。下村が堺北庄内に見える文書があるからである（『開口神社文書』）。

ところで、堺庄に対しては、住吉社が同じく所職を有していた。延元元年（一三三六）に後醍醐天皇は、堺庄の地頭および領家両職を住吉社に安堵している（いわゆる南北両庄かいなか明らかでない）。もとの如く知行せしめるというのだから、住吉社が元来、これを領していたことである。この場合、それが一時的に他に移っているので、その権利をもとどおりに戻すように確認してやったということもある。まして、動乱時代のこととて、侵害もさかんにおこっていたし、没収と給付とが繰返されていた時である。ただし住吉社の領有は、地頭領家両職のみである。そのほか、本家職などもある。

ともかく、堺庄は、住吉社が領家として、古代神領の由来にかざしながら支配していたものであろう。そのほかに、本家としてなお各社寺が収益を得ていたという体勢である。かの「堺庄田数帳」は、奈良の海龍王寺に伝来した。この田数帳を海龍王寺がなぜ所蔵したか詳かでない（奈良県文化財指定）。しかし、これを後代、海龍王寺の関係者が持ち込んだり、ないし買ったりしたものではないと思われる。それゆえ、その当時、海龍王寺、ないしこの寺に隣接しているその本寺の法華寺（真言律宗を開いた西大寺叡尊上人が末寺とする）の尼僧たちのうちで、堺北庄の本家職を領有していた者があったものと考えたい。もちろん、貴族藤原氏出身者であろう。

堺には、幾多の荘園領主の支配権力が及んでいた。そのうち、住吉社が強力であったであろうし、奈良の春日社が進出していたと考えられる。海龍王寺の尼僧としても、春日社と無関係とはいえないし、塩穴庄を領した春日社の神威に頼って、堺庄を領有したものであろう。住吉社の末社ともいうべき開口社（三村宮・念仏寺）[37]が堺の総鎮守として発展してきた。むしろ、この開口社の周辺に神郷が発展し、それが堺の都市発展の中心となったことかと思われる。しかも堺の海港的発展も進んだ。唐船（元船）の来航さえも伝えられている。もちろん、鎌倉末期のことであり、堺の発祥も西宮とほぼ同時代といえよう。[38]

（1）詳細は『日本文化風土記』（河出書房）第五巻近畿篇「奈良史譚」、および『郷土の歴史』（宝文館）第七巻近畿地方「奈良県の歴史」において述べた。
（2）拙稿「東大寺の経済」（小林剛編『東大寺』毎日新聞社）参看。
（3）『摂津国古文書』（内閣文庫所蔵）。「嘉承元五廿九官宣旨」（『大日本古文書』、『東大寺文書』）所収。
（4）西岡虎之助氏「荘園における倉庫の経営と港湾との関係」（『史学雑誌』四四巻、のちに『荘園史の研究』上）所収。
（5）牧については、西岡虎之助氏の研究がある（『史学雑誌』四七巻、のちに『荘園史の研究』上に所収）。
（6）註（1）に同じ。

（7）井窪寿男氏「摂津国垂水牧について」（『上方』七二号）
（8）「守護領国下における摂津国垂水庄について」（『ヒストリア』四号）を発表された島田次郎氏には垂水牧についての草稿があり、本稿はその論考をかりた点が多い。〔補註〕『日本中世村落史の研究』（吉川弘文館）として公刊。
（9）『東寺百合文書』、後掲の「応永十年五月榎坂郷名主百姓申状」では、はじめ御室領であり、それから東寺領になったという。垂水庄については前掲島田氏の論考参看。
（10・11）拙著『奈良文化の伝流』第一篇第一章第三節「春日社領の概観」〔補註〕寿永三年四月二日に新日次御供が始まる。翌元暦二年正月に神主大中臣泰隆は上洛、摂津河尻に下向し、源九郎判官に見参している。垂水牧安堵の御礼であろう。
（12）「東院毎日雑々記」（興福寺所蔵）および天理図書館「保井文庫文書」
（13）『寺社雑事記』文明十一・五・十三日条
（14）拙著『一条兼良』九「一条家の経済」
（15）大部分は『神戸市史資料編』第一輯・第二輯に掲げられたが、なお追加される。
（16）『奈良文化の伝流』第四篇第一章第二節イ「兵庫関の退転」
（17）前掲島田氏論考参看。
（18）拙著『中世の民衆と文化』（創元社）。
（19）拙稿「在家の分解」（『国史学』六六号）。
（20）拙稿「中世阪神地方の発達」（『関西学院史学』二号）。
（21）小嶋鉦作「荘園における複合的領有関係の研究」（『政治経済論叢』二巻四号）。供祭人は供菜人と書くのが正しいが、鴨社その他は供祭人と慣用している。
（22）「中臣祐春記」弘安八・九・廿七日条。本書の原本は現存していない。わずかに江戸時代の書き抜きが豊中市今西家に現存しているところから、これを掲記することができた。浜崎神人と長渚供祭人との関係を知る唯一の史料である。
（23）これらの貞和相論に関する史料は、内閣文庫所蔵の「広田社旧記」である。この書物は、実は興福寺に所蔵されていた「御教書并御挙状等執筆引付」の類の一部である。東大史料編纂所影写本を西宮市広田神社において再影写し、それが『兵庫県神社誌』の広田神社の項に収録刊行されている。

(24) ここで西宮という地名がでてくるし、かなりその発達した状を示している。西宮町の史料としては五指を屈するほどの古さをもつものである。

(25) 「広田社旧記」所収の貞和二年十月(広田社神官供僧等)の陳状に「依為国狼藉、浜崎両庄神人等先就訴申守護方」と両庄とあるところから、神崎・浜崎両庄とみた。同一箇所にして、領主を異にするばあいなど、その地の呼び名を異にする例もあるが、ここではしばらく近接の別庄としておく。

(26) この浜に、広田社の別宮(あるいは若宮)が南宮として創建されたので、従来の神は地主神となって南宮境内に留まり、その小社に祀られたと解釈した。

(27) 西宮の地の古名を戸田庄という説がある。この一帯を戸田といったかも知れないが(『梁塵秘抄』)、疑問もある。とくに戸田庄という荘園の存在があったとは考えられない。戸田庄は、『桃華蘂葉』の一本に見えるだけで、しかも摂津というだけだから、あながちこことはいえない。西宮の地名は広田南宮郷につけられたものである。西宮町が発展して古えの戸田の地に及んだかもしれないが、戸田の地に西宮がおこったとはいえない。

(28) 南宮(あるいはその前身)がさきに西宮の称をとり、やがて広田社全体の通称となったといえぬこともない。存疑。ともかく、西宮は浜の方に比重がかかる。

(29) 西宮を考えるばあい、重要なことは、浜であり、海上である。摂播但の地域は、出雲神(三輪・賀茂も含む)の神国であった。しかし、海上は住吉神が抑えた。住吉神の陸上進出もおこるし、出雲神の海上進出もある。天照大神がこれに加わることも当然である。神功皇后創建の社寺が多く伝えられる。なお住吉神の陸上進出の例としては、神功皇后が住吉神の神告によって創建したと伝えられる播磨清水寺において、その三種山支配権の訴訟が鎌倉時代の承久三年に住吉社との間に展開したことでも知られよう。すでに天治二年のころ、清水寺所在地のあたり九万八千町が住吉神領だと住吉神人がいった。これに対して寺僧は、そんな広さは南は播磨から北は丹波を過ぎ、はるかに丹後国に至ると抗弁したという。現実とはいえぬような証拠で争いをしているのである。平安中期に、山野河海の領有権が成立してくるさいの紛議である。この時代の神社の海上支配のことから、西宮のことは説けよう。

(30) 伊勢信仰の発展は、同じく神祇官支配の広田社にいちはやく接受されたのは当然である。むしろ伊勢神宮に対して、広田社が西宮といわれたとすることもできよう。しかし、私は摂津国に限って西宮を考えたい。要は西宮という称呼がおこった時代の祭神論を究めることが必要である。祭神は同時代の流行神が宛てられたり、複合するものである。

(31) 鎌倉時代の作である『諸神記』では、広田社の祭神を、「一 住吉、二 広田、三 八幡、四 南宮門妙宮、五 八祖神」としている。住吉を第一殿の神としている。神威の高い広田ゆかりの神々の複合化である。

(32) 「大徳寺文書」に収める「如意庵領摂津所領証文」のうち、鳴尾長蘆寺関係の「宗得・宗清連署起請文」(刊本一三六号)。鳴尾だから、とくに広田庄を掲げたともいえようが、当国鎮守とまでは、ゆえなくしてはいわないだろう。

(33) 港町の発生については、『史学雑誌』四四巻の西岡虎之助氏「荘園における倉庫の経営と港湾の発達との関係」(『日本荘園史の研究』上所収)および徳田剣一氏著『中世に於ける水運の発達』参看。

(34) 春日社で神人を下向せしめた例は備後尾道浦に永仁三年五月、兵庫島に同四年七月があり(「中臣祐春記」)、梶取は東大寺領周防碓井封の例がある(『東大寺文書』)。

(35) 興福寺領河上五ヶ関の如きも一連の関係があり、永仁頃に興福寺が淀関を獲得するのも、淀の地および港湾機構への意欲と考えたい。

(36) 『開口神社文書』によると、天福二年の「開口社堂舎建立次第」があり、そこに摂津国内北庄と見える。これは写であり、いまこれを取らない。

(37) 開口社大念仏寺を三村宮といった例は応永年間にも確証がある(『開口神社文書』)。

(38) 豊田武『堺――商人の進出と都市の自由――』(至文堂)による。これに私は史料を多く提供した。

第二篇

都市要素の成長

第一章　南北朝動乱と都市

南北朝動乱は、鎌倉末期の動乱の延長である。もともと、在地武力（地頭・御家人級の武士）の成長に起因している。この在地武力の成長は、生産の増進にもとづくものである。農村が発達したり、都市が発生するのも、これと同じことである。

この成長してくる在地武力を、鎌倉幕府は把握しきれなかった。悪党とか国人といわれるものがそれである。一方、反幕府の公家勢力があり、この在地武力を主力に、また反北条氏の有力武士を引いて幕府を倒した。足利氏が漁夫の利を占めて政権を樹立したが、その権力増強の為に公家勢力をかりる必要があった。これは両皇統の分裂対立があったから容易であった。そしてその一方を迎えた。そのため、南北両朝の対立となり、全国的動乱となった。在地武力を強化した国人らが大義名分を得て抗争したからである。このことが足利政権の確立をおくらせたし、動乱を深刻化した。もちろん、抗争は興亡をもたらすし、それらを含めて大小の支配権力者が抗争する間に、名主（地主）・百姓（作主）らの被支配者層が自立を確固としてしまうし、なお、それ以上に上昇することもできた。在地武力の成長はつづく。

名主・百姓らの自立民が村民たる自覚をもち、村落の中核となってくるのは、地域差はあるが、鎌倉初期にまでさかのぼれる。もちろん、はじめは階層的に名主(地主)層の村落共同体であるが、この名主百姓というのも、領主の収取体系における職能差というに過ぎなくなってきたときである。かつて名主は、領主の役人として現地に赴任したり、小領主として古代豪族の伝統をもったものだが、その興亡もあって、その名主の職能が有力農民に与えられたばあいである。名主百姓の総称として、地下《じげ》などという称呼がおこるし、地下請《うけ》などが始まってくる。もちろん、始めは名主たちのことだが、しだいに上層百姓ということになる。地下請は、大和添下郡の東大寺領窪庄において、延応元年(一二三九)の例が最も古い(『東大寺文書』)。これは逃亡百姓跡を連帯で請負った例であるが、源流としてあげられる。自治的村落の胎動である。もとより、階層的なもので、名主たちの連合といわれよう。これと同種の例として、地下の宮座がその近辺で指摘できる。北葛城郡の下田庄において、その鎮守鹿島社の宮座の入帳が、建久七年(一一九六)に筆がおこされている。これは、建保末年(一二一八)に記され、それ以後は年次を逐って書き継いだものであり、建保年間には、確実に宮座の機能が発揮されていたということができる(同社所蔵)。この入座衆も年代ごとにぜんじ多くなる。一四世紀に入ると、大和の吉野郡龍門郷においても、また全国で散見される。この宮座入帳が現在につづくものである以上、近代自治村落の胎生をここに求むべきである。[1] ここで、それ以前にもあったのが、散逸してしまったという懐疑は避くべきであろう。しかし、この村民にしても共同体の成員としては同格であるが、階層はあるし、また領主から特定の所役に服せしめられるものがあったことは否まれない。かかる要素は、しだいに分離されて純化するが、なお絶えず設定されるものでもあった。商工人などがそれである。しかし、その商工人らを要素として、村落の都市化もおこるのである。このばあい、商工人もかつての隷属民ではなく、自立民として領主に従属するというかたちになる。神人・寄人などの称号をもった商工人も、その名は同じでも、隷属から従属関係となった。その最も輝しき存在となったのは酒屋・土蔵である。交通の要地などにおこってきた。京都・奈良などには早くおこったが、地方においても発生した。もとより、これらは生産の増進にもとづくものであるし、かかる精気に押し上げられて、在地武力が活動するに至ったのである。

かつて、いちおう武士といえるほどになったものは、荘官あるいは武家の御家人になるが、そうなると、いっそう発展をのぞむ。荘官の地位を利して私領を増大することにも努めたが、それが激しくなると改替させられる。その地位を狙うものが輩出していたからである。いきおい、実力をもってその地位を確保せねばならなかったし、荘園侵略ということになった。もちろん、近傍の武士たちとの抗争もおきた。しかし、それが激発すれば、武家からも制裁をうける。(2) とくに、荘園領主の膝下であった畿内では、土地の兼併は積極化しなかった。むしろ、荘園領主に好まれて数個の荘官を兼ねるとか、水利権を得るとか、商工人を養い、富力を増して土地の蓄積に努めるという方法しかとれなかった。幕府から派遣された地頭でも、同じことであった。しかも、その支配下の住民の成長が進んでいたのである。荘園領主と住民との間に挟まれて、武士たちは興亡を繰返していた。ともかく、鬱積してきた在地武力は、その発揮の機をうかがうほどになっていた。支配権力に動揺がおこれば、すぐさま爆発するというものであった。この点は、全国を通じていえるところである。両皇統の対立などその導火線であって、元弘の乱ともなれば、もはや底止するところがない。建武中興といっても、これを制止できなかったし、南北朝動乱に引きつがれた。ここで荘園の侵略などは激化した。そして在地武力の国人への成長がある。畿内ではなおこの段階に止まったが、地方では大名化したものもある。これらを足利氏一族が諸国に入部、大将（探題あるいは守護）として封建的把握を進めたのである。もちろん、反守護勢力も強かった。かれこれ、この動乱は長期にわたったため、既成の守護地頭級武士の興亡は激しかった。その興亡に乗じ、農村地主級名主の武士化も進んだ。近世武士階級の系譜は、むしろこの層に絡がるものである。

動乱の戦禍は当然、都市に及んだ。首都である京都の攻防戦は動乱の中核をなした。しかし京都をめぐる畿内都市は、京都攻防の戦略拠点となった。ともども、軍隊の往来は激しかった。摂津兵庫における湊川の戦をあげるまでもない。この兵庫の攻防戦の一環に西宮も加えられた（『西宮市史』）。また和泉堺は、南朝吉野皇居の門戸であったから、その攻防戦は激化した。

戦禍の実情など、そのとき、文筆を執る輩もこれを記す余裕もないし、人心不安などは筆には表わしきれぬ道理である。わずかに、戦火などの災禍の跡などが語られるだけである。とはいえ、京都などでは、小戦火に止まっているようである。例えば、元弘の乱に六波羅府が陥ったとき、その第は焼けていない。戦火といわば同然の放火などはしばしば見られるが、類延しなかったようである。この一因には、群小の町屋の構成などが、いまだ進んでいなかったことがあげられよう。公家・武家の邸宅の一二を焼くということで終ったのであろう。もちろん、小屋ていどの庶民住居の焼失など、記録にのこらないともいえよう。しかし、概して大戦災とはならなかったのではあるまいか。

もとより、社寺などは宿舎に徴発もあった。奈良の東大寺では、足利尊氏が九州から京都へ攻め上ったとき、その朱雀郷民を人夫として差出しているほどである（第一篇第二章第二節参看）。これが軍隊の駐屯ともなれば、いっそう激甚となったろう。しかも、軍隊の進入や駐屯は、荘園領主側にとっては守護使不入の荘園制特権を侵犯されたことになる。とうぜん、武家権力の介在を認めざるを得なくなるのである。この点、鎌倉幕府時代に、京都守護や六波羅府の設置された京都と、武家権力をいちおう排除していた奈良とは相違がある。なお京都は室町幕府の所在地となるし、奈良はいぜんこれを拒否しつづけた。その他の地方都市では、武家権力の排除はできなかった。

ともかく、この動乱を京都を所在地として室町幕府が収束するし、その武家権力が荘園的な都市へも及ぶことになるのである。住民にとっては、支配権力を二つ持つことになる。この二元的支配権力を迎えて、住民はかえって自立が容易になったといえる。荘園領主への隷属から脱却するし、自ら支配権力を選ぶことができるというものであった。もちろん、武家権力を迎えるものが多い。それゆえ、いまだ支配権力を排除できる段階には至っていない。荘園領主権力の敗退までは、なおこの段階にある。しかも、武家が荘園領主的存在だったため、そのとき、武家も敗退している。とくに、畿内を領国とした守護たちは、足利氏の一族であり、幕府の重臣であった。武家政権の構成員であったため、これまた同じく敗退している。それらの時期は、応仁の乱後である。そこに至るまで、都市の中核となる商工人は、なお実力養成の時代であった。もちろん、かかる荘園領主権力を、獅子身中の虫として蚕食し、その衰退を促したものである。

戦乱は災害を生ずるが、人馬の交通や物資の運輸などがさかんになり、交通の発達などを促すものである。もちろん、人士の交流もある。この足利幕府の成立によって、東海・関東地方の武士の畿内進出もあった。また災禍をうける農民や商工人の側においては、戦乱に処する道を考え出すものである。商工人など、視野が開けるし、戦火を縫って活動した。いわば、生存のために逞しさを加えたものである。これが農村にせよ都市にせよ、その発展の要素となった。

（1）拙稿「公事家考」（『史学雑誌』六三巻三号）参看。

（2）在地武士の制圧の例は多い。例えば東寺領大和平野殿庄の武士の曾歩々氏の制圧については、『奈良文化の伝流』第一篇や五章「中世の大和」参看。

第二章　武家権力の進出

第一節　西宮郷と武家

西宮は神郷である。神官・社人が住居し、農民・漁民が隷属していた。この神官や社人の上層の者が名主といえるものである。そこに市も開かれたし、商工人が現われてくるが、それも神人の称号を持つし、いぜん隷属民であった。しかし、住民のうちで富力を増したものが自立をすすめ、領主である神社とは従属という関係となった。そこで武士化のものも見られる。南北朝動乱がこれを促進した。例えば永徳二年（一三八二）の一文書に、「西宮野宮殿」と見えるものなど、武士的存在といえよう(1)。

ところで南北朝動乱のはじめ、摂津の守護は赤松範資であるが、これは尼崎に守護所を置いた（「広田社旧記」）。これよりさき、西宮へは足利尊氏など進軍したこともあったらしいが、もとより基地は兵庫であって、尊氏自身の往来があったかいなか詳かでない。延文四年（一三五九）に仁木義長が半年ほども滞泊したことなどがむしろ西宮への武家進出の例といえる（『太平記』「吉井良尚所蔵文書」）。しかし、この仁木義長の駐兵は、将軍足利義詮が自ら尼崎に出陣して、河内天野山（金剛寺）の後村上天皇を攻撃するためのもので、諸軍を渡辺（大阪）・尼崎・鳴尾・西宮に進軍せしめたと『太平記』に見えるところである。『太平記』の記事ではあるが、ここに阪神の重要海港の名が見えることは注目をひくものである。

それらに伍して西宮があったのである。もともと西宮は広田社という大社の神郷である。しかも広田社には、京都の白川家がその領主として存在した。他の貴族領主と荘園という以上の関係であった。このことで、武家は西宮への進軍はなるべく避けたのであろう。その上、地理的に兵庫および尼崎のようなすぐれたものが近くにあったことで、その一環作戦地とはなるが、軍事基地とはされなかったのである。そこで西宮は比較的静穏であった。商船や商人の来往も増えた。応安四年（一三七一）に東大寺が、兵庫関の漏船が多く西宮に着くというので広田社を訴えているのは、商船が脱税をはかったというよりか、西宮の平和を見て入港したというべきであろう（『師守記』・『東大寺文書』）。こののち、応仁の乱のさい、兵庫が戦陣となって荒されたさい、堺が戦乱を他所目にして繁栄し、堺が随一の商港となったのが著名だが、この西宮も、むしろ戦乱によって利益をうけたといえよう。

この西宮の繁栄により、町民のみならず、近傍農村にも富民が輩出してきた。この富民たちが、当時の流行であった禅宗に帰依した。武士に倣ったものだし、その富民たちもいわば武士であった。この人たちが庵居を建てたが、幕府の保護をうけた五山でも末寺化を積極的にすすめていたので、この庵が寺院に発展した。

西宮の近傍では、下瓦林にできた澄心寺が寺格が高い。五山十刹に次ぐ諸山の寺格を与えられた禅寺である。この地は東福寺領荘園のようであり、創建由緒もそれにもとづく。その創建年代は応安元年（一三六八）よりさほどさかのぼらない。澄心寺に次いでは、鳴尾の長蘆寺がある。鳴尾近傍には、かなり武士が発生している。地頭あるいは守護代級の武士が在住した。長蘆庵・海瞰庵などの寺庵が合併発展し、観応（一三五〇～五二）前後には長蘆寺が成立していた。この寺は大徳寺如意庵の末寺である（『西宮市史』）。

ところで、西宮には、六湛寺が貞和（一三四五～五〇）ごろに創建された。開山は虎関師錬といわれるが勧請開山らしい。暦応二年（一三三九）に西宮に近い弘井庄が近衛基嗣より虎関和尚の東福寺海蔵院に寄進されたことから、この六湛寺が西宮に創建されたと見てよい。澄心寺とともに東福寺に属する。この寺には搭頭《たっちゅう》も多い。これと前後して報国寺や積翠寺が東福寺末寺として創建された。これに対し、長蘆寺と同派の海清寺が無因宗因を開山として応永初年（一三九四）に創建された。和尚は将軍義持に招かれたり、大徳寺住持職の綸旨も拒み、応永十七年（一四一〇）に海清寺光沢庵で寂した（『西宮市史』）。

西宮に禅寺が創建されることは、広田社では喜ばなかったに違いない。これが創建されたのは、武家の応援があったし、住民の有力者（町人）がこれを迎えたということができる。実をいえば、広田社の俗勢力はあまり強くない。その領主の白川家がまた両流に分れたりして相続争いをしているし、武家に結びつくのに汲々としていたのである。容易に禅宗が進出できたといえよう。

この禅寺の創建が相次いだころ、摂津は守護大名細川氏の領国となった。足利幕府の勢威があがってくるし、この細川氏は幕府随一の重臣である。西宮が神郷であることは保証したが、西宮町の富力については無関心ではなかった。

このばあい、広田社の神郷の性格を考える必要がある。神祇伯白川家が、むしろ広田社をさしおいて神郷の直接支配をはかったが、もとをいえば神祇官領である。公領を預っておるという傾向が強い。私領荘園には成熟していなかったようである。したがって、国家権力を委任された武家が、その支配を及ぼすことが、一般荘園に比して容易であったといえる。というのも、白川家がさほど有力貴族ではないし、広田社も白川家に服属しているという無気力なものだったからである。白川家も、ひたすら幕府にすがって広田神郷を領有していたのである。幕府としては、白川家に領有させておくことは、准直領となることだから、その領有を保証したし、白川家が禅寺にさえ土地を売却することは制禁している。

足利幕府は都市の把握に努めた。とくに港町には関心を寄せた。兵庫ではその上中下の三箇庄を直領とした。これには対明貿易港兵庫としての理由がある。ここには将軍家の土蔵すなわち御蔵をかかえていた（『教言卿記』）。貿易にも当らせたものだろう。この兵庫下庄を石清水八幡宮に寄進するが（『蔭涼軒日録』）、八幡はその氏神だし、支配権はなお握っていた。堺も五山の相国寺の崇寿院に与え、また直領としたりした（『蔭涼軒日録』）。五山に与えても、支配権は保留できたものである。西宮を白川家に安堵せしめたのも同様のことがいえる（『西宮市史』）。

西宮は、南北朝動乱が終った応永ごろにはその町としての基礎が固まった。応永十八年（一四一一）の『資忠王西宮社参記』によると、草部屋と菊屋と二軒の土蔵が見えるし、この土蔵は酒屋も兼業したらしい。この土蔵の存在は注目される。この菊屋など細川氏あるいは幕府と無関係ではなさそうである（後説）。酒屋もなおあったらしい。また西宮の地下人たちは寺々の旦那だといっている。その多くは、六湛寺や海清寺の旦那となっていたものだろう。ところでこの旦那ということは軽視できない。西宮の住民は神民である。これが進んで禅寺の旦那となったということは、広田社から自立した結果である。もちろん、広田社の支配を離脱したものではないが、隷属関係は絶ったものである。いうなれば、支配者を二重に持ったことであり、さらに武家支配も加わった。二重三重の支配者をもつことは、支配力を稀薄化させたことであって、自立化がいっそう進んだのである。自らの意思を発表できるようになったのである。それゆえ、かつては祭礼などには課役として住民が使役されていたのだが、いまやその神賑行事として町民が奉仕するということになるというものだった(2)。もちろん、不当に領主が課税すれば拒否した。

この酒屋や土蔵などの資本家がでてきたことは、町の発達のしからしめたものである。海清寺開山の無因和尚の記文には、朝市の雑踏が語られている。西宮で西崎町とか潮小路とかの町名もこのころに見えるのもとうぜんである。この土蔵の菊屋など、こののち百年ほど経た文明年間に西宮の代官太田氏と貸借金のことで争っている。

ここで西宮における大変遷といえば、新開地などを加えて、一定の神郷のほかは寺庵地となり、また守護細川氏の支配権力が増大したことであろう。この守護権力は、むしろ幕府権力というべきものである。しかも、細川氏はその本国は阿波であるし、讃岐および淡路を併有したから、淡路の対岸に当る西宮を重視し、ここに代官を常駐させた。もちろん白川家の了解は求めている。応仁二年（一四六八）のことになるが、西宮津の長塩備中守源吉光という者が朝鮮に通交したことが『海東諸国紀』に見えるが、この長塩氏は細川氏の老臣であって、守護代級の武士である。その西宮在住があったのである。

これよりさき、寛正六年（一四六五）には、西宮が白川家の借金のかたとして差押えられたので、白川家からの訴えが将軍義政に出されている。細川氏が貸主の要求にもとづいてこれを差押えたらしい。将軍家の意見では、いちおう西宮は白川家に返し、その上で借金は厳重に取り立てるようにとのことであった。翌文正元年（一四六六）に、蔭涼軒真蘂西堂が有馬湯治をしたとき、西宮代官の細川家臣太田三郎右衛門が見舞に参上している（『蔭涼軒日録』）。さきの事件解決のため、細川氏が西宮に代官を入れたとすればこの太田三郎右衛門である。しかし、細川氏はそれ以前、応永末年ごろからはその家臣を西宮に常駐させたのではあるまいか。そしてその家臣は、伯家領西宮の代官となったばあいが多かろう。

この太田氏については、文明七年（一四七五）に一事件がある。太田帯刀則宗が父の道金入道から譲られた百貫文、砮の某の二百貫文とを合せて三百貫文を菊屋倉の民部丞吉益に預けておいたが、その西宮の菊屋が返却に応じないので幕府に訴えたことである。幕府政所は、その契約に任せ、太田則宗に菊屋の住宅と土地とを領知せしめるという裁決をしたと『親元日記』に見える。この太田道金入道は三郎右衛門だろうし、菊屋は応永年間からつづいた土蔵であろう。ともかく、幕府権力が及んでいた。これに対し、有力町人らは細川氏と結んだのであろう。やがて広田社神官にしても細川氏の家来となるという時勢であった(『忠富王記』)。

第二節　堺庄と武家

武家の都市に進出した顕著な例は堺である。延元元年(一三三六)、後醍醐天皇は吉野に遷られた。ここにいわゆる南朝が創まった。この南朝は、熊野水軍を指揮したり、東国ないし四国・西国と連絡のために和泉堺および伊勢大湊を門戸の海港として確保を期した。堺は南朝方の住吉社神主津守氏が握っていた。そのうえ、河内楠木氏が支援を加えていたのである。同年末に大塔若宮が塩穴庄上条郷地頭職を紀伊粉河寺行人の鏡乗一族に与えているのもその一環である(『粉河寺文書』)。これに対し、北朝を擁した足利氏は、南朝攻略のためには堺の奪取と確保が必要であった。早くも翌年初めには、堺を包囲してしまったようである。その六月に、さきに吉野通達の疑があるとして堺浦魚貝商売を停めた春日社領市庄供菜神人に商売再開を許していることからも知れる(「春日大社文書」)。また十二月に足利尊氏は、瓦林平左衛門尉元定(入道祖裕)に塩穴下条郷地頭職(二宮太郎左衛門尉跡)をその子息らの討死の賞および三河貴良庄の替として与えている[3]。堺南庄の一部となる塩穴庄の収益が大であったことがここにも知れる。もちろん、堺が足利氏の手に落ちた例証である。こののち、正平八年(一三五三)から同十二・三年に至るころ、南朝勢力が伸張し、堺も南朝が恢復したらしい(「住吉神社文書」・『開口神社文書』)。しかし、一時的な現象で終わり、足利幕府の勢力圏となった。応安六年（一三七三）には、摂津堺浦の泊銭日銭が三ヶ年を限って東大寺八幡宮修造料として北朝から東大寺に寄せられている。この泊銭日銭は永和二年（一三七六）に摂津堺浦分が三ヶ年与えられた。さきの延長といえるが、その和泉と摂津との相違の点は詳かでない(4)。このころ、堺北庄の所在する摂津国は、国司として幕府に降った楠木正儀が知行していたようであるし、その一族が堺に駐在したらしい。このころ堺北庄の領家に渡辺薩摩入道宗徹というものがある。本所も戴いたが、その名は詳かでない。文明八年（一四六七）になお念仏寺領堺北庄とも見えるが（『開口神社文書』）、念仏寺が全庄を領有したとは思われない。

ところで、堺浦泊船日銭というのは、入港艘別銭ということである。このことは、後村上天皇が住吉社の訴により正平十三年に楠木正儀に命じて艫別取の熊取弾正の乱妨を停止したこととも同じく、堺浦に入港する商船が多かったことを示すものである。軍船の間を縫って堺に商船が入津したのであろう。康暦二年（一三八〇）のこと、東大寺領周防仁井令地頭の請文によると、その年貢二十貫文は為替に組み、兵庫あるいは堺でこれを現金に換えて東大寺に納入すべしとある（『東大寺文書』）。東大寺は兵庫北関を領しているから、兵庫でもよいが、堺が港町として発達したので、奈良では堺を利用するのも便利だということだろう。兵庫と並ぶほどに堺が発達してきたことを示している。

堺で正平年間に正祐が『論語』を開板したことが知られている。そのころ、応安四年（一三七一）のこと、三宅三郎五郎なる町衆が四条道場引接寺を建立したとの縁起がある。これらのことは、はやくも富豪が出現したことを示すものである。発展のばあい、富豪や富農がまず発生するのが通例だが、これに類する輩も出現したことであろう。

永徳三年（一三八三）、山名氏清が和泉守護に補せられた。十一ヶ国の守護職を兼ねたといわれるし、明徳の乱（一三九一）を発したので著名な大名である。堺に常住したというし、その富も握ったことであろう。堺に武家勢力は確立した。恐らく氏清の滅亡によってであろう。大内義弘が堺に入った。この義弘は氏清以上の勢威を振った。これは堺で応永の乱（一三九九）をおこした。このとき、堺は焼滅した。一万軒が焼けたといわれる（「大内氏実録」）。これには誇張があるとしても、堺の発達が知れよう。堺では、南庄の都市発達が北庄よりはいちじるしいといわれるが、さきに掲げた大山崎油座神人が堺油商人を訴えたというのは、その油商人は北庄の住民であった。北庄の発展も知れよう。しかし、北庄に農村要素が強かったことは事実である。

応永の乱ののち、和泉守護職は管領家の細川氏の握るところとなった。半国守護である。しかし、堺に対して、足利氏は特別の考慮を払ったようである。五山の相国寺の崇寿院に南庄を与えた。すでに応永の乱後には、その料所化を期したのであろうし、崇寿院に与えても直領たる実を失うものではなかった。必要のさいは、直領としている。このばあい、故主に一部の収益は与えている。(5) また武力を持つ細川氏には、その治安維持を求める方針であったろう。西宮や兵庫と同巧である。いまだ荘園所職の領有時代のことだから、どこの領といっても一円領知ではない。なお北庄は詳かでない。

ここで注目されるのは、南庄で地下請《じげうけ》が始まったことである。崇寿院領となった応永二十六年（一四一九）以来といわれる。はやくここは田地が没し、宅地と化したろう。したがって、課税は公事家《くじや》の屋地子として徴せられたことであろう。地子の金納化である。その地下請であるから、郷村的自治組織の発達もしのべる。応永十七年（一四一〇）に薩摩守護島津元久が上洛して堺にあったとき、その家臣たちが遊歩中、地下人と刀の柄のもつれで喧嘩となり、これを切捨てた事件がある。この島津元久の言として、「当津ノ成敗法度緩セナル故に、諸廻船ノ者共、又々往来ノ人々ニ非道ヲ言かけ、未練ノ事ヲ致す。夫ニ習て如此候哉」とその家臣で供奉した山田聖栄の日記に掲げられている。港町の性格が示されるし、堺の住民たちがかなりの警察権をもっていたことが「緩セナル故」といわれたゆえんであろう。

（1）『大徳寺文書』所収「如意庵領摂津所領証文」のうち、「長蘆寺宗算跡諸方出挙証文目録」（刊本一三五八号文書）。
（2）このばあい、領主権を超越した。氏子として、禅寺領・守護領の町民も参加したものと思われる。惣町組織成立の一歩手前といえそうである。
（3）第一篇第三章第四節参看。
（4）これは、堺浦の日銭を南北両庄別個に徴することができたことであろうか。国名は摂津和泉のどちらもしるすようになったではなかろうか。
（5）豊田武『堺』

第三章　郷民の発展

第一節　商工人の抬頭

商工業の発達によって商工人がいわゆる町人として抬頭し、社寺からは独立し、農民からは分離するのであるが、その過程は奈良では遅々としている。商工業の発達を座および市の発達のうちに見出して行こう。

奈良では座は平安末期に、市は既述のように鎌倉中期に見出される。座は芸能および手工芸のそれに始まり、ついで商業の座が現われてくる。工商の分化は初期には見られない。奈良における商工人の座は、寿永二年春日若宮神主「中臣祐重記」に元興寺御酒座と見えるのが早期的のものであろう。これは大座および目黒座の二つを含んでいるが、安貞三年「中臣祐定記」ではそれに新座および源内座が加わって四座となっている。この酒座は飯室座とも呼ばれるもので、麴を造り、酒・味噌の醸造を行なうのである。春日若宮神人の身分を有する。酒麴の需要は、都鄙において激増するから、この座は非常に多い。すなわち、田舎座としては宇陀郡に上下両座、平群郡にも若宮神人の座が見られ、これらの座が本座といわれている。しかし興福寺の方にも、東門院の寄人《よりうど》、生馬庄の寄人および因明講所属の西京・山城木津のそれが鎌倉期に見られる。寺家の寄人衆もこの頃では若宮座への加入を要望しているので、座の結成されて行く経過が示される。これが室町時代になると、寺家の座が分立するのである。なお、平群座衆の自称するところによると、彼等は「天養の正文」と「康治の古案文」とを有するという。これは例の座文書の類ではあるが、酒麴座の発生はこの辺にまで遡れるかも知れない。この平群座衆は鎌倉末期において、座衆十七人、うち沙汰者二人と註せられる。販売権は平群市場の独占となっており、郡内の振売も許されていたらしい。宇陀座では沙汰者に当るものは名主である。元興寺座では兄部《このこうべ》となっている。この兄部には若宮巫女が任ぜられておるから、給分として座収益の一部が支給せられたのであろう。また座衆は子孫の相続となるが、それは複数子相続の例もあり、新加入は座衆の承認があれば本所たる領主はこれを認めたものであろう。(1) 座の統制組織は、本所→兄部（名主・沙汰人）→座衆→（下人）の如くであったろうが、(2) この兄部層はむしろ職すなわち得分を収得する統制機関たるもので、座活動は座衆の共同の下に行なわれ、そこに制限はあるものの自治活動も見られれのである。この酒麴座が酒屋となり、あるいは麴製造を主とするに止まったものもあろう。酒の醸造販売の分化は、あまり明瞭ではない。

市は一乗院郷に北市が鎌倉中期頃、大乗院郷に南市が同末期、寺門郷に中市（高天市とは異なる）が室町初期に開設された。この市場建設のことは既述した。しかし都市が市場より発達したとは奈良の場合はいえない。市中散在の商人が市場に販売座を得て市座を成立させたもので、なお市中には振売《ふりうり》あるいは店舗商人が多数に存在していたのである。領主側では市場近傍における一定地域内の同業を禁じたりして市場繁栄をはかったけれども、奈良では領主権が街地に錯雑しており、その徹底化ははかれない。しかも市場外商人も一定の貢納をしているので、収益を専一とする領主側の統制も厳しくはなかった。領主側として便宜を与え得るものは、侍・公人の市場郷内止住を禁じたり、喧嘩口論の糾弾の如きに過ぎなかった。南市の開市当時の史料から見ると、南市の統制組織は、大乗院門跡の事務方たる坊官所に属して市奉行所があって市場を管理する。市奉行所は現場にあったものである。一方、市座衆の側では集会所たる市宿を持つ。ここで注目されることは、市場商人の加入とか商品の限定とかが座衆の集議にもとづいて行なわれたことである。(3) もちろん、その決定は市奉行が当るものであるが、根本は座衆の集議を経ているのであり、ここに市の自治的活動が鎌倉末期において見られるのである。しかも大体、同質者たる商人によって一郷が構成されていたので、他郷におけるよりは共同体組織も進んだものであったろう。市座衆はその貢納によって南市での販売権を有するが、春日神人でも寄人でもまた地下人でもそれは問わず、市座衆の承認が得られればこれに加入し、大乗院寄人となるわけである。(4)

座といい市といい、その座衆は領主と相互利益の為に結ばれており、領主権の規制は厳しかったが、その下で若干度の自治活動が鎌倉期において見られるのである。座衆には寺社本所の隷属民からのものや、のちに寺社本所に身を寄せたものとの二流がある。春日社の例で見ると、春日黄衣神人と春日白人神人との別がある如くであり、和泉堺浦魚貝供菜座は黄衣神人、符坂油座は白人神人である。興福寺でいえば前者は承仕・童子・力者の如き、後者は寄人である。白人神人＝寄人ともいえるだろう。しいて分類すれば叙上の如くであって、その身分的結合は前者が強固であるが、団体結合の点では後者が強い。座衆も労役と現物納という貢祖を課せられるが、労役免除のものも早く生じてくる。中世の賦税は年貢公事に分けられるが、座に対しては公事が主である。公事はいきおい貨幣代納化するが、座あるいは市が当然早く金納化に赴く。領主側も座および市を貨幣収得源としてこれを保護するのである。それゆえ、公事のうちでも定期のものよりは臨時のものに依存度が高くなり、訪銭あるいは典役などと呼ばれるものがそれである（『三箇院家抄』）。この金納化によって、領主権の弱退化が促進されるのである。このことは、都市が農村から止揚され、都市に対する賦税は、公事たる地子を専らにしたのと同巧である。

市および座の発達は、消費生活の拡充を意味しているが、そこに特権的占業化という矛盾を包蔵している。また農村あるいは田舎に発生した諸商人も、消費生活の行なわれる都市へ進出をはかり、新たに座を結ぶ必要も生じてくる。かの大山崎油神人は奈良の符坂油座を結んだかあるいはこれに加わったものであろうし(5)、春日神人が京都にあって商業を営み、春日住京神人の称をもって奈良春日社家に公事を納め、京都では諸役皆免であったが(『寺社雑事記』)、幕府あるいは京の大社寺とは何等かの貢納関係を有していたようである。大和乙木簾座が賀茂祭桟敷の簾を納入することによって洛中の販売を許されていたのも同様といえる(「御府記録」)、この関係が成熟すれば近世的商人となるを得るわけである。ところで振売は、次第に店舗商業に移ってくるし、市場も常設店舗化し、ここに店舗商業が優勢になる。前述の住京神人もその現われである。奈良では応永の末年には三市鼎立となり、各市は三斎市《さんさいいち》であったから一日に一市は必らず開かれたというものの、その間歇性は嫌われ、中市を遺して他は間もなく衰滅した。北市の如きは、若干の店舗を遺し、南市は開畠されるに至っている。中市も若干の店舗をのこすだけであった。なお天文二年(一五三三)には興福寺学侶によって高天市が開かれ、また六方衆の南市が開かれた。

店舗商業発展の一翼として問屋が発生する。これは港湾都市にまず発生したというが、港湾都市は荘園領主およびその居住する消費都市に依存するものであって、荘園領主が進んで開発するし、逆に港町の問屋は自然その消費都市に支店あるいは連絡店の如きを発生せしめる。荘園領主、例えば春日社の如き、その荘園物資の決済あるいは輸送の為には、神人を派遣して事に当らせた。鎌倉期に備前尾道浦とか摂津兵庫島などへは神人が往来している（「中臣祐臣記」）。しかし、これを問丸あるいは商人に委託するに至るのであり、荘園物資の多くはその手で処分されたものであろう。そこで問屋が卸売業者となり、座衆を擁するに至ったものもあり、座衆にして問屋となったものもあろう。京都祇園社の綿本新座の抗争の如きは、その背後の問屋の争いであった如くである。春日住京神人にして大宿所織手の織出す帯の問屋であったものもある。[6] しかも問屋は、その蓄積した資本をもって金融業を営むものも生じてくる。すなわち土倉が生じてくる。鎌倉末からは酒屋も金融業者の列に加わり、これらが富豪となり、都市地下人の上層部を形成するに至るのである。富豪は有得（徳）者といわれ、これまた領主の貨幣収得の対象となり、これへの賦税は有得銭といわれた。嘉元二年（一三〇四）の東大寺郷小綱公人の有得者注進状が『東大寺文書』にあるが、その人名をみるとかなり町人的のものがあるけれども、どれを商人のそれとは指摘できない。商人であるという為には、せめて屋号でも註記されればよろしいのであるが、商人の屋号は次の代に入って広まる。金融業も周知の如く寺院から発達してくる。転じて納所坊主の如きものが次第に独立して町人化する。しかし、室町期でも学侶倉本衆と見える如く、その主体は寺院にあったようである。元徳元年（一三二九）九月から翌二月に至る東大寺結解状には銭主大夫公・侍従得業などとあり（『東大寺文書』）、永享年間に将軍義教の御蔵となる東大寺西室大夫法眼見賢は（次節詳掲）、応永二十四年（一四一七）には学侶納所として寺領河上庄五名の結解をしており、永享初年には将軍義教に目通りし、ついに政商の域にまで進んだが、身分はいぜん東大寺の学侶である。また地下人金融業者も寺院を利用する傾向がある。時代は文明十五年（一四八三）に下るが、東大寺西室僧正は、銭二十貫文を四文子で興福寺の順長房得業に借下するが、真の銭主は小孫四郎息であった。これは寺院金融の性格の一面を物語るものである。同十八年に法華寺が興福寺妙徳院から借下した場合も、銭主は三条の三郎十郎であった。前者の西室僧正の借下の場合、その質物とした水田六反の作主が小孫四郎息であったが、後者の三郎十郎はその関係は明らかでない（『寺社雑事記』）。これらは商人でなく、富農であったろうが、これらから商人となるものもあった。符坂油座衆のオトナは地主的存在であったし、東大寺郷の商人が河上庄、一乗院郷北市の商人が佐保田庄の作主権を握っていた例もあり（「佐保田庄引付」）、室町期においては、商人の農村への資本進出が顕著となり、その富の蓄積にあずかっている。また名主などの都市居住があり、すなわち不在地主として町人化するのである。康正年間には、大乗院領西寺林郷に大乗院領神殿庄と一乗院領佐保田庄との名主を兼ねたものが居住していたが（『寺社雑事記』）、これなど荘園制が商人資本勢力によって崩されて行く一斑を物語っている。これらが雑然として町人層を形成し、都市の中心勢力となるのである。しかもそのほとんどが大小の差はあれ金融業に触手している（『寺社雑事記』）。明応七年（一四九八）に奈良中の大小の倉二百余ヶ所と記されるのも、寺僧倉本もあわせてではあるが、この趨勢を示すものであろう。それゆえ、奈良では京都と同様に土一揆が興盛する。好条件に恵まれて近郊には馬借集団も発達していた。これに下級地下人も加わり、奈良から始まったといわれる足軽、時には寺院内部の下層修学者の十中の九までが合流している。しかし、これらを克服してなお発展するのである。

奈良はまた観光都市としての性格を帯びてくるので、京都街道に沿った東大寺領転害・今小路両郷あたりには旅宿が立並ぶ。転害郷が別名を旅宿郷といわれたのも鎌倉末期のことであった。この旅宿を経営したのも興福寺の下級寺人であった徴証もある。その他の郷にも、旅宿は散在しているし、享楽機関までかなり数多くなっている。これは奈良への出入が激しくなったことで、物資の面でも遠国産のものも流入してくる。反対に奈良から京都などへ上った商人のことは既述したが、堺が発展してくればここへも進出するし、地方の都市が勃興すれば、そこへも進出し、あるものは定住する。中世末には相州小田原に定住したものが見出せるし、会津あたりとも行商取引を為している。遠国行商では鎌倉末の応長（一三一一～一二）の頃、一乗院貝新座寄人が堺近辺で鍬を購い、信州に至り、さらに関東に下った例もあるから（既述）、中世末ともなれば当然活潑に展開されるわけである。

第二節　西室大夫法眼見賢

前節に少しく触れた西室大夫法眼見賢の生態について詳述して見よう。当時の支配権力であった寺院を利し、またそれ以上の支配権力となった武家に接近して政商となった人物である。いわゆる政商のはじまりともいうべきものである(7)。

見賢の富力は嘉吉元年（一四四一）において、「奈良では銭貨一万四千四百廿五貫文、米二千石、京都および坂本にあったものが十余万貫」であったという。本拠の奈良におるよりか京都に在る方が多く、奈良はもとより京都の住宅は宏壮なもので、京都の住宅には将軍を招いて芸能の興をも添え、あたかも大名の如きであったといわれている。坂本は比叡山麓の近江坂本であり、湖上交通の要地で、北国ないし近国物資の集散取引場として著名である。ここにその勢力を及ぼしたのも、一流金融業者としては当然のことであった。

時の将軍足利義教の御用金融業者となって権門に出入しているうちに、政治面においてはその事情に明るい奈良および大和地方に関することがらは彼の献策によるものが多くなり、彼はその間を巧みに泳いで巨大な利潤を獲得するに至ったのである。彼は東大寺西室の名もなき一被官に過ぎない。これがまず管領家の細川持之に認められ、次いで義教の側近に至ったのである。『満済准后日記』の永享元年（一四二九）十二月三日の条によると、「今朝東大寺西室召仕大夫坊ト云法師、御所へ参申入云、（下略）」と義教が満済に物語ったことが分るが、当時の勢力者三宝院満済などから見ると、惨めなものであったらしい。しかし、大夫法眼見賢が義教に進言した様子を見ると、かなりその間柄は濃くなっていたらしい。「年中不被立御勢ハ筒井乍《たちまち》可及生涯、可如何仕哉由申入間、堅御切諫之由被仰キ」と満済は記しているが（『満済准后日記』）、これによって見ると、見賢の将軍家に進言したのは、奈良東大寺の西室僧正あたりから使者として差遣されたものでもなく、義教への進言もかかる下級のものの常とする庭上あたりからする伝達ではなかったらしい。すなわち直言できたものではないかと思われる。彼は東大寺納所坊主であった。この年九月に将軍義教は春日若宮祭礼見物に奈良に下向し、東大寺へも参入しているので、その時あたりから見賢は召出されたものであろう。

彼が持込んで来た筒井の事件というのはこうである。当時の世情は、かなり時日は経ているものの南北朝の紛争がなお尾をひき、それが伊勢・大和辺を中心としてくすぶっていた。伊勢の北畠氏の乱（一四一四）などはその爆発したもので、それが完全な解決は見ていないのであった。大和の筒井氏は幕府方であったが、大和の南部では越智氏とその一党が隣接伊勢の北畠氏と結んで宮方となり、対峙の状態であった。この時、越智氏の一党が蜂起し、筒井氏を危殆に瀕せしめたのであった。幕府では越智氏追討の軍を直ちに下向せしむべきであったが、満済あたりの意見から将軍義教も大軍を動かすことを好ましく思わなかった。それは後花園天皇の即位大礼を目前に控え、なお叡山衆徒の紛争も解決されていなかったので、明春までの延期を決定し、幕府要路諸将へも協議納得せしめ、さらに筒井覚順遺児や叔父の成身院光宣へはその耐乏を命じたのであった。おそらくこの決定を覆さんとして、光宣らが大夫法眼見賢に頼り、見賢の義教への親近を利して、見賢の進言を請うたものであろう。その結果、見賢の進言となったが、義教はこれに動かされなかったのである。

これから永享十年（一四三八）まで大和の南北対立は解けず、幕府の宮方追討軍の下向すること再三度におよび、最後に越智氏の没落となって局を結ぶのであるが、かかる長期の対峙は彼の存在に禍されるものが多かった。彼は調停の面に乗り出すことなしに、幕府軍の大和下向をしきりと画策した。この大軍が動かされることが、彼の富を増しまたその権力を上昇せしむるものであった。この間に彼は東大寺内に宏壮な住坊を新築したり、京都でも宿所を増築したのである(8)。

幕府の軍でもまた諸将の軍でも、他国の軍兵を大和に入れることは、大和の守護と称する興福寺は好まない。たとえ興福寺が自力で大和の紛争を解決できぬ場合でもそうであった。それが大夫法眼見賢の画策によって、大軍が大和を蹂躙するのであるからすこぶる不満である。しかし見賢の当時の勢力に対しては抗すべくもない。見賢は京都において、南都（興福寺）大使のごとき、南都雑掌といわれた柚留木《ゆるぎ》を家来としているほどである（『東寺百合文書』）。この雑掌は武家へ発言力も強かった。見賢の圧力はこれのみに限らず、色々な形になって現われてくる。例えば、奈良市内の油売は符坂油座のほかに摂津天王寺木村《このむら》油座が若干参入することが許されていたが、符坂油座は見賢に依頼して木村座衆の参入を禁遏《きんあつ》し、興福寺側の憤激を助長したこともあった（『寺社雑事記』）。いつかは興福寺などの報復を受くべきものであった。

長年月は要したが、大和は見賢の企画通りに反幕府軍が掃蕩され、見賢の勢威もまた揚った。永享八年八月二十一日にはすでに将軍義教および同夫人が見賢の京の宿所に遊び、猿楽の興もあった。『看聞御記』には大名の振舞で、宿所も大名のそれだとの評が見えている。また越えて同月二十九日に、将軍義教が後崇光院上皇御所に参入するので、御所で増築のことがあったが、その増築祝に見賢は酒十樽を献上したので、嘉賞として太刀一振を賜わっている。ところで、地許の東大寺ではさほど奉仕していないようだが（史料不足か）、それでも永享十年（一四三八）に東大寺八幡宮の管絃講の費用は負担する(9)。将軍家から東大寺転害会に供物する例を開くことに尽力している（『蔭涼軒日録』）。

嘉吉元年になると、見賢にも没落の運命が訪れた。六月二十四日に彼の庇護者将軍義教が赤松満祐邸において不覚にも満祐の為に弑逆される羽目になった。その周章を記した『看聞御記』の中に、「西室大夫落行云々」と特筆されておるほどに、見賢は将軍義教に親近していたのであった。見賢の落行くところはとうぜん奈良であって、二十五日に筒井氏の擁立した越智氏等の木津までの出迎を受け、奈良に入ったのである。しかし、かくなれば宿怨を持つ興福寺などは傍観していない。同二十九日に興福寺から東大寺西室を襲い、京都から同じく下向していた東大寺別当西室公顕とともに見賢を逃散せしめ、火を放って西室および新築の西院即ち見賢の住坊を焼却してしまった。そしてまた見賢の従者などの住屋にも火を放った。この時に奈良にあった見賢の財産約一万四千四百二十五貫文および米二千石を没収して興福寺の納所方（御蔵）唐院に納れたのである。この他に京および坂本その他に料足十余万貫や七珍万宝があったと『大乗院日記目録』に見えている。

奈良を逃れた見賢は再び京都に入り、管領細川持之の許にあった。そこで興福寺では持之に迫って、近年和州大乱張行の張本人たる彼の逮捕移譲を求めた。持之は見賢の住坊を焼払ったことは承認するが、彼は前将軍の扶持を加えた人物であり、また彼には将軍家の料足六万貫が預けてある。財産も取散じてはいけないし、其の身柄も引渡せないとつきはねた。そこで興福寺では持之をも同罪と見なし、神木動座によって強訴を決行すべしと威嚇した。持之はともかくも義教の仏事のすむまで待機するようとの申渡しをなし、解決を延した。興福寺では見賢の財産はすでに国中の悪党や近所の乞食・非人の群が乱入して取散じてしまって、どれだけあるか分らぬと上申しているが、実はすでに手中に収めてしまっていたのである（『建内記』）。見賢のその後については分らない。その財産の興福寺が没収した分は、春日社興福寺修造用途として幕府も興福寺の所用を認めたと『建内記』に見えている。おそらく見賢は京都におって余生を送ったのであろうが、昔日の勢威に再びかえる術もなかったものと思われる。

一下級僧徒から身を起し、富の蓄積によって金融を業とし、その財力によって時の政権者に結びつき、あるいは権門に出入して、政治面にまで乗出した西室大夫法眼見賢を右に紹介した。金融資本家の政権への結合の一例であるし、なお僧俗両身分を有していたあたり中世のことがらである。

第三節　郷民の町人化

商工人の自立および抬頭により、これが郷民の中核となってくる。そして、町人化する。町人というのは、町人の階級構成がすすんだ近世元禄時代ごろからのそれを指すのが通例だから、概念の混介をさけ、町人そのものとここではいわない。次篇で戦国時代の町人を述べるが、それも初期町人と表現することにする。もとより、町人は町内定住人のことである。それにかつ商工人的存在としての意義が加わっている例がすでに鎌倉時代に鎌倉において見られる。『吾妻鏡』などに見えることは周知のとおりである。

ところで、この町人化の一例を奈良東大寺郷で見よう。

前篇の東大寺郷の成立に関する記述において資料としたところであるが、敷地の処分・売買証文において、坊地に並んで家地という称がかなり見えてきたが、それでもその当事者は僧侶およびその一族が多いし、その他にしても社寺の公人の類である。農民にしても、隷属民にしても社寺の被官人である。しかしこれらが次第に成長して自立性を増し、公人・被官人の所役はなお勤めたが、郷民としての成長をとげる。既掲の嘉元二年（一三〇四）の手播・今小路・押上の東大寺有徳郷民交名に列挙されたものなど、まず郷民の前駆であった。しかも社寺の公人・被官人といっても、すべてが東大寺および東大寺八幡に属するものでなく、他の社寺に属するものもかなり出てきたことも、郷民の成長としてよい。前篇に掲げた一乗院寄人の銅鋳物師で転害郷に住した友光などその例である。既掲の応安四年の中御門郷・ソキ郷・北御門郷の在家人交名には、かような郷民構成が現われている。ソキ郷は宮住郷で家十六軒が示されるが、

小法師　かう《号》所主てん《典》　きよう兵殿　ハん《番》しよう《匠》　新次郎　すたれかけ《簾懸》　さん《散》所のくう《公》人　清里　くう《公》人　西あミた　しゆてん《主典》　いやまつ　北之御所のおんとうし《御童子》　清友　しち《仕》やう《丁》　助行　くう人　国行　くう人　光清　しちやう　かう　かすか《春日》さん《散》所のねき《祢宜》　友清　後藤三　八郎のしころ　孫太郎　南の御所のつくて《作手》　三郎衛門　八はた《幡》のさん所のしんしん《神人》　石王せう　御こし《興》しころ《鍛》

があげられる。このほか宮住には僧坊や下人小屋もなかったともいえない。北御門郷となると、その在家人は二十七名あり、

サタナカ　二ラウノ《臈》神人　ヨシフサ　神人　マツコセ《御前》　アマ御セン　ヤマメ《寡婦》　未実　一ラウノクウ《公》人　七郎　ハンシヤウ《番匠》　サンシヨ《散所》ノネキ《祢宜》　安房　末房　サネヒロ　時房　ネキ　ハルックネキ　行本　国清ノアト　家次　大輔法橋　国清　ネキ　実房　ネキ　行次　実家　ネキ国家　ネキ　□三郎　八幡シユテン　ツルマツ　クシアシ《公事足》　次郎　クシアシ　コホウシ太郎　クシアシ　ヒコ太郎　クシアシ　せんつる入道　クシアシ　太夫三郎　クシアシ　ケンコ入道　クシアシ

とある。その註記のないものたちは、恐らくクシアシであろう。いわばこの人たちが近世でいう本百姓である。公事足は公事を負担するものの謂であり、いわゆる諸役負担者である。[10] 祢宜や公人は諸役免除である。この北御

門郷にはそれらの居住が少いということ、また公事足の多いのは、さすがに農民郷たることをしのばせる。また中御門郷分は紙の破損があって明らかでない。別に中御門郷民注文があるので、それを要約して見ると、刀祢は春日散所神人だし、公人・神人・御童子・下人の類がほとんどである（『東大寺文書』）。もちろん、春日社や一乗院などに属するものもある。これらの郷民注文は、ただちに郷民数をあらわすものではない。所役の性格によって公人でも免除されるものと、免除されぬものもあるからである。すべて慣例でその免除の特権ができるのである。それゆえ大体の趨勢を見るだけである。

ともかく、さきに「貞和四年転害会執行日記」の祭礼頭人交名に見られるように、南北朝動乱期が郷民成立の劃期となっているのである。そしてそれは商工業要素の注入によって促進がある。一傍証にしかすぎないが、商人的屋号がこのころに見えてくるのであり、そこに商人の自立が考えられる。もとより郷民としてのそれである。

転害会祭礼頭人にしても、正長元年（一四二八）には、

細男　押上ホウツキヤ　上司　手掻馬坊清長　下司　北御門助行　法施　今小路カチヤ　法施　今在家スミヤ　相撲　南水門良識子　相撲　中御門石屋七郎次郎子　相撲　押上シコヤ多丸子　相撲　手掻トキヤ七郎太郎　楚（其）駒　手掻泉屋五郎四郎　御輿所　押上タイヤ右馬次郎子　御輿所　今小路シユカイ屋　騎兵　押上ホタン屋ホウシ太郎　騎兵　西手掻藤三郎子

とあり（「正長元年転害会記」）、これらはすべて郷民である。水門の良識子というものも、中御門衆と自称して頭役を免れようとしたが、寺家集会まで開かれた結果、単なる法師原ということで勤仕を命ぜられている。ここに土人のほか商人の屋号が多数見えるのが注目されよう。天文八年（一五三九）となると、すべて町人となってくる（「天文八年転害会記」）。

室町時代には、かように商工人の輩出がある。なお商工人にしても公人であったり、神人・寄人であったりするが、自立性は濃くなった。押上郷の唐笠屋が東大寺小綱であったり、手掻郷宿屋の主人が興福寺の承仕であるなどである。(11) こういう身分的関係は社寺門前町の奈良などでは近代に至るまで存した。近世の奈良町惣年寄のような豪商でも、承仕・仕丁の身分を欲している。これには諸役免除ということもあるが、それ以上に社寺人として身分称にあこがれたものというてよい。しかもそれは、承仕・仕丁などとして社寺の駆仕に任ずるものでもない。この承仕・仕丁の類も中世では現在から考えるような地位ではなく、郷民の間では支配者層であったのである。

応仁の乱前後には町人という名称が現われてくる。郷という名は公称としては織豊時代、ほぼ一六世紀末までつづくが、一六世紀後期には郷は町と通称されてくるのである。かの転害会にしても、天文八年のそれは、町人が主体となってきている。この転害会に対し、いっそう民衆的祭礼として祇園会がある。中御門に祇園社が建立され、南北朝ごろには郷民の祭礼参加が目立ってくるが、郷民の主宰化を見たのもそれから間もなくのことであったろう。永享四年(一四三二)のこと、この祇園会について、興福寺六方衆が干渉したので幕府に訴えた。そこで幕府は、東大寺のほか、大和武士として幕府の被官化した衆徒(官符棟梁)筒井氏に命じて干渉を停止させている(「御前落居記録」)。京都の祇園会にならって、ここでも各郷が「山《やま》」をくり出した。郷の間でその前後を争ったこともしばしばであった。応仁前後となってそのことが多く見えるのもとうぜんであった。このことは、摂津西宮や堺でも同じである。しょせん郷民の成長にもとづくものであり、郷の共同体組織もかたちづくられるというものである。

(1・3・4・5) 拙著『春日社家日記』六 鎌倉時代の文化「商業の発達」
(2) 室町時代になると、本所→名主→兄部（オトナ・沙汰人）→座衆→下人となり、名主は得分収益者となり、兄部あるいはオトナらが座の運営に当った（『寺社雑事記』）。
(6)「御府記録」
(7) 本稿は「金融業の一僧」（『日本歴史』一三号）に掲載したものだが、東大寺における彼の経済的活動については、「東大寺の経済」（小林剛編『東大寺』毎日新聞社）に述べた。
(8) 大乗院尋尊僧正自筆の「諸寺別当次第」の中に「東大寺三面僧坊名」という註記がある。これは、文明年間の三面僧坊を記したものであるので、坊舎の破却ないし復興を知ることができる。とくに勧学院については、「大夫得業之舎兄、権門也、前御代」と見えている。詳細は、「僧坊の子院化」（『ヒストリア』一三号）に述べた。
(9) 拙著『中世文芸の源流』付録「永享十二年管絃講并延年日記」。「八月五日、管絃講在之、西院大夫得業沙汰」と見える。得業は僧綱（高級僧侶）の候補。
(10) 拙稿「公事足と公事家」（『史学雑誌』六〇巻八号）
(11)『奈良文化の伝流』第二篇第二章「もの詣と沿道文化の発達」参看。

第三篇

「惣」町の成立

第一章　応仁の乱と都市

第一節　下剋上

応仁の乱（一四六七〜七七）は、公家・武家の旧支配権力の無力化を決定づけたものである。と同時に、新しい支配権力が成立してくる。下剋上ということばが、建武新政時代（一三三四）の世相を諷刺して用いられたが、この応仁の乱から、このあと戦国時代は、諷刺どころではない深刻な下剋上の世というべきものとなった[1]。

下剋上といえば、嘉吉元年（一四四一）に播磨の守護大名赤松満祐が将軍足利義教を弑したことなど、その極致といえよう。正長元年（一四二八）に畿内一円に土一揆がおこったとき、「開闢以来の下剋上の至り」だと貴族階級（『大乗院日記目録』）は嘆息したものだが、将軍がその重臣に弑逆されるところまでに至っている。

一五世紀後半からは、もはや乱世の到来は必至となってしまった。政権を担当する幕府の大守護大名たちが、党を結んで武力抗争を首都の京都で展開するというのだから、その底止するところがなくなるのは当然のこと、地方においては、絶好の機会到来として、実力者が競い立った。応仁の乱は戦国乱世の序幕ともいえる。

南北朝動乱のあと、地方に派遣された守護によって、封建支配がいちおう進行し、守護領国が成立してきたが、畿内では、封建支配の処女地ともいうべきものであったため、その進行がおくれた。ここに樹立された足利政権もいぜん荘園を基盤とせざるを得なかった[2]。もとより、荘園領主である寺社本所の公家勢力との協調においてその政権を確立したものである。このため、荘園領主権力の残存を許してしまったし、これの打倒は、自らの潰滅を意味した。さらに足利政権構成の主力である三管領家が畿内諸国[3]の守護となったが、この三管領家の握った地方諸国では守護領国が進展するが、畿内ではこれが進行しないという跛行があった。その家臣たちの成長度にも差があり、つねにその地方領国の武士が畿内領国の支配に起用されるというものであった。もちろん、畿内では郷村の成長が進んでいた。そこに都市の成長がみられるし、在地勢力として地侍も発達していた。この郷村は、封建支配は拒否するし、そのため、むしろ荘園領主権力を迎えたものである。在地武士勢力も、郷村といたずらに対立はできなかった。しかも、守護代などの支配に心服するものではなかった。そのため、この在地勢力の把握を期して守護代などが入国しても、強力支配はできなかった。もともと、荘園制に乗る足利政権は、鎌倉政権と同じく、荘園武士を御家人として把握したもので、これを守護が私兵化することは許さなかった。したがって、目覚めた畿内の武士など、自らの意思に反した守護の強力支配は拒否したというわけである。ともかく、封建制の跛行があったし、その封建制も、在地権力として樹立された。そのため、公家的足利政権の一翼を荷う守護は、中央参仕が多いので、この在地権力と遊離してくる。守護が守護代にその国を奪われ、守護代もまた倒されるという下剋上の現象が展開されたゆえんである。そして地方では在地権力の確立として戦国大名が成長した。畿内ではいぜん、在地権力の成長の段階にあり、公家的武家すらもなお存続したのであり、支配権力の確立はなかった。

第二節　都市の災禍

なれや知る都は野辺の夕雲雀
　あがるを見ても落つる涙は

これは応仁の乱の戦火によって荒野となった京都を嘆じたものである。花の御所と称された室町幕府も焼失し、その趾では、土一揆が参集して雄叫びをあげるというほどであった。主上もその居を転々とされている。公卿の主なるものは、その子弟が入寺していた南都に疎開したが、疎開できるということはむしろ幸運だった。京都の町民たちは、かなりの数が奈良や堺に避難している。(4) 奈良では、京都町人が入り込んだので、日蓮宗徒が多くなり、新仏教の進出は禁圧していたのが崩れてくるという現象もみられた(『寺社雑事記』)。日蓮宗が都市を目指しており、町人に帰依されていたことがここでも知れる。もちろん、戦乱の世でもあり、人びとが宗教に救いを求めたことでもあった。しかし、戦火を蒙ったとはいえ、その戦火興発のさいはこれを郊外に避け、小康を得れば復帰して小屋がけに移るというものが多かったろう。応仁の乱ほどの大乱となっては、住民の手で戦火を防いだり、治安維持に努めることは不可能であった。すでに、京都では町内自治組織もでき、武家の侍所の警察権にも協力体制が見られたが、警察権が分散してしまったし、また自体の中心勢力となる有力町人が疎開してしまったのだから、防遏というようなことはできるものではなかった。不可抗力というにひとしい。

しかし、この戦火の洗礼をうけた町民たちは、いっそう武家の横暴を憎んだだろうし、生存への逞ましさを加えてきたことである。もちろん、平和到来を願望したものである。大名たちが撤退して応仁の乱は終結するが、憎悪がその撤退の誘因となったこととも考えられる。住民構造が複雑していたし、ともかく焼掠されてしまったのだから、住民総意の結集はできない。そのため、南山城のように武家の撤退を要求して国一揆が蜂起するというほどには至らなかったが、その主張は底流してきたと見られる。もちろん、山城国一揆も文明十七年（一四八五）のことで、応仁の乱中ではなお拱手せざるを得なかったことである。しかし、この応仁の乱の教訓が、町人の成長要素となったとはいえよう。

応仁の乱の主戦場は、京都であった。地方から軍兵が京都に上ってきた。もちろん、その軍隊としては畿内の大小名が地理的にいっても参加したが、強力部隊は地方からのものであった。とくに有力大名であった中国の大内氏や四国の細川氏は海路で畿内に進んだ。その上陸港としては兵庫があてられた。このため、兵庫を確保することが戦略上重要だったし、これを繞って攻防戦が展開された。このため、兵庫の町は焼かれるし、兵庫港へ商船は近寄れないという事態となった。文明元年（一四六九）には、ここを扼していた大内軍を但馬山名是豊軍が襲ったが、このときその家領福原庄に下っていた権大納言一条政房が殺害されている（『寺社雑事記』）。無辜の公家が難に遭うほどだから、戦禍の状は察するに余りがあろう。もちろん、商船が寄港しなくなったことで兵庫は衰えた。この商船は、攻防戦のおこらなかった堺港へと向った。堺は畿内とはいえ、南にはずれていたので、京都進軍の中継地とはならなかった。摂津・和泉を領する細川氏がその本国の阿波兵などを上洛させるばあい、堺に上陸したのでは不便であった。しかも、この細川氏はなお内訌がなかったから、堺で攻防戦がおこるはずはなかった。そのうえ、この堺の平和を維持することは、敵将の大内氏への対抗策であった。南海経由の商船をここへ迎えることができるから、瀬戸内を握る大内氏に打撃を与えることになる。かくて、堺から遣明船が発するゆえんもここにあった。堺では応仁の乱がその繁栄の因となった。

この堺と同じく、この乱によって繁栄したのが奈良である。奈良へは公家衆の疎開が多く、その文芸生活などが展開されたし[5]、京都町人の往来で、むしろ活気を生じたくらいである。京都の災禍を対岸視して、都市的発展も進んだといえよう。しかし、ともかく応仁の乱という武力抗争の開幕期に、大和守護興福寺の被官として成長してきた筒井・越智などの衆徒・国民が参画したし、大和でも東西両軍の抗争を展開したので、その影響は興福寺と住民とが蒙った。むしろ、大和という特別地帯（社寺王国ともいえる）が急速に崩壊することになったことが大影響といえるものであった。大和の戦争が、これから畿内戦争の一環となるのである。もちろん、「大和は神国なり」と写し、他国武士の乱入を拒否していたことが、かえってそのことで、他国武士の乱入を招くという因由にもなってきた。

戦乱によって、一部には利益を蒙る輩もある。京都の場合、上洛する諸大名たちは、その多くは軍馬とともに糧食を携行した（『蔭凉軒日録』）。しかし、現地で調達せざるを得ぬものもおこる。すでに徴発ということはできなくなっていた。ここに商人の活動が展開する。市あるいは座などの特権的商業の制約を破ることもできるというものであった。もちろん交通が発達した。とくに、土蔵などの金融資本家などの動向も注目されるが、いまだ具体的に実証しえない[6]。

戦乱といっても、交戦状態の連続ではない。交戦も大部隊の会戦ではない。ここに小康もあるし、戦乱慣れもある。したがって、応仁の乱といい、戦国動乱といい、戦乱の連続とばかりに考えることはできない。ともかく、応仁の乱によってもたらされたものは、旧支配権力の没落であり、そこに人間の解放が進んだというものである。土地をしかと握った武士が政権樹立へと歩を進めるが、同時に農村も都市も成長した。もとより、地域差もある。とくに畿内では武士の独走は許されなかった。

（1）この節については、拙著『中世の民衆と文化』（創元社）に詳しい。〔補註〕拙著『応仁の乱』（日本歴史新書、至文堂、昭和四十三年）

（2）武家の所領にしても、全国に荘園所職として持つ。その交換分合が進められたが（拙著『大学日本史』一六一頁）、その進行は容易でない。

（3）山城は将軍家料所である。大和は興福寺領国だが、むしろ幕府直領の感があった。

（4・5）拙著『一条兼良』三「兼良の奈良疎開」

（6）戦火の進展ならびに町人らの動向についての研究は進んでいない。見とおしは、林屋辰三郎「東山文化と社会的背景」（『中世文化の基調』所収）によってつけられる。

第二章　畿内の大小名

第一節　畿内大名

足利将軍家は管領細川氏に抑えられ、細川氏の実権はその家老三好氏に握られ、また三好氏はその家臣松永久秀に代られたというのが、戦国時代の下剋上の標本といわれている。松永久秀は主人の三好義継とともに将軍義輝を斬殺した。将軍も主人の三好氏もその意のままに改廃したし、あるいは大和では東大寺大仏殿を焼いたりしたので、暴逆の乱将と評されている。しかし、この久秀でも、三好義継を他の同僚に取られまいとするし、将軍家の擁立をはかっている。その暴逆は、敵将たちとの苦戦のさいにおこったものといってよい。実力は失われているが、将軍家も主家も、その権威は決して無視はできなかった。

畿内では、山城は将軍家料国、大和は興福寺の領国という特殊事情があったが、畠山氏が河内の大名に成り下がったため、四国を本拠として摂津・和泉を領し、京都に上る細川氏が優勢であった。近国の近江の六角氏、丹後の一色氏、但馬の山名氏、播磨の赤松氏も、下剋上に悩まされて京都に上れなかったので、細川氏の独走となったわけである。しかし、この細川氏にも下剋上がおこった。

ところで、三好氏といい松永氏といい、かつて細川氏がその畿内の領国に配置した守護代などではない。それらの守護代は土着できず、戦国乱闘に亡んでしまったのである。摂津の灘郷の例であるが、西宮の越水城主瓦林正頼が灘の芦屋郷に鷹尾城を築こうとしたさい、郷民はこれを拒否した。『瓦林正頼記』によると、灘の五郷は、もともと本所領だといって守護代にも従わず、地侍が七八百もいたし、勢揃いをすると三四千もある在所だといっており、この土民軍を押し立てて郷民が反抗したのである。この土民軍は、有名な土一揆の主体であった。(1) ここで本所領というのは、寺社本所領の荘園ということであり、地方ではつぶれてしまったが、畿内ではなお残っており、武家支配権力の浸透を妨げるとともに、郷村を発達させたものである。

畿内では地侍も多く出たし、そのうちから国衆に発展し、大名化するものもかなりあったが、その基盤が荘園であって、これが細分化されていたし、下部組織の郷村が新支配勢力の出現を喜ばない。荘園領主ももちろん喜ばない。そのため、国衆は大勢力にはなれなかった。しかも国衆は、守護大名に属するが、いちめんでは荘園領主を奉じた。畿内の守護大名がまた幕府当局者であったし、京都に近い関係から、国衆が守護大名に仕えるのは幕府に仕えることと感じたし、中央の戦乱などには主力となって活躍したものだから、諸国の大名などとは同列の座にあった。しかも教養や文化力ではそれら以上のものがあった。公家衆たちと交遊するし、芸能人のパトロンとなった。(2) そのため、守護代などの封建支配には屈しなかったのである。もちろん、その発展をはかったから、公家武家の権威を利用した。

国衆たちは、とうぜん大名化し、一国の平定にまで進む者が出現すべきであったが、畿内では上下の圧力が強く、いぜん荘官的地位を脱却できなかったし、大名化しても小成しか得られず、乱立の状態にあった。そのため、有力な地方武将の進出にさいしては右往左往し、その居城など、これに委ねてしまうばあいが多かった。もちろんこれらの武将も郷村の支配はできず、国衆の一部を協力せしめるに止まったたし、国衆の反抗や郷村の戦争中立を蒙って苦闘をつづけるうちに近世を迎えたのである。郷村が戦争中立を堅く誓い合った例は、大和吉野下市郷民などがあげられる。(3)なお奈良郷民など、武士の陣地構築の見物をしたりするほどになっている。永禄五年（一五六二）にその例がある（「東金堂大行事引付」）。

国衆が発展し、ほぼ大名となったものは、それだけに盛衰もあった。しかし、敗退しても居城を去るだけのことで、間もなくその居館に再び帰り、ただ一時の盛衰を繰返すだけであった。土着の強味というべきものがあったのである。畿内では、寺社本所の公家勢力の残存があったとともに、国衆大名が残存していた。畿内大名は、なお中世的な国衆的存在といえるし、その特徴であった。

第二節　山城の国衆

宇治平等院に集会し、武家の支配を排除した文明十七・八年の山城国一揆は、故三浦周行博士の研究に始まり、阪本勝は『洛陽飢ゆ』として創作に取り上げ、最近ではこれについて語るものが多い。(4)

京都と奈良との間には、紀伊・久世・綴喜・相楽の四郡があるが、久世・綴喜・相楽は合わせて上三郡といわれる（相楽郡のみを上三郡という例もある）。木津川上流沿岸地帯で、相楽町（木津町）を首邑とする。この上三郡は、寺社本所領の充満していたところで、なかんずく、春日社興福寺領が多く、相楽郡に至っては、東大寺領も加えて、ほとんど南都領というて良い。木津の発生・発展が、奈良の港町としてであり、(5)木津川下流地帯が山城淀津から淀川河口まで一時は南都領で彩られていた関係からも当然であった。したがって相楽郡は、経済・文化の面から、時には政治の面においても、奈良の勢圏に属していた。この伝統は現在にも及んだ。

相楽郡は中央を木津川に貫流されている。交通もこの河流を利することが多く、この地縁関係はとうぜん血縁関係を濃くし、現在においても、他地方に類例を見ざる程に血縁関係の緊密さを誇っている。ここは、古に狛村の設定があって渡来人の定着もあり、河上・陸上交通業者も多く発達したのである。

さてこの地帯の木津以東は、河川流域を含めて山地となって居り、同じく山城というても辺境となっている。いわば大和における東山中、あるいは吉野郡の如きものである。山岳の懐に抱かれた古代遺制的小分立地地帯も数多形成されており、木津川の通ずる沿岸は木津に結ばれるものの惣郡一体化は甚だしく阻害されている。中世においてここは亡命武将の逃避地であった。早く南都社寺領に点定されて以降、武家政権の進出の如きはほとんど見られなかった。これに反して木津（ぜんじ加茂を含んで）以西は、畿内屈指の先進地帯で、商品的生産も早く発達し、貨幣経済の波に洗われていた。京都奈良を悩ました土一揆の先頭を承る馬借集団が木津周辺に屯《たむろ》した。ここに相楽郡は相反する二つのものを包蔵していたのである。しかし西部平坦地方（東西の辺境は「谷」という）は、大和平野と同じく水陸交通の発達および経済進展の著しい地帯で土地の細分化と独立農民の発展を助長し(6)、郷村自治が発展した。当時政権担当の武家の対立抗争にもとづく支配権の弱体化と因果関係を為しつつ進展するものであるから、武家支配権の弱勢との点では共通するものがあったのである(7)。

さて中世末の国衆は、この南都領荘園の荘官として発展してくる。興福寺では相楽郡は大和と同一の処遇を以て臨み、荘官として起用された代官的名主には、大和におけると同様に「国民」の身分を与えた(8)。興福寺の名簿から見ると、木津執行・椿井・賀茂一族・瓶原《みかのはら》一族・狛野下司・高林・相楽新・当尾一族となっている（「興福寺現住僧帳」）。なお東大寺でも木津・賀茂・瓶原あるいは和束《わづか》においては、むしろ興福寺に先んじた開発領主としての所領を有しており、その在地機能は次第に前掲の国民に握られるに至ったとしても、その寺威はなおおよんでいた（現在に至る）。この南都社寺領をもって満たされた本郡の特質から、幕府あるいは山城守護を拝命した大名は、その代官として大和の有力な興福寺衆徒・国民を起用するに至っている。山城国一揆のばあい、この国衆のどれだけが参加したか詳かではないが、木津付近のそれの参加は認めて良さそうで、それらは大和の越智氏の若党岸田の意向によって去就した如き例すらある（『寺社雑事記』）。織田信長の入京に至っては、国衆はその手中（幕府）に収めたが、それに関連する南都社寺領は従来のままにしている。

上山城賀茂庄田畠山林竹木等事、為社領於当知行分者、如先々不可有相違、次以落来田畠毎年四百石令運上之、為軍役百人宛可致陣詰云々、被聞召訖、弥可抽忠勤之由被仰出候也、仍執達如件、

永禄十二
　　四月十日　　俊郷（花押）
　　　　　　　　貞遙（花押）
　　当庄中

これは幕府奉行人奉書であるが、信長は次の如き添状（折紙）を出している。

上山城賀茂庄之事、任御下知之旨、如前々不可有相違之状如件、

永禄十弐七月十日　　信長（朱印）
　賀茂庄中
（「沢房吉氏所蔵文書」『大和古文書聚英』所収）

賀茂庄の国衆、恐らくは既掲の賀茂一族の発展した地侍が、当時四百石の地を取得していたのであり、ここに信長の給人となり、なお春日社領の荘官であったわけである。さらに天正四年十一月にも、社寺領は安堵せしめられており、太閤検地に至るのである。他庄の国衆の場合もこれと同様であろう。ところで庄中とあるが、賀茂

郷（加茂町）のことで、荘域をもって郷村が成立していたのである。

この国衆は、大和の国衆と同じく、京都の細川・畠山等の被官となり、その争覇に従軍したが、自己の基地を離れたり、完全に家臣となるわけでなく、自己の利害計算は忘れていない。興福寺等の荘官たる地位も確保しているし、その命令があれば進んで奈良に馳せ参ずるのであった。そこに彼等の発展の限度があり、近世大名たり得る飛躍もなかったのである。なおこの地は、伊賀から京都に上る通路であったから、伊賀国衆が京方面に出陣するのと行を共にした場合もあるが、これに蹂躙された例はない。

国衆の組成が問題になるが、賀茂衆では中土橋・高田などしか検出し得ない。瓶原衆は、信長入京当時では七人衆と見える。

当郷之事任御下知之旨、可令其覚悟、同名請文之面、年貢并軍役儀無相違可為裁許之状如件、

永禄十弐四月廿日　　　　信長印

瓶原七人衆

（「石井氏文書」）

伊賀上野市に現住する朱雀氏の所伝によれば、七人衆は朱雀・山田・和田・炭竈・幸田・秋田・黒田の七人といい、奈良市に現住する「秋田氏系図」では、炭竈八郎三郎・小田又八郎・井村対馬守・津越市助・山田勘助・山田忠兵衛・秋田八郎左衛門となっている。俊世の調製によるものであるから、あるいは家名の改変があったり、あるいは時の家勢に左右されているのであろうし、いずれが是なるかは知らない。このうちわれわれが中世史料で検出できるのは、炭竈を最とし、津越がある。さらに戌亥・新賀・西田などの名があるが、このうち前記の家名を称するに至ったものもあろう。炭竈氏は木津執行が木津庄下司職を給せられた如く、瓶原庄の下司職を有し

たものであろう。これよりさき、永禄十年暮の廿六日中風にて卒した長門守なるものは、「有徳の仁なり」と評され、さらにその後嗣は、春日社へ参籠したり、興福寺多聞院に貸米などをしているから、かかる地侍の富の蓄積も知ることができる。炭竈氏のなお同地の名刹で興福寺の末寺たる海住山寺の実権をも掌握していたのである（『多聞院日記』）。

なお「秋田氏系図」には、足利義昭入京に当っての永禄十一年と思われる七月九日付の七人衆宛の軍忠催促の内書と信長の次の如き書状とを記している。

御入洛之儀、不日可致供奉、此刻御忠節肝要候、就其対多聞（松永久秀）弥御入魂専一族、久秀父子不可見放之旨、以誓書中合候之条急度可令加勢候、時宜和伊（和田伊賀守惟政）尚演説、猶佐久間右衛門（信盛）可申候、恐々謹言

十一月一日　　信長印

瓶原七人衆

これは信長が入京し、義昭の仇敵松永久秀が宥免後のものであるから、永禄十一年のものであろう。この地方は、久秀の為に大和を逐われた筒井氏と有縁であったから、とくに右の如き所命があったものであろう。

ところで、これらの例を見ると、国衆は郷村を領域としていたのである。しかし、これらは国衆というよりか、むしろ地侍というべきものであろう。さらにこのあたり狛氏があげられる。しかし狛（野）氏は狛（野）庄の下司であった。文明の国一揆の頃は公文職をも有していた。狛野庄には荘官として下司・公文・刀祢の三職があり、刀祢は延命寺氏となっている。荘官の下に沙汰人があり、地下には十二人の番頭があった。狛野庄は南北両庄より成り、南庄が上狛庄、北庄が下狛庄である。今の山城町上狛と同町高麗とに当っている。したがって沙汰人は二名より成り、上狛庄では狛野氏、下狛庄では椿井氏の被官となっている（番頭も南北六名宛である）。すなわち狛

庄内には椿井・高林の両氏が著れており、互に角逐もあったようである。この狛および椿井両氏はさらに東の和束郷へも勢力を伸ばしていた（『寺社雑事記』）。

右の国衆が南都領荘官としてさらに大和の国衆と結び、なお幕府諸将の配下となり、政権の推移に操られながら去就し、生存の闘争に従ったのである。時に一族と雖も離合した。文明の国一揆の如きは、無意味な中央武将の角逐に楽土を蹂躙され、生命を浪費されることに対するこの国衆の自覚からの反撥であった。その国衆の後裔たちの発達は右のように遅々としている。郷村の制約といえるものである。

近世に至って、これらの国衆は、多くは帰農し、在村地主となり、また村役人の列に加わった。叙上の各地は伊賀藤堂藩領となり、瓶原村の一部は例幣使料として禁裏御料となった。木津は公卿社寺十数家領に分れている。ここで国衆の後として近代に至ったものは、瓶原村例幣の炭竈氏、高麗村の高林・小林両氏が知られ、現在では高麗村椿井の高林氏のみが連綿している。狛における狛氏は信長に仕えたが没落し、江戸時代初に大和宇陀の織田氏に召出されている（「小林文書」）。藤堂藩領の大庄屋となった賀茂の浅田氏・梶田氏や木津の河村・飯田・今井家は近世において勃興したものであろう。したがって国衆の近世農村地主への転身は明らかにし得ない。炭竈氏が所伝によれば、在村地主として資本蓄積を為し、代官と結んで高利貸業者となり、織屋を営み、酒屋を兼ね、麻・木綿・綿の各種工業に進出して明治維新に至ったというの他は知り得ない。

第三節　瓦林正頼の越水築城

瓦林氏は摂津西宮近くの瓦林（いま西宮市）にゆかりのあった武士である。この瓦林氏は、第二篇第二章第二節に述べた瓦林平左衛門入道祖祐からその名が知られる。ところで南北朝時代に瓦林城の存在が指摘できる。なお瓦林村がそこに生じ、その地名も現在に至っている。

ところで、瓦林の地名は鎌倉時代には見えない。あながち、史料不足とはいえなさそうである。いちめん地名称ともいえる瓦林城という名は、建武五年（一三三八）六月の摂津国貴志五郎四郎義氏の軍忠状に見える。これは近世の写しだが、信憑性は認めてよい（「余田文書」）。そこに同年四月、義氏らの足利軍が瓦林城にたてこもったといっているのである。この瓦林城が瓦林の初見である。

さきの瓦林祖祐は、この前年の建武四年十二月に尊氏から和泉塩穴庄下条郷の地頭職を与えられている。これは三河貴良庄の替りでもあった（「末吉文書」）。なお瓦林祖祐は、建武三年六月に足利尊氏から感状を与えられている（「末吉文書」）。これが瓦林氏の初見であるが、その軍功は摂津国内で立てたものというべきであろう。ところでこの瓦林祖祐が、瓦林城と関係があることを示す特徴はない。ついで、観応元年（一三五〇）に尊氏は仁木弥太郎義有を摂津の路次および香下寺城を警固のために下向させるが、このとき、瓦林平次郎に義有軍への従軍を命じている（「末吉文書」）。この平次郎は祖祐の子ないし一族だったことはたしかである。しかし、瓦林城との関係はいまだ明らかでない。しいていえば、香下寺城が有馬郡三輪町の所在だし、さきの貴志義氏の軍忠状によってでも、瓦林城と一環作戦地と知られるから、やや平次郎と瓦林城との関係がうかがえるようである。しかし、確かではない。ところで文和二年（一三五三）になると、足利義詮は瓦林平九郎なる者に、仁木右馬頭義長に属して近江・伊勢へ進軍すべきを命じている（「吉井良尚所蔵文書」）。平次郎と平九郎との関係は明らかでないが、瓦林氏が有力大名仁木氏に属していることが知れる。この仁木氏は、延文四年（一三五九）末には西宮に下向し、半ヶ年も滞在している。こののち、瓦林氏の活動を徴すべき史料は見えない。やがて、応永十九年（一四一二）五月のことになるが、将軍足利義持は、瓦林一族の跡を京都の禅刹等持院に寄進している（『等持院常住記録』）。すなわち、瓦林氏一族は諸方に跨ったが、このころ、一族が没落してしまったことが知られる。この土地は、和泉塩穴庄などではなく、摂津国内であったろうことは、前掲の「末吉文書」から知れよう。ともかく、南北朝動乱前後、恐らくは三河あたりから出身して畿内に根を下したが、それが繁栄しなかったといえる。

これだけの史料から、いわゆる西宮の瓦林と瓦林氏との関係を考えるのは如何であろうか。わずかに、瓦林氏が仁木氏に属せしめられたさい、その摂津在住たることを偲ばせるの文書が見えるだけである。なお、仁木氏に属して近江・伊勢にも転戦させられている。もとより、戦陣活動地域は広範囲にわたることであるから、いちがいに判断は下せない。しかし、摂津国内で瓦林氏の関係地を求めるとすれば、西宮の瓦林を措いてはなさそうである。参考程度のことだが、瓦林一族の旧領が禅刹の等持院に与えられたということは、西宮地方に禅刹がとくに多く建立され、五山の荘園もそのあたりにさかんに設置されていたことである（『西宮市史』）。これも考慮さるべき点であろう。

ところで、別の観点をとるが、この瓦林氏関係文書は、摂津平野郷の豪商末吉家が伝来したもので、なお戦国時代の大永・天文時代の瓦林氏関係文書と一括になっているのである。したがって、戦国時代のこの瓦林氏が、西宮の瓦林と関係があれば、いちおう、南北朝時代の瓦林氏が西宮の瓦林に関係があることとしてよかろう。もちろん、このころはいっそう和泉・摂津の両国の地は細川氏の領国として一体化していたし、たいていの軍事行動は、堺・尼崎両港町を基地としておこされるし、西宮も阪神での最堅の城郭といえる越水城が構築されているから、この事情も充分に考慮したうえでのことにせねばならない。この場合、「末吉文書」の瓦林氏が、越水城に在城したことも見えるし（細川晴元書状）、西宮近くの芦屋郷での軍忠も見える（細川晴元書状）。さらに、瓦林氏は摂津国衆の列にある（細川晴元書状）。もとより、この地方における瓦林氏の活動を伝える史料はあるがここには掲げられない。

南北朝時代の瓦林氏が、西宮の瓦林の関係者かいなかを考証する史料は以上でつきる。ここにおいて私は、あえて西宮の瓦林を瓦林氏の名字の地といいたい。瓦林氏が鎌倉末期ごろに三河あたりから上ってここに定住し、やがて瓦林の地名もおこしたといえなかろうか。この他の史料に後述する瓦林正頼というものがある。そこで正頼を平氏という（『瓦林政頼記』）。良い典拠史料ではないが、この平氏ということから次のことが考えられる。この瓦林地域は弘井庄といわれた。近世の文書その他に弘井庄の瓦林村と見える（「岡本文書および日野神社灯籠銘」）。この弘井庄は小松庄に接した。時には荘域の入り組もあった（『大徳寺文書』）。この小松庄からは、小松内大臣重盛が考えつくというものである。これについて、是非をきめる徴証はない。万一、小松庄が平氏の荘園であれば、瓦林氏の土着は、さらに古いこととなることもあり得る。しかし、瓦林氏の地名も古くは徴せられない事実から、このことは、擱《お》くべきであろう。

瓦林氏の伝流について述べるが、摂津瓦林の瓦林氏は、足利尊氏に属して戦功を立て、和泉堺地方で地頭職を給せられた。この種子は根を下した。したがって、摂津瓦林のほかに、堺地方にその一族が成立した。しかし、武士としての発展は足利幕府最強盛時代の応永年間に終わり、農民として一族が西宮および堺の近傍にひっそくしていたといえよう。なお西宮の瓦林に在住したとはあながちにはいえない。武家権力に乗ることができなかったものである。なお末吉家に瓦林氏関係文書が伝来するゆえんは、後述にゆずる。

ところが、応仁の乱後しばらくして、瓦林氏が活動し始めた。応仁の乱で、武力抗争が活潑となり、農村の潜在的武力をも引き出したものといえよう。永正八年（一五一一）に瓦林対馬守正頼が阪神地方に著《あら》われた。

応仁の乱後、管領細川政元が幕府の実権を握った。三管領家のうち、斯波・畠山両家は両家に分裂したが、細川家には内訌がなかったということからであった。しかし、この細川氏も、永年四年に政元が家臣に弑逆されてから、やがて嗣の澄元と一族の高国との惣領争いとなり、細川両家が生じた。その勢圏の京都をはじめ、摂津・和泉および四国地方にわたって混乱がおこった。同八年七月、四国から再起した澄元が、播磨赤松氏と通じてその兵の一部を兵庫に上陸させ、灘（芦屋）鷹尾城に瓦林正頼を攻めている（『細川両家記』・『与志漏神社文書』）。ここに正頼が見える。細川高国に属したものである。

正頼の一代記を記したものに、『瓦林政頼記』（『群書類従』合戦部）がある。政頼と見えるが正頼が正しい。これは正頼の鷹尾城の築城に筆をおこしている。ところで、この書物はいわゆる軍談書であるし、あと一つ軍事悲劇を語るためのものであった。しかし、そのころの社会の描写には秀れている。正確な史料の裏づけを行ないつつ引用したい。ここには対馬守平正頼とある。〔補註〕

『瓦林政頼記』によると、正頼の常の宿所は摂津下郡の豊島の里にあったが、灘の鷹尾に築城を志し灘郷民の反抗にあったとある。つまり豊沃な灘郷を支配しようとしたのであろうが郷民に反抗されたのである。このあたりは荘園地域のことと守護方の武士の入部を排しながら、地侍が郷村の「惣」を握り、用水権などを確保して安住をはかっていたところであった。芦屋郷は時には西宮衆などと争った例もある（「忠富王記」）。それゆえ正頼の築城を妨害したし、正頼の親族の地侍も「惣」に制約されて正頼に反抗した。正頼は高国に属したので、地侍たちは澄元方に通謀するといったぐあいであった。なお永正八年四月、澄元は摂津の国人たちに対し、上洛のことについて親父の成之と相談しているが、八月中になる予定であると報じて、士気を鼓舞しているし、その連絡には灘郷の本庄小次郎があたっていたことが知れる（「末吉文書」）。もとより武士たちが無意味な戦闘を繰返し、住民を徴したり、戦火を浴びせたり、田畠を荒したりしたことから、自衛のために衆力を結集して起ちあがって武士への抵抗も敢てするところまで進んだものである。築城などで軍事基地化すれば敵軍の攻撃があるのは必定であるから、これを忌避し、その妨害をなすのは当然である。このため、自衛的な武力は持っていた。五月、正頼はその親族の足高某らを討ち取った。しかも鷹尾城に外濠を掘り、田畑用水をここに引こうとしたため、灘郷民を憤激させ、決起させたのである（『瓦林政頼記』）。この一部説明は前節にした。正頼の考えでは、高国の意を体し、郷内の地侍たちで澄元方に心を寄せるものを一掃しようとした策もあったらしい。郷民の一揆は討伐できたが、この悲報は澄元方に通じ、折から東摂に進軍して高国軍を破った澄元軍の部将細川尚春がここに兵を進めることになり、芦屋合戦が行なわれたり、赤松氏の鷹尾城攻略となったのである（『瓦林政頼記』）。瓦林一族で澄元方に属した新五郎（のち日向守か）は、七月十三日に和泉家原で合戦し、廿三日に芦屋城を攻めてその外城を落すのに戦功をあらわして褒賞されている（「末吉文書」）。正頼を攻撃したものである。

鷹尾城を追われて伊丹城に入った正頼は、攻囲軍の赤松氏の鋭鋒をさけ、丹波八上の波多野氏のもとへ逃亡した。しかし、いったん京都から同じく丹波に退いた高国らが京都を回復し、澄元軍を阿波に追ったし、赤松氏とも和したので、正頼も鷹尾城を復した（『細川両家記』）。摂津下郡の国衆の伊丹氏は亡く、池田氏は澄元方として逼塞したので、西摂では正頼が威を振るった。澄元方は逼塞か、四国へ逃亡した。春日社領摂津垂水庄あたりにまでその勢力を張った徴証もある（『今西家文書』）。正頼はここで本城の構築を考え、越水の古城址をこれにえらんだ。「毎日五十人百人シテ堀ヲホリ、壁ヲヌリ、土居ヲツキ矢倉ヲ上ケレハ、鍛冶番匠壁塗大鋸引、更ニヒマコソナカリケリ」といわれたように工事を急がせ、「小清水ノ頂本城ニハ軒ヲ双テ作リ広ケテ正頼常ノ居所トス、外城ニハ子息六郎四郎春綱ヲ始トシテ、同名与力被官棟ヲ双テ居住ス、其外居余タル家人トモハ大略西宮ニ居ス、凡目ヲ驚ス風情、当国ニハ双少キ大名也」といわれる城郭を構え、その富貴を誇った。西宮の社人および町衆もこれに服したものである。

越水城は西国街道を扼する位置にあり、鷹尾城を西に望み、東に瓦林城が指呼のうちにある。清水の湧出にちなんで越水の名がおこったともいえるが、現在の廃城址から推察してみると、上掲の記録も誇張でもないことが知られる。芦屋の鷹尾城にはその与力の鈴木与次郎を城代として守らせたという。瓦林城については所見がないので、城塁が修築されたかいなかは明らかでないが、瓦林氏の全盛時代のこととて、これが放棄されていたとは思えない。

正頼は連歌にすぐれたといわれる。その歌詠は宗祇の撰した『新撰菟玖波集』にも収録されている。宗祇にも、また公卿歌人である三条西実隆にも指導をうけたらしい（『再昌草』）。宗祇が川原林六郎右衛門尉のところへ下向して連歌会に列したこともあった（『宇良葉』）。この六郎右衛門尉というのは、恐らく正頼の一族であったことであろう。正頼はもと二郎太郎というたらしいからである。永正十七年（一五二〇）に正頼はその主人の細川高国から自刃を命ぜられ京都の上京において命を終えるが、このとき三条西実隆は、「河原林宗芸入道の生涯をききて」として狂歌を賦している（『再昌草』）。ここで法名が宗芸ということが知れる。たまたまこれよりさき明応三年（一四九四）のことであるが、一休和尚の十三回忌奉加帳に瓦林二郎太郎宗慶というのが見える（『真珠庵文書』）。宗慶と宗芸とは通音するからこれは同人ではなかろうか。遺憾ながら年忌帳には在所が記されていない。ところで、正頼の青年時代はいわゆる東山時代で応仁の乱が戦われたあと、一時的だが小康がおとずれて文化復興があり、戦後派新興階級の文化の欲求もさかんになったときである。正頼もその一人であったといえよう。したがって、連歌のみならず、その教養もかなり進んだ人物と思われる。

少しく余談にわたるが、この正頼にとって、その無情を後世にのこす悲劇がまつわりついた。それが『松若物語』である。澄元方に属した国人の河嶋兵庫助の降を許したが、正頼の家来たちが兵庫助の忠誠を疑い、正頼に誅伐をすすめた。正頼の側近に仕えていた兵庫助の一子松若丸がひそかにその談合をきき、危急を父に知らすべく越水城を脱け出で兵庫助のいる鷹尾城に向った。しかし路に迷い、とかくするうちに鷹尾城麓の墓所のあたりに煙の上るのを見て父の生害と思い、伯母聟の今西将監の許へ走った。この今西将監というのは、垂水西牧南郷の春日社領目代の今西氏かと思われる。将監は松若を隠し切れぬことを察し、松若を正頼の許に送った。正頼は松若を許そうとしたが、またまたその周辺が承知しない。やむなく正頼は松若に死を申しつけ西宮六湛寺に送った。松若はすでに覚悟の前で、従容として刑場に臨んだが、その場で筆墨料紙を請い、母に慰めの遺書をしたためたほか、正頼の姉の比丘尼に母の老後のいたわりを願う文を書きのこすなど、可憐な少年の振舞いに人々その袖をしぼったという悲話がある。『瓦林政頼記』は、この悲話を綴るのに主眼があったのであろう。もとより、ここで近世の作品であることが分かる。正頼を情ある人物としているのも当然といえるが、正頼が主の高国のため、与党の国衆のために、その私情は制約されてしまったさまは、実情といってよい。上下から挟撃の圧力をうけて成長しきれぬ当時の畿内の国衆のさまが知られる。こののち正頼は高国から澄元に通じたと疑われて自刃を命ぜられるが、これも国衆たちの讒言であったかも知れない。なお松若の伯母聟が垂水牧南郷の今西氏とすれば、この河嶋氏は山城の革嶋氏の一族かと思われる。革嶋氏は山城の国衆として、また細川氏の被官として知られている。ここに摂津・山城一帯（細川氏の領国であるし、地理的関係もよい）の国衆たちは、同族組織をかたちづくっていたことが知れる。そして支配権力にはもろく、しかもその分裂にともなっては、一族も敵味方に分れることも辞さず、なお無気力な支配権力者に対し奉仕をつづけていたことが知れる。

ところで永正十六年（一五一九）秋になると、四国の澄元が再起して上洛をくわだてた。池田四郎五郎（信正カ）

がこれに応じ、有馬郡田中城に陣取った。これを瓦林正頼は池田民部丞などとともに地侍・足軽衆など多数を率いて攻めたが敗北した（『二水記』）。これより正頼に衰運がおとずれた。澄元は池田方の勝利をきき、四国を発して兵庫に上陸して灘郷に入った。十一月十六日付で瓦林一族の出雲守に山城山崎口への出陣を命じているが（「末吉日記」）、おそらくこのときのものであろうし、出雲守は正頼の反対党となっている。越水城の正頼を攻略する目的で、澄元は名刹である神呪寺《しんじゅじ》の南の鐘尾山（神呪山か）に陣し、その部下の三好筑前守之長らの四国兵は広田・中村・西宮・蓮花畑（森貝の北）に進んだ。正頼救援のため、高国も池田城に下向し、その軍は瓦林・高木の武庫川線に進出した。かくて年を越えたが、越水城は落ちなかった。地侍たちがゲリラ戦を展開したものであろう（『実隆公記』）。しかし、二月三日夜半に至り、正頼は開城して没落したので、後詰めの高国軍は尼崎に退却した。この越水城の陥落には、高国軍が正月十日の西宮戎の祭礼日に戦いをいどんだため、神罰を蒙ったものだといわれている（『細川両家記』）。落城に際し、若槻伊豆守は老体の行先を考え、腹十文字にかき切って壮烈な死をとげたという。これは世人の語り草となったらしく、こののち大永五年（一五二五）暮に若槻次郎が丹波に戦死したさい、連歌師宗長は「父若狭守先年河原林の城に一人入って名誉の死の聞えありしなり、父子ともになれみし人なり」といい、その父子の壮烈な死をたたえている（『宗長手記』）。この若狭守がおそらくこの伊豆守のことであろうし、河原林の城は瓦林氏の城ということで越水城のことであろう。越水城が陥落し、伊丹城の伊丹氏も没落した。そこで澄元は三月に神呪寺から伊丹城に移った。その三好軍は京都にのぼって高国を江州へ逃走させたが、五月に高国方の再起に敗軍し、三好之長らは降服した。澄元は敗報に接したので伊丹城を去って生勢《(瀬)》口に出で、播磨に走った。これを堺津にあった瓦林正頼が船で追撃してその兵二百ばかりを討ちとったと『細川両家記』に見えている。澄元は乗船して四国に逃れようとしたが、正頼に追撃されたので播磨に走ったものであろうか。この『細川両家記』の記事には疑問がある。なお正頼が堺津にあったというのは、越水落城後、和泉堺に亡命していたのであろうか。堺は亡命地としてふさわしいところであるし、その近くに瓦林一族があったことでもあり、距離的にはこの戦記に疑問はあるが、堺に亡命したことはありうべきことである。

正頼は高国の治政となったのでふたたび世に出た。越水城に帰城したかいなかは明らかでない。しかし、高国は三好之長の処罰を行なったのち澄元に通じたという疑いから正頼に自刃を命じた。京都上京において切腹し（「東寺王代記」）、西摂に勢威を振った生涯を終えた。あるいは越水城を死守せずに開城したことが、澄元に通じたものと疑われたものであろうし、その一族にして澄元に属したものもあるのであるから疑えばいくらでも疑えたのである。このとき、正頼に面識のあった三条西実隆は既述のように対馬入道宗芸（正頼）の死を悼んで狂歌を作った。「洛中にことしは種々の大はやし河原はやしそ興はさめけり」とある（『再昌草』）。

正頼ののち、瓦林対馬守がある。その子である。高国に用いられたものである。父の冤死も明らかとなったのであろう。この対馬守も父の正頼に似て教養も積んだ。大永三年（一五二三）正月には、三条西実隆の主催した芥川城主因幡守頼則の追善連歌会に列席しているし（『宗長手記』）、翌四年三月には高国とともに三条西実隆と会飲している（『実隆公記』）。天文十年（一五四一）十月には河内に在陣しており、本願寺から陣中見舞いをうけたりしている（本願寺『天文日記』）。その一族は細川高国に属し享禄四年（一五三一）六月に摂津中島に敗死した日向守があり（『細川両家記』なお「末吉文書」によれば、三月廿五日付で将軍義稙からその帰洛について軍忠を求められている。大永元年のことであろう）、澄元の後嗣の六郎晴元に属し天文三年（一五三四）十月に和泉家原の合戦に戦死した帯刀左衛門尉があり、その息は左久丸といった（「末吉文書」）。また又四郎というのがあり、晴元に属して越水城を守ったことなどが知られるが（「末吉文書」）、これがあるいは対馬守かと思われる。なおこれらのほかに、瓦林に土着していたと思われるものに、六郎三郎幸綱というものがある。永正十八年(一五二一)五月に西宮社連歌千句講中に約状を出している(「岡本家文書」)。また享禄年間には河原林越前守というものがあり、常桓(細川高国)に属していたことが知られる(「鳥飼家文書」)。しかし瓦林氏の惣領は対馬守である。対馬守の時代には高国と晴元とが和しているので、西摂の形勢も変化している。しかも高国・晴元の細川両家の争いは、晴元と三好氏、あるいは三好氏の内訌と変っている。しかしそれでも、いぜん瓦林氏一族はそれらの党争に加わり、摂津・和泉・山城・丹波の諸国に転戦している。もとより越水城に在城するというものではなく、越水城は要害にして良い構えだったので、むしろ覇将たちの居城となったのであろう。越水城の主は日々に変ったといっても過言ではない。越水城はこののち三好長慶の在城が長い(『細川両家記』)。

いちおう、三好長慶が畿内の覇将となった天文末年ごろ、摂津下郡に瓦林弥四郎がある(『続応仁後記』)。永禄七年(一五六四)に長慶が卒すると、その執事の松永久秀が、これに代った。奈良多聞山城を本城としたが、灘の布引にも城を築いていたし、堺なども握っていた。しかし、これが三好三人衆と争うことになった。同九年六月、越水城にあった久秀の余党の野間左吉兵衛尉信吉・池田丹後守教正・瓦林三河守を三人衆の与党阿波の篠原右京進長房が攻め下した(『細川両家記』)。この野間・池田両氏は河内若江衆である(『(津田)宗及茶湯日記』)。ここに瓦林三河守が見える。ところでこのころ、久秀の執事として瓦林左馬允秀重があり、奈良多聞山城にあった(『今西文書』・『宗及茶湯日記』)。ほかに中務がある(『宗及茶湯日記』)。おそらく、弥四郎が秀重・中務・三河守のどれかであろうが詳かでない。ところで、越水城には同十一年まで阿波の篠原長房が在城するから、瓦林一族は他に遷ったろう。三河守は同十一年(一五六八)、織田信長の入京後はこれに属し、西宮の瓦林城にあった。元亀元年(一五七〇)、反信長軍を形成した本願寺に属した篠原長房が兵庫から進軍してきたことで、三河守は瓦林城で敗死した（「三浦講中文書」・『細川両家記』）。『細川両家記』などには自城瓦林城と記されている。この三河守が西宮の瓦林にあったことはたしかである。これでいちおう瓦林氏は亡んだ。秀重の末路は明らかでない。その主の久秀も信長に叛いて天正元年（一五七三）には、多聞山城を開渡すほどだから、秀重の動静も詳かではない。ところで、そのころ天正元年十二月に摂津の瓦林越後というものが、堺の豪商津田宗及を訪ねている。同六年正月にも訪ねた。宗及は初めての面識らしい。しかも、牢人者のようである。秀重・中務のいずれかと思われるが、ともども初対面でもない。一族の他の一人であろう。

ところで、戦国時代の瓦林氏は、その一族がかなり分れていたことが知れる。しかも、以上述べた瓦林姓の人々も、あるいは一族でないものがあるかも知れない。しかし、以上を総合して考察すると、和泉塩穴庄地頭職を得た瓦林祖祐の子孫は、堺近くに定住したと考えられてならない。また西宮の瓦林近くにも定住したと思われる。これを中心として、摂津・和泉に一族が分れていたのではなかろうかということである。そして堺近くの瓦林氏は、天文・永禄のころに、平野郷で町人となり、これが同郷の末吉家とむすばれたか、あるいは近世となり、貸借関係からその家伝の文書を平野郷の末吉家に渡したものであろう。武士が繁栄した都市に一族を入れたり、あるいは牢人して入り込むなどによって、その町人化は通例だからである。ともかく、私は西宮の瓦林を瓦林氏の名字の地と主張したい。そして同族の各地土着の例として瓦林氏を見たい。しかも、室町・戦国時代において、興亡を繰返し、遂に発展しきれなかった例とする。これが畿内ではなく、中間地帯の地方であったら近世大名への飛躍もあったのではないかと思うのである。畿内国衆の末路として見たい。瓦林氏の子孫が近世には久留米侯有馬氏に仕えたといわれる。有馬氏は摂津有馬郡を名字の地とする。それとのゆかりはある。

この瓦林氏のばあい、史的意義のさらに加わるのは、対馬守正頼の越水築城（一五一三ごろ）である。西宮を城下町としたわけではないが、西宮町を考慮したものである。もとより丘陵地を選んだことである。これが近世の城下町とすれば、侍町でその中間地帯が埋ったろう。この居城を既成集落近くの要害に設けた例は、越後上杉氏の春日山城と高田との関係のごときもあり、城下町の先駆といえよう。越後に例を求めるまでもなく、永禄三年（一五六〇）に松永久秀が奈良町の北郊多聞山に築城している。これも要害を選び街地より少し離れている。越水城は西国街道を扼し、多聞山城は京街道を扼し、それぞれ町の一方の入口に当っている。ところで越水城はかなり壮大なものだったろう。これは『瓦林政頼記』の説をそのまま是認するわけではない。正頼のあと、覇将の三好長慶や篠原長房が入っていたし、永禄十一年、将軍足利義昭が入京して直ちに摂津に示威に赴いたとき、ここに入城したことである。将軍義昭など、前例もあることだし、要害でもある近くの神呪寺に入れば良いくらいであった。ここに、近世築城がないのは、また別個の問題としよう。この越水城の壮大さは、松永久秀の多聞山城となると倍加する。ポルトガル人宣教師も、その豪華さを嘆称し、本国に報告している（「宣教師ダルメイダの報告書」）。この多聞城は多聞櫓の創設でも著名である。なお多聞山城は天正五年に破却されたが、その時に四階櫓が壊されている（『多聞院日記』）。といえば、摂津下郡には瓦林氏と並び、むしろこれ以上の国衆として池田・伊丹両氏がある。池田城と池田町、伊丹城と伊丹町との関係も越水城と西宮のごときである。その伊丹城において、天主閣の創始があったといわれる（『細川両家記』）。いちおう、これは通説となっている。これらを併せ考えると き、越水城がどの程度の構築であったかが推察できる。越水城に近世城郭の源流的意義を見出すといっても過言ではなかろう。

（1）『瓦林正頼記』。このあたり『西宮市史』に詳述した。

（2）次節参看。なお『中世の民衆と文化』3「民衆文化の源流」参看。
（3）本編第五章第一節参看。
（4）鈴木良一氏の「応仁の乱の一考察」（『史学雑誌』五〇巻八号）が『日本中世の農民問題』に再録されているのが詳細であり、豊田武氏に「土一揆の構造」（『農民解放の史的考察』所収）があり、その他数多い。
（5）西岡虎之助氏「荘園における倉庫の経営と港湾の発達との関係」（『史学雑誌』四七巻）
（6）農民の蔬菜や茶その他の商品的生産も発展した。木津および狛の麴座や加茂・木津・狛等には糟糠の座衆（馬借）が存在していた。それに水陸交通による運賃収入もあり、ここに富裕農民が発生し、階層分化も将来されたろう。延いてそれが国衆の懐を肥やしたものと思われる。
（7）当代の自治権の伸張は武家支配権力の稀薄等にもとづく。この地方にじっくりと根を下ろす守護大名が存在しなかったのである。山城守護は侍所々司の兼任であり、中央の勢力交替が繁かった為でもある。その影響もあってまた在地勢力の方からも発展し得なかった。
（8）室町時代には国民→国衆となるが、大小の差が生じる。
〔補註〕『瓦林政頼記』は細川政元から「政」の一字名を拝領したので政頼と考えたらしい。本文に従って正頼とする。なお、「末吉家文書」には源光清なる者の小松庄下司公文職補任の源頼朝の下文を存する。検討を要するが、これが瓦林氏の先祖を誇るものだったかもしれない。

第三章　「惣」町の成立

第一節　初期町人

都市は村に対して町と呼ばれ、その住民が町人と呼ばれるようになった。しかしその町はなお発達期にあり、住民構成も町の主体を形づくる商業に従事する商工人が自立し、中心勢力となってきたが、人口集中の場にすぎぬ観がないでもない。町の性格によって住民構成にはかなり相違がある。元来、「マチ」は間道を語源とし、田区の称であって、田地の一区域をさすことばであった（『倭名類聚抄』）。「マチ」が田地の用語として用いられた例証も後世でも見られるし、「セマチ」とか「カマチ」といって一小区の田地をさすことばにも通ずるものがある。「セマチ」は狭地であろうが、これに瀬町とか世町という漢字があてられている。しかし大化改新の詔などには、京師の坊を「マチ」とよませているし、平安京では、宮城の官衙のそれぞれの立地区域を町といい、神祇官町とか御倉町とか、あるいは東西の市町などの称がつけられている（『拾芥抄』）。殿舎家屋の立ち並んだ地区を称したものである。ところで店屋を「マチヤ」といったり、単に「マチ」ということになっているが（『倭名類聚抄』）、

「マチ」＝間道に店屋が立ち並んだところから、町が商業地域の称として用いられるに至ったものであろう。この種の町の萌芽は、久安六年（一一五〇）の売券に四条町の切革座棚が見えるのがあげられる（『大徳寺文書』）。鎌倉時代に町人ということばがあらわれているが、たとえば『吾妻鏡』の建保三年（一二一五）七月十九日の条に、町人以下鎌倉中の商人の員数を定めたことが掲げられているのは、町人を店舗商人＝町の商人という意味に用いたものであって、商人の総称でもないし、一町の住民の称でもない。室町時代になると、京都などでは町の名を商業地域のほかでも称するものがあらわれてくるし、町人という語もその町の住人という意味ではあるが用いられてくる。家屋が立ち並んだ一町ほどの町通りの一地区が、商業地区にはじまってそれぞれ町と称するに至ったのであろうし、散在商人などの店屋も設けられたものであろう。しかもその地域の住民などの団結が強まり、領主権力の衰退に乗じて、町を生活組織体につくりあげ、商人らがその中心となってきたのである。そして町と町との連合がはかられ、京都のばあい、親「町」ができ、上京・下京というような共同体化が見られた[1]。奈良でも社寺境内地的な門前町の各郷が共同体化を進めるし、郷民が町人などと呼ばれてくるが、京都にせよ奈良にせよ領主権がかなり強かったので、町人らが自主的に惣町的活動をはかるのは、領主の衰退が決定的になった応仁の乱以後のことである[2]。

　これは郷や町の住民構成がその成立の事情によって雑然としていたことにもよるのである。町人というのも商人だけをさすものでなく、町民あるいは郷民というにふさわしいし、京都で町衆ということばが応仁の乱後にとくに用いられたが、町の住民衆という意味であった。下級貴族や下級武士も含めて町衆といったようである。しかししだいに商工人すなわち町人となるが、都市化のいちじるしいところでは商工人がその住民の中核となり、また住民上層を形成するからである。なお当時では、工業と商業とがようやく分離する過程にあった程度なので、手工業者がほぼ商人であったし、商工人という呼び名も妥当である。しかし、しだいに手工業者も商人化して工人を従属させるかたちとなるので、商人＝町人となってくる。[3] なお手工業者に職人という名が用いられるが、職人ということばは、もとは荘園の荘官などの役称であった。職（しき）＝収益権をもつものが職人（しきにん）であった。大工というのは社寺などの大工職をもつからであり、楽頭は楽頭職をもつものであった。これから一般的に生業をもつものを職人というようになり、それが狭義になって工人のいいとなったのである。室町時代から『三十二番職人歌合』とか『七十一番職人歌合』などという教科書的なものが編述されたが、ここで職人として、猿楽・乞食から商人・工人のすべてをあげている。これがしだいに工人だけをさすことになるのである。

ところで町人といわれるに至った商人たちは、農村でいえば名主・百姓層にあたるものであるが、これらは商業の特許を求めて領主に従属したし、経済的には金融業者である酒屋・土倉に従属した。酒屋・土倉はいわば地侍的名主であり、都市貴族として町民に君臨していたわけである。しかしこれも領主と結んだし、むしろその権力組織の一翼に加わったと見ていいし、政商というべきものであった。町人の上層として都市自治の実権を握ったが、町人層の育成を促すよりは、むしろ形骸化しつつあった領主権力の余燼をも利用するためにこれに接近したのであり、さらに新興武家とも進んで款を通ずるもであった。社寺や幕府が戦国乱世に余命を保ったのも、この支持があったためである。これがその発展にあたって近郊農村に向って資本進出をしたため、その反撃として土一揆の襲撃をうけたが、幕府や大名の武力をかりたり、町衆を率いてこれに対したし、ついには自ら武力をもってこれに対するに至り、土一揆（徳政）の打撃にも屈せず成長したものであった。もちろん惣町組織などもこれらの手中に帰していた。これらの町人たちはそれぞれ下人らを有していたし、それが主家の内外に居住していたわけである。概して都市では商業地域の町や郷には店屋が並び、外延的に貴族・社寺の町や農民町などがあって、その特色を現わしていた。都市にはその性格によって多少異るが、それぞれ住民階層があり、農村以上に複雑化していたし、たえず士庶の出入りがあった。遊芸人や賤民なども定住あるいは遊行して、都市生活の文化面を彩っていたのである。この都市住民の身分職業別地域構造を人工的に完成したのが城下町であった。

第二節　奈良町の成立と都市自治

奈良では近世に至るまでは、町に当るものを郷と称している。既述のように郷は都市的性格を帯びており、郷民といえば郷の地下人を指し、下級寺社人から商工農および下層人を雑然と汎称する。中世奈良で郷民を町人と呼んだ例もないではないが、すでに商工人の呼び名である町人が、郷の主導勢力となったさいのものである。郷に対しては年貢ではなく、公事をかける。地子および労役であり、対人税である(4)。原則的であるが、領主は人を領有するのであり、膝下にあるのでその結びつきは荘園におけるよりは強い。したがって町人がその生活を向上して横の自治活動を推進するに至っても、なお縦の領主関係は全くは断ち切れぬほどであった。奈良のこの郷民が一体的活動をなした例は鎌倉期までは遡れる。大乗院鎮守の天満社では、五月五日を式日として小五月会《こさつき》を催す(5)。そのさい、大乗院領各郷では田楽あるいは猿楽を奉納し、これが門跡や春日若宮社頭で芸能にする。各郷では各戸で出銭し、芸能の徒を雇う。もとは郷民が芸能したものであろう。これは既述の東大寺祇園会などと等しい。これが室町時代になると、この費用を小五月銭と称するが、各郷に地口銭として徴し、領内分が一括せられ、その上で専門芸能の座が雇われるようになった。そして戦国時代ともなると、芸能は行なわれぬのに小五月銭は徴せられるという状態である。鎌倉時代では、社参演能の順序は、城戸・幸・桶井・鵲《かささぎ》・薬師堂・京終《きょうばて》・木辻・高御門および南市となっている(「中臣祐賢記」・「中臣祐春記」)。この郷が神事奉仕をなすに当って、郷の組織はどうなっていたであろうか。室町期では小五月郷各郷には刀祢がおり、惣郷の場合は刀祢衆といわれている。刀祢は年寄の一臈が補せられる。刀祢の称は年寄の中に没入してしまうらしく、あまり類例を見ない。刀祢については異論が多いので、その一性格をあげよう。春日若宮祭礼に大和武士といわれる興福寺衆徒・国民が願主人を称し、六党に分れて奉仕するが、この党の上首は刀祢といわれる。例えば乾脇党のそれは筒井氏、長谷川党では十市氏である。また近世では宮座の一臈が刀祢といわれた例がある。これらで見ると刀祢の職分には祭祀の要素が強く、古代村落の邑長的在地存在であったと見られる。京都における保刀祢、あるいは郡郷の刀祢もかかる一面があったろう。鎌倉期にも奈良各郷には刀祢があり、年寄として、支配組織に起用されていたのであろうか(6)。室町期以後は年寄の名称に圧せられ、その名を存したものもあったが、多くは祭祀等の場合にその称が用いられるか、または年寄の代表者の意を示す為に用いられるにすぎなくなったものであろう。小五月郷の刀祢がその例である。したがって、小さな郷を超越して小五月郷で何人の刀祢というべきものとなったろう。ここにも「惣」結合の萌芽が見える。もちろん、刀祢といい年寄といい、公選的色彩の強いものであり、郷自治の代表者である。郷民は辻堂などを会所とし、会合を催すのである。なお年寄は座のそれの如く「オトナ」と呼ばれたものであろう。

領主の郷に対する統制は、第一篇に述べたが、南都七郷では興福寺仕丁たる主典が定使となってこれに当り、年寄と連絡する。主典を補佐するものに職事がある。これは現地に居住する寺社の公人で、月行事といわれるのも同種である。近世になると、月行事は性格が変り、町年寄を補佐する為に住民から公選される(7)。刀祢・年寄も実は寺社人の身分を有するものもあって、かような身分的混介があるところに社寺の郷の特色がある。東大寺郷・一乗院門跡郷・大乗院門跡郷でも定使があり、職事が現地にあって年寄と連絡する。また警察権の行使も截然と各領主が行なっている。ただしその所領関係の入組んだところは、立会のもとに行なわれる。しかし、鎌倉時代からは興福寺両門跡が大和の守護と称し、奈良の各寺郷の警察権を手中に収めるようになったが、絶対的なものではない。この郷の統制については前述した。

各郷は諸院諸坊を中心に在家を以て構成される。その在家が数を増せば寄郷《よりごう》となって分立し、それが郷に発展する。その一々は封鎖的で、各郷には早く木戸が設けられていた。しかも各郷で検断の場合など、定使の入部前に犯科を注進すればその郷に罪はかからぬが、遅れれば郷が同じく罰せられるという制裁もあったこととていきおい郷の団結を強固にした。このことは、郷銭の賦課などが、連帯責任として課せられたことなどとも対応する。そしてこの郷は、在家人の職業別によって、農家が多ければ農民郷、商家の多いのは商業郷となり、南市郷の如き商業郷や東大寺郷の今在家郷の如くに商家の多い郷となる。野田・高畠両郷は社家郷といわれ、社人で占められていた。奈良を全体から見ると郷の複合体の如きものであった。しかし領主を同じうするものは、その活動においては一体化が進んでくる。南都七郷も郷の七つの複合体をいい、興福寺七堂の諸役を負担させる為に寺門郷を七個に組織させたものである。小五月郷の如きは、祭礼催行の為の特別な一組織で、はじめ各郷の分立であったのが、大乗院門跡の領主権の下に一体化された。東大寺の転害会・祇園会なども東大寺郷の所役となっている。祇園会の出車などは郷内各郷の競立で、その順序の前後争いなどが繰返されたが、小五月会のはじめのかたちは同様であった。なお、一部には領主を二つ戴いた郷もあるが、住民の関係からかくなったもので、郷としては一体的に動いている。

このような例証を他に求めると、もちろん東大寺郷民の祇園会の模範である京都の祇園会があげられる。その詳細は、すでに林屋氏らの詳細な研究がある。ここには、天文二年（一五三二）六月、京都は法花・一向両一揆の蜂起で彩られたので、祇園会は停止された。このとき、下京六十六ヶ所の月行事等は、神事はなくとも山鉾だけは渡したいと請願していることをあげよう。下京の「惣」的結合がここに如実に示される(8)。

領主と郷民との間に羽翼を伸ばして来たのが衆徒（国民も）である。領主と荘園との間から抬頭してきた衆徒は、武士的存在としてここへも進出した。衆徒の武士としての自立化は、南北朝の動乱を通じて活潑化し、奈良に対しても、しだいに郷民をその被官となして在地勢力となった。奈良ではむしろ下層民からぜんじ商工人に及ぶ傾向があった。しかしその関係は被官関係であり、社寺領主に対するが如き、身分関係を伴う従前のそれではない。しかも衆徒の抬頭は領主勢力を衰退させ、奈良の一体化を促進せしめた。衆徒は寺院からほとんど自立し、大和武士といわれて京都に上り、中央政権とも結びつくのであり、応仁の乱以後は大和の大小名ともいえた。衆徒は複数であるが、その中から勢力者が出て、その最有力者が衆中の実権を握る。ここに棟梁の名が生じ、興福寺ではこれを奈良中雑務検断職に任命する。衆中を構成する二十名の衆徒が官符衆徒といわれるが、この棟梁の一人を官符衆徒と称するようにもなった。ところがこれの勢力消長は激しく、衆徒間での抗争は繰返され、棟梁は棚上げされた。応仁の乱後は、中央権力の争覇の影響を受けるものとなったし、時には中央武士の入国がある。筒井氏の独走が天文一揆前後から、しかも奈良市政は中坊氏が代官として当った。かように興福寺の俗的勢力は失われ、代りの領主ともいうべき大小名の権力も徹底しない。ここにおいて各郷民の自治はおおいに進展するのである。ケースは異なるが、中央権力の走狗となった衆徒国民の諸氏が、国中こぞって明応八年（一四九九）・永正元年度（一五〇四）に和与し、兵火を避くべきを議したりしている（『多聞院日記』）。時代は下るが天正六年十月に、大和下市の本願寺党の掃討に織田信長勢が下向したさい、下市地下衆四十三人が盟約して中立を守り、違犯の輩は衆中として処罰すべきを議した例などがあるが（本篇第五章第一節参看）、このような動きが奈良郷民にも見られたことであろう。領主を異にする郷の一体化も、祈雨行事の「三方入り」の場合など、南北郷民という奈良を両分する体制が見られるほどである。その両郷には郷の堂が見えるから、南北郷としての会議も行なわれたと思われる。永正三年（一五〇六）にこれが見られる（『多聞院日記』）。

この一体化は、興福寺六方衆が領主の別を問わず、全郷にわたってその警察権を主張したことなどがこの誘因となったことだろう。衆徒の市中警察権行使となればなおさらのことである。これは、領主が各郷に対して総郷・組郷・郷にそれぞれ課役したことに対応して郷民自治が促進されたこととも同然であろう。領主は連帯責任を要求した。この強制がまた組織化を促したものといえよう。しかし、これらは誘因でしかあり得ない。支配権力の分裂や衰退もその誘因である。要因は郷が自立し自覚した郷民で組織されたことである。この一体化の場合、東大寺郷に興福寺領民があり、興福寺郷に東大寺郷民があるといった交流があったことも前提となる。それと同様に、郷の区域を超越した郷民の催しものなどがこれを促進したといえよう。ここに一例を掲げる。享徳三年（一四五四）、東大寺の三月堂僧を講元として二百文憑支が興行された。この講員は奈良各郷民にわたっている。この取帳が現存しているが、まず八月廿七日に起請して懸銭取銭について違犯すべからざると誓い、毎月の取手と買手とを約定した（「小林久夫所蔵文書」）。

甲戌九月八日 第二番取手　安養院 八郎古曾（花押）
十月八日 第三番取手　押上サカツキヤ 五郎三郎殿（花押）　同買手　タウソシ(道祖神)ノマエ 十郎コソ（花押）
十一月八日 第四番取手　ホウレイ(法蓮)本人清三郎 祐阿弥陀仏◯　同買手　イケノハタ 四郎三郎殿（花押）
十二月八日 第五番取手　セウナミ 勤阿弥陀仏（花押）　同買手　クホノヰン 鶴古曾（花押）
乙亥正月八日 第六番取手　三条弘次トノ 藤徳御前（花押）　同買手　サカ 武真子スミ（花押）

これは第八十番取手までに及ぶ七年間にわたるものである。第一番取手は、これが三月堂十二神将講だし、それに捧げる意味でこれを欠いたものではなかろうか。なお、寺僧が中心となっているが、このような自発的な貯蓄行為などの発展が、市民社会への道を開いたものといえるのではあるまいか。神仏祭礼の講、とくに伊勢講などもこれと同類である。とくにこれは現実的である。さきに郷民の交流を述べたが、商工業なども領主権の境域を超えて行なわれたものである。かくて中世末となれば、奈良惣中の名が出てくるのである。各郷において老衆若衆の成立もある。これも永正三年のころに見える（『多聞院日記』）。老衆より年寄が選出され、この年寄の合議が奈良惣中あるいは奈良中であったと思われる。

自治は領主権の弱小のところに発達する。都市自治は荘園領主郡市や港湾都市あるいは門前都市により高度に発達するわけである。また商工業の発達による町人の抬頭によって、農村以上の自治権が獲得される。奈良においても商工業は発達し、町人が都市の中核にまで進んでいる。しかし奈良の都市自治発達は、京都・堺のそれにはなお及ばぬようである。都市発達の面についてもそれに一籌を輸することは認めねばならない。市民芸術としてこの地で発祥した茶道の如きも、その成育は京都・堺に委ねねばならなかったところにその端的な現われがある。[9] 商工人にしても京都に上洛するものがあり、堺が発達すればこれに出るし、また堺商人の進入もあり、その従属都市たるの観がないでもない。このことは次章に述べる。

奈良の商工人は領主たる社寺より出たものであるいはこれの従属民である。領主への結びつきはきつい。座の如きも大いに発達したのはその依存関係の現われである。新興勢力として衆徒国民が抬頭したさいにはこれと結んだ。「諸商人就売買諸座公事有之、社家両院家諸坊以先規令成敗之処、衆徒国民等令扶持商人、動及難渋云々、自今以後不可口入沙汰事、名主可自専事」と社寺領主はいっている（『寺社雑事記』）。商人は新興の武士に頼って社寺領主の羈絆を脱し、自由活動を展開せんとしたものではないらしい。座衆たる身分はそのままとし、個々が自己の活動だけを有利にしようとする意識からであった。武士側も商人側も座を否定、すなわち破壊しようとはしていない。もちろん、社寺と座との関係にはひびが入るわけであるが、武士はその中間に割込もうとしたまでである。それはこの武士が社寺の被官であるということにも原因がある。商人はなお座の特権を棄てきれず、大和には多数の座が残存する。座衆すなわち社寺の従属民たるの特権意識を持ち、これが奈良では名誉とされる。符坂油座衆が天文一揆（一五三二）の兵乱で散亡したが、その後、永禄六年（一五六三）までには再び今辻子郷に戻って座を結び、春日若宮を本所とし、興福寺へ出入して本座十五家・新座三家となり、慶長年間では春日講を結んで売中本を組織し、符坂氏を名のって、いぜんその関係をつないでいる（「保井文庫文書」）。塗師として東大寺八幡神人の身分たる松屋は、珠光遺物を什蔵して貴紳にも交わるが、近世をも通じてその神人たる身分を有していた[10]。寺社人たることは近世においても諸役免除であったから、実利の点もあったろうが、それ以上に、権威にすがるという気分にでたものであろう。すなわち町人が市民社会を確立して、その社会勢力を培養するというよりは、ひとり抜きんじてでも上部権力に結ぼうとする傾向の強かったことを示している。それは武家勢力に対しても容易に結びつくものであった。この身分的制約と特権意識とは、町人の横の連絡を阻止し、ひいては都市自治を制約するものであった。

奈良では領有関係が複雑で、しかも分裂的である。衆徒国民たる大小名が抬頭した頃には、その一体化が促進されたが、この衆徒国民も社寺の権威は是認しているので、その領主権の絶対的排除までは進めない。領有関係はいぜん、その跡を止めている。しかも商工業は発達したとはいえ、生産の発達は近郊を通じて見るべきものなく、農村的色彩はかなり強い。商工業も農村に対する以上のものではない。さらに奈良の請売商品は高価であるので、堺などへ現地購入に赴くことさえ目立っており、奈良の商業の弱さを示している。農民を分離したと思われる石山本願寺寺内町においてさえ、なお農民的存在が見出せるのであるから（『天文日記』）、奈良の如きはなおさらである。これは住民構成を複雑にし、都市一体化を妨げる。市民生活の厚みなどは出てこない。この奈良でとくに発達したのは寺院から発展した金融業であり、町人の多くは蔵本となり、堺・大坂などと連絡し、また金商人などを発生せしめている。これらは金銀の吹替をも行なっているし、なお切手取引も行なわれたらしい。奈良では金銀よりは紙札の流通が近世初期には喜ばれていたこともこれを証する。しかし、それは一部の町人の富力増大と封建化に役立つに過ぎなかった。奈良にようやく育くみ出された都市自治は、種々な制約から高度のものとはなり得ず、それは限りある自治に過ぎなかった。このことは、原則的には京都にも堺にもあてはまるのではないかと思われる。我が国の都市自治は、西洋の如き高度のものではなかったと結論づけられるところである。そこで都市は、近世封建覇者の支配に服する。むしろ自らが進んでこれに服属したとさえいえるのである。

第三節　本願寺と奈良町人

前節に奈良の領主権力の衰退や、それに対応する郷の「惣」的結合の発展を説明して奈良町の成立を論じたが、なお具体的例証の一として、本願寺の進出による門徒郷民の蹶起をあげることができる。その蹶起は、天文元年（一五三二）の奈良天文一揆である。[11] これは京都における法華一揆にも対比できるものである。[12] 本願寺の大和進出から説明しよう。

本願寺がその教圏拡大の途上において、最も苦辛を払わねばならなかったのは大和である。中世の大和は、その行政は興福寺によって行なわれた。興福寺は他国武将の大和進出を断乎として排したが、新仏教の侵入はより以上に拒んだ。しかし中世末に至って興福寺は衰退し、大和の主権は他国武士に委ねねばならなくなるというほどになるし、新仏教の侵入も防遏し切れぬことになった。

衰退期の興福寺では、上層部と下層部との間隙が大きくなり、また縦横の組織が密でなくなった。衰退するものの当然辿るべき道程である。大乗院門主安位寺経覚は、その親戚関係から、布教開始期の蓮如上人を庇護し、これに奈良近郊の藤原道場（今は奈良市藤原町となる）の開設を許した。北国において蓮如の布教基地となった越前吉崎御坊も実は大乗院領内の地である。興福寺では一向宗弾圧を強行しながら、かようなことがらが出現しているのである。藤原道場付近一帯を領する興福寺の衆徒古市氏は、この道場に干渉しているが、暫くして代替わりの古市播磨公澄胤は蓮如の山科本願寺にも出入りしている。衆徒議決機関（衆中）の事務長の地位にあった中坊氏が、奈良市中を扼し、さらに木沢長政の与党となった天文頃には、石山本願寺に盛んに出入りしている。その頃、春日社の最高祠官の一たる大東家も本願寺と交わり、時には生計の扶持をこれに申込んだことがある。この頃には、興福寺の両門跡をはじめその院家などで本願寺と交を通じたものが尠なくない。興福寺の院家の交を通じたものの中には、北国所領の恢復あるいは維持の依願の為だったものもある（『天文日記』）。これが興福寺あるいは東大寺にしても、本願寺の大和進出は弾圧するという方針のなおも堅持されていた時期のことである。現にこの後、永禄十一年（一五六八）においても、一向宗徒が南大和の烏芋峯道場の創立を企るや、興福寺は春日社閉門までもなしてこれを拒否し、翌十二年には国民楢原氏が御所庄に道場を開くと同氏の調伏と道場の破却とを決行している。これらによって見れば、本願寺の貴族化・大名化の過程あるいは貴族的存在たることが知悉され、その宗教寺院以上の活動が示される。本願寺の北国一揆も、時代差はあるが、名主層を起用した興福寺の衆徒国民の組織と同じ類型にあると考えられる。(13)

しかし、この間において本願寺の大和進出は活潑となる。蓮如の晩年において、興福寺勢力の稀薄な南大和の吉野地方に、下市の願行寺の創設があり、次いで上市には飯貝に本善寺が開かれ、本願寺の連枝《れんじ》が住寺することになった。(14)そして庄屋層から地下へと教勢を張る。天文年間にはさらに国中をうかがい、南大和の中心都市八木の近郊に、本願寺の一家衆今井兵部卿が寺内町を建設した。これが有名な今井兵部の今井道場である。(15)次いで高田・箸尾・田原本と時を追うて教勢を張るに至るのであるが、今井道場に対する興福寺の迫害は全く見られない。このことは、永禄初年に、切支丹に南和の国民十市氏が帰依し、さらに宇陀郡の高山飛騨守がその居城たる沢に教会を設立したことと併せ考うべきであろう。(16)とまれ衰退途上の興福寺行政下の実状である。

興福寺の膝下たる奈良町の町人も、本願寺に傾斜する。興福寺はもちろんこれに弾圧を加えた。応永初年にそれが見えるが(「寺門事条々聞書」)、長禄二年(一四五八)には廿八軒を検断している(『寺社雑事記』)。すでにかなりの門徒数に上っている。この奈良町人門徒の増加は、この時期はともかくとして、爾後は和泉堺の町人との交流において考えねばならぬであろう。堺の発展はいよいよ力強くなり、奈良はその市場、ひいては従属都市化する。奈良の港としてその開拓を助長された堺は、遂に奈良を従属せしむるに至った。(17)堺と奈良との町人間の交流を通して一向宗の奈良流入が加わったであろうし、奈良と大坂との結びつきとなるのである。かくして本願寺門徒の町人が起ち上がったのが、天文年間の一向一揆である。

奈良の天文一揆は、畿内の本願寺門徒蹶起に次いで起ったが、後者が畿内覇権争奪戦の一翼に本願寺武力が起用されたにすぎぬのに反し、前者は領主の宗門弾圧に対する反抗として生じた。京畿の覇将細川晴元は、河内高屋城の畠山義英〔補註「義堯」〕の抵抗を排しかね、天文元年（一五三二）五月に援を本願寺光教に求め、それによって義堯およびその与党を討ったのであるが、この義堯の党に大和の筒井順興があった。この筒井氏の本拠を揺るがす意味で、本願寺が奈良町人門徒の蹶起を促したと見れば、ここに関連があるが、むしろ奈良町人が本願寺の武力行使を見て、平素の弾圧を逃れんとして起ち立ったと見るべきものである。「筒井家記」に「六方衆の暴政に堪えかねて」町人が蹶起したと説くあたり、これを推察せしめるものがある。

ここで奈良市政を再言するが、市政の管掌は興福寺の若﨟衆たる六方衆があたり、その意志の執行には衆徒が用いられた。したがって町人門徒の怨嗟は六方衆に向けられたわけである。六方衆の寄宿する興福寺の諸院諸坊は多く焼かれ、春日社の一部も罹災した。一揆は六方衆を追躡して南和の高取城に迫ったが、筒井・越智氏の軍に破られ、一月足らずして鎮圧された。この張本人は、『異本和漢合運』には橘屋主殿・雁金屋民部および蔵屋兵衛の三名をあげている。『春日大社文書』その他によると、張本郷西脇四・五所とあり、符坂油寄人も居住した今辻子郷や、奈良三市の一たる中市郷も含まれる。これらの郷は竹木も払われ、永代亡庄という厳罰を六方衆は課そうとした。もちろん、門徒の永代追却も議決せられた。その断罪された郷民には、奥村玄蕃・中市雁金屋・スガハラ顕了・カササギ又七・与五郎入道・円覚父子・北室院新九郎・油ウリ与七・タカマノ賢丞などがある（「二条寺主家記抜書」）。

右の張本三町人の所伝は詳かでないが、雁金屋民部については、春日神主「中臣祐維記」に、永正十八年二月の新能見物に本願寺の子息（恐らく顕如）が来て中市雁金屋に泊ったというそれであり、『松屋名物集』（『茶道古典全集』第十巻所収）によると、茶器の名物を所有した富人であったし、天文一揆の上首との註記もある。以て本願寺の有力な奈良町人であったことが知られよう。ところが「学侶引付写」（内閣文庫所蔵）などで、この後の一向宗徒対策などを見ると、張本の中市紙屋次郎左衛門がなお市中を往返しているのは怪しからぬとあるが、彼はうまくその後、中市に居住してしまった。そしていぜん本願寺に通じており、いわゆる『天文日記』の「本願寺証如上人記」にもその名が見えるほどである。

天文年間の『証如上人記』には、紙屋のほか、昆布屋三郎二郎や同甚三郎の名が見え、町人ではないが、門徒の獅子舞もあった。これらの奈良の門徒は、本宗寺門下として組織せられるまでになり、その単位組織において本願寺の行事にも参加したのである。この本宗寺というのは、いわば奈良教区庁であろう。

興福寺廃骸の主導権は、若輩たる六方衆等の握るところとなっている。興福寺としては一向宗は弾圧する方針である。しかし、上層部の准貴族たるものは個々に本願寺と交驩している。春日社あるいは東大寺の一部にしても同様である。衆徒の実権を握った中坊氏もこれと軌を一にする。すなわち本願寺勢力あるいはその寺院生活の増大が、ここに観取されよう。かかるさいに奈良町人があるいは堺を通じて間接に、あるいは直接に大坂と結びつき、本願寺門徒に走ったことは当然であった。次いで信長・秀吉の治政下ともなれば、興福寺の教俗両界の大和封鎖が解かれ、自由にその門下となるを得たのである。ただし、信長の時代において、本願寺は反信長同盟の本部であった。長期間に亘って石山合戦が展開され[18]、これに関連して大和の本願寺の拠点は、今井・下市・上市と次ぎ次ぎと攻略されたが[19]、その時期だけの逼塞であって、すでに根強い基盤を獲得していたから、秀吉の代ともなれば倍旧の活躍となるのであった。冒頭に述べた永禄十一・二年の興福寺の一向宗弾圧も、信長の威風を恃んだものであったかも知れないが、すでに興福寺では栄え行くものを羨視するに過ぎぬ状態になっていた。天正十一年二月には、本願寺兼如が春日社参をしたさいに、町民の熱狂的群集を見て、秀吉が門徒になったからだとかの噂を出したり、翌三月にはその参社を拒否したりしたのは（『多聞院日記』）、その焦燥を露呈したものというていい。東大寺すらも文禄二年の修二会の勤行料につまり、京都本願寺に奉加を請い、また奈良町人の雄たる鍋屋宗徳・宗有をはじめ、門徒衆の奉加を受けているのである（『東大寺文書』）。

第四節　堺の都市自治

この問題については、われわれは多くの研究に接している。故三浦周行氏の研究をはじめとし（『日本史の研究』第一輯）、同氏編集にかかる『堺市史』から展開し、最近の豊田武氏の『堺』（日本歴史新書）に至る。この豊田氏の『堺』に至って、史料は網羅され、堺の発展は論じつくされたといってよい。史料の制約でその不明とされた点が新史料の発見で若干の進展が期待できるという程度である。新史料を得たので、その紹介かたがた堺の都市自治の実態を考えてみよう。

堺は摂津・和泉の堺庄、あるいは和泉塩穴庄の地に発達した。その地は堺の南北両庄となり、その南庄を中心として街地が発達した。もとより、その発展の要素は港津にあったから、街地がこれに向って展開したものと思われる。もちろん、社寺の郷あるいは集落の点在もあったろうが、開口神社郷と港との結合が中心となったことと思われる。これは南庄であるが、北庄にも漁船のほか、商船の寄港もできたかいなかが問題になる。もとより港湾設備などいまだ高度に整えられたこととは思われないから、一帯に寄港できたとはいえよう。このばあい、南北朝時代に徴収された堺浦泊船日銭について、和泉堺浦と摂津堺浦との二つが見えることが手がかりとなるが、このことについては和泉・摂津の国境のこととて、疑問もある。一例だけしか史料がないので不明である（第二篇第二章第二節参看）。しかし、室町時代になると、南北両庄にわたり、南庄を中心に、街地も北庄に延びたものであろう。すなわち、堺南北庄を限る大小路を越えて、南北両庄の街地が接続したのであろう。しかし、なお北庄には農地もかなり多かったことと思われる。この農地は近世に及んだものである。永正五年（一五〇八）には堺北庄の名主沙汰人が見え（『建武以来追加』）、天文三年（一五三四）には所所名主百姓と見える（『開口神社文書』）。堺五ヶ庄ということが近世初頭にいわれているが、この堺北庄を含んで五ヶ庄となっていたものである（『今井家文書』）。傍証になるが、北庄の表町通りにおいて、肥灰桶を並べておくのを止める旨を大永五年（一五二五）にその屋敷主が請文していることなど（『開口神社文書』）、北庄の農村的存在であったことの一斑をしのばせるものがあるし、北庄内である錦町では、慶長年間に錦町は五百石の村方とされ、庄屋が見られるなどのことがある（「山口進所蔵文書」）。なお、堺南庄においても、近世に農人町があるし、永禄末年においても南庄代などの称が見えることなど（「今井宗久自筆書札留」）、なお農村的要素を払拭しきれなかったさまが知れる。

ところで堺は、永禄五年（一五六二）の「宣教師ビレラの報告書」にも見えるが、市街の三方に濠を廻らし、常に水を充満していた（『日本耶蘇会士通信』）。このことは、永禄十一年秋に堺が織田信長に反抗したさい、「十月比ヨリ、堀ヲホリ、矢倉《(櫓)》ヲアレ《(ケ)》、事外用意共イタシ候事無専《(詮)》、堺津中之道具女子共迄、大坂・平野へ落シ申候也」と津田宗及自筆の所記でも明らかになる（『茶道古典全集』第七巻『天王寺屋会記』）。農村や都市などが環濠した例証は多い。地理学上のいわゆる環濠集落である。堺もその一である。この環濠の時代的変遷が的確に知れるといっそう堺の都市発達は明らかとなろうが、いまだ明らかでない。

堺南北庄内において、都市堺が農村的要素をぜんじ捨象しながら発達した。このばあい、領主権力との対応が問題となる。これは、幾たびかの変遷はあるが、将軍家料所としてその荘園領主的支配が行なわれ、守護権力として細川氏の支配が及んでいたといえよう。もとより細川氏は管領家である。堺はつまりは幕府の直轄地というべきものであった。したがって、河内畠山氏の支配権力も及ぶばあいもあった。もちろん、住吉社・開口神社および諸社寺の郷的所領を内蔵していたものである。堺南庄が相国寺崇寿院領のときはその代官も見られるし（『蔭涼軒日録』）、堺北庄には政所が見える。天文八年（一五三九）には政所西山の名が見られる（『天文日記』）。この西山は、文明八年にも北庄の代官であったし、守護代香西氏の遵行にしたがい、公文山崎屋三郎次郎に堺南庄念仏寺の北庄内における散在田畠の段銭ならびに臨時課役の免除を伝えている（『開口神社文書』）。ともかく、両庄に幕府勢力が光被したことは、この両庄の一体化の誘因となった。

南北両庄には商工人の輩出があった。すでに集落の村落化があったころから、住民自治の萌芽はあったろう。この住民の中核を商工人が占め、郷あるいは集落の自治を発達させたものである。かくて南北両庄に跨る都市堺の一体化が成るが、これは戦国時代のこととなる。永正十二年（一五二五）三月に、堺南北諸商人が安芸厳島明神に「三十六歌仙図」を奉納掲額している。図は狩野元信、和歌は山崎宗鑑の筆にかかる。当代の第一人者の筆である。堺商人の富力とともに、その文化的関心を物語るものといえる。ところで、ここに堺南北諸商人という商人の一体的活動が見られることは注目に値する。すでに文明十年代にはかの会合衆《えごう》が活動しているのであり（『蔗軒日録』）、かれこれ堺町の成立といってよかろう。

堺の自治は、農村におけるばあいや、奈良におけるよりか、高度に発展した。これは港町であるということに原因がある。さきに薩摩の守護大名島津元久が堺の制法が緩やかであるといったことを掲げたが（『薩藩旧記』所収「山田聖栄日記」）、そのとき堺町人の嗷慢さも見られる。緩やかということは、いちめん、町民自治の発達を示すものといってよい。港町には諸国から人士の来往がある。もとより、「スレ」てくる。いちおうの生活態度では、これらに接することができなくなるからである。そこに町民の成長もある。そこで中世では、町民の自治はいっそう進んだのである。もちろん、細川氏や畠山氏ないし三好氏のような戦国大名化武家の代官によって治められたが、その権力はすでに弱まっていた。この堺のばあいと同じことが京都でもいえよう。港町と同じく人士の来往が激しい。しかも、支配権力の葛藤の地であり、政権争奪の地であるから、住民は生存のために自衛の念を深めるし、衆力の結集がはかられたというものである。

堺の自治を論ずるばあい、私は時代による変遷を見ねばならぬと思う。その自治組織の「惣」は、代官的存在化した豪商の支配下に置かれたことはじじつである。しかし、応仁文明時代の豪商の「惣」支配と、天文永禄時代のそれとは差があると思う。豪商が武士的要素を多分に持つことも、「惣」が農村自治のそれとはさほど変化はないこともいえる。しかし、とくに豪商の性格に変化があったといわねばならない。すなわち、文明年間の木屋三宅氏・備中屋池永氏あるいは湯川氏の惣との関係[20]と、天文永禄年間の今井・津田両氏などのそれとの比較である。今井・津田両氏となっては、豪商の惣支配などといえぬのではなかろうか。そのころ、町人全般の上昇があり、武家権力との結びつきはそれぞれにあった。武家支配権力など分裂してしまった結果でもある。これは、堺の都市自治を発達させた反面、その崩壊を促すものとなったのである。

永禄十二年（一五六八）のことだが、但馬の大名山名紹熙《じょうい》が織田信長軍に攻められて堺に亡命中、渡辺宗陽という町人に散財していたようである。こののち、紹熙は信長の赦免をうけて帰国するが、これには堺の豪商今井宗久の援助をうけている（後説）。このとき、借銭のことについて渡辺宗陽は、今井宗久に対してその処置を不満としたらしい（「今井宗久自筆書札留」）。このことは、宗久に対して宗陽が屈服したものでないことを示している。また、天正二年（一五七四）織田信長は、堺の住吉屋宗無が所蔵の松本茶碗を召そうとして、部将菅屋九右衛門尉の家来の平子弥伝次を今井宗久の許に下した。これを宗久は直接に宗無に伝え得ず、津田宗及と種々相談して、宗無に提出をさせているのである（『宗及茶湯日記』）。これらは、信長時代となるから、事情が若干異るといわれるかも知れない。そこで信長入京以前の例証をあげる必要がある。

弘治四年（一五五二）三月のことであるが、天王寺屋津田宗達は、北側一町の町人十三人と北惣代三人および源三兵衛と真野とを合わせた十八人を招いて茶会を行なっている。この北側一町というのは、大小路町の北側一町ということであろうか。北惣代というのは、堺北庄の惣代かいなか明らかでない。源三兵衛および真野もここではその地位が分らない。ところで、永禄三年（一五六〇）六月には、当南北町衆廿七人を招いた。これには南町代今阿弥を加えたものという。ここで「当」という文字が問題である。堺の南北町衆ということではなかろう。次いで永禄七年二月と七月には、その息の助五郎（宗及）が町振舞をしている。二月のときの人数は廿七人。「北カハ西ヨリ」は町代の真野まで十八人。このうちに宗達および助五郎が含まれる。「南カハ西ヨリ」は町代河崎に至るまで九人、これで廿七人である。七月のばあい「北カハ西ヨリ」十九人。これには宗達・助五郎は含まれない。「南カハ西ヨリ」は十五人。この南北のほかに両町代と善兵衛、両夜番と住吉屋宗端とが加わった。この北側・南側に属する人々の名と序列に若干の出入がある。北側と南側との混介はない。ここで、この人々は、大小路町の両側の人々ということができよう。この南北を、豊田氏は堺の南北の町衆と解されたが、実は、「当南北町衆廿七人」という。『宗及茶湯日記』の記事を旧版印刷刊行者が「当」の文字を落としてしまったのに拠られたためで、原本によることで明らかになったものである。したがって、堺惣町と宗及が和親したとはいえない。なお、町惣代は例えば永禄三年六月に南側町代の今阿弥は同七年七月には町衆となっている。真野についても同じことがいえる。このことは、町代が交替することを意味するし、恐らく町人が選出したものだろう。なお若衆の存在も指摘できる。かくてこの記事では一町内会の構成が知られる。ところで会合衆というのは、三十六人あったといわれるし（『続応仁後記』）、十人の納屋衆が町政を司ったというが（『糸乱記』）、それがいかなる方法で選出されたかは不明である。堺が織田信長に防衛の一戦を挑んだとき、能登《（野遠）》屋・臙《（紅）》脂屋がこれをリードしたという（『続応仁後記』）。この両人は応仁文明時代からその名を知られた町人である。これも豪商的存在であろうが、たまたま両人の名が挙げられただけであろう。ともかく、今井・津田両氏などの「惣」支配という事実は徴証できない。

　今井・津田両氏は、たしかに天文年間から大発展したものと思われる。天王寺屋津田氏は寛正ごろからその名があるが（『開口神社文書』）、宗達の父宗栢の代に至って天文年間に名をあげたものである。今井宗久は、近江浪人の帰商者と見られるが、天文二十二年（一五五二）に彦右衛門入道の名で大徳寺大仙院に五十貫文を寄進しているなど（『大仙院文書』）、その発展を示す。すでに豪商として、屹立するに至ったと考えられようが、ここに考慮すべき点もある。それは、今井・津田両氏がのちに信長に結んで政商となった存在からこの両氏をわれわれは論じている傾向があるのと、両人が茶人という名目で信長の側近に用いられたことからその茶会記なども遺るし、いっそうその活動が明らかになっている。そこでこれの堺における勢力を過大視してはいないかということである。すなわち、信長入京以前と以後と明確に区別する必要があるということである。もちろん、両人が新興の豪商として、生気横溢の状態にあったとはいえる。しかし、なおこれと伯仲あるいはそれ以上の豪商も多くあったと思われる。そこにいわゆる進歩派と保守派の存在も見られよう。かくて豪商の乱立が堺の実情であったろうし、それらは町民としてはその生活体の「惣」を構成するが、いちめん遊離化もしていたのであろう。むしろ、町人を個々に配下としたり[21]、同族組織の強化でそれぞれ独走をはかっていたものといえよう。なお、居住町内と親和することは当然である。ここで極言すれば、旧豪商ないし町人はむしろその祖先から構成した惣的結合を利用しており、新興豪商はこれと遊離を甚だしくしていたと思われる。このことは、今井宗久はまず信長に降ったが、津田宗及はややおくれていることでも知れる。

なお、次の例は、堺の「惣」を見る上に参考となろう。『開口神社文書』に収める土地売券に刀祢の袖判が加えられていることである。

（花押）　　刀祢（花押）

売渡申田地事　在泉州大鳥郡塩穴下条小塩穴村林田里卅四坪之、

合壹段者、

右件田地者、当社領泉州塩穴内浄弘寺領、為社家相伝私領無他妨者也、（中略）

永正七年庚午卯月廿七日　　田所　昭興（花押）

奉行　忠俊（花押）

奉行　紹棠（花押）

右の文書の袖判二つのうち、上の花押の人物は不明である。もう一つ、刀祢が証判を加えているが、これは開口神社領であるためであろうか。私はむしろ、農村において、このころ土地売買には年寄が年寄印を押捺しているのと対比して考えたい。大和吉野郡阿知我村では［阿知我地下］という印判を捺す。この証判を加えることは、村落内において登記を意味するものである。(22)〔補註〕この『開口神社文書』に見える刀祢の証判は、開口神社付近の農村では、かかる意味で行なわれたのではなかろうか。この刀祢は、開口神社宮座の長老としての刀祢であろう。既掲の「開口下司、小塩穴刀祢」とあったこの刀祢としてよい（第一篇第三章第三節）。とすれば、町自治体にも無関係ではない。もちろん、永正年間の文書に始まることも、自治発達の時代を示している。堺の「惣」と、かような農村の「惣」とは別個のものであろうか。堺の「惣」は、このような農村的「惣」を発展解消せしめて成立せしめたものであろうか。『開口神社文書』に、このあと売券の残存がないので、明らかにならない。ともかく、この農村的な「惣」が堺の「惣」の源流であったとはいえる。

堺の都市自治を論ずるばあい、会合衆三十六人がその評議機関であったことは疑いないが、なお会合衆は商工人のみの代表であったかなどというその成立地盤など、検討の余地があると思われる。十人の納屋《なや》衆が堺町政を執ったということなどとも関連してくる。もとより、時代的変遷を明らかにとらえて論ぜねばならない。

(1) 林屋辰三郎「町衆の成立」(『中世文化の基調』Ⅲ町衆の生活と芸術)。なお村山修一『都市生活の源流』第十二章市民社会の生活第一節「市民社会の自治組織」参看。
(2) 堺の南北両庄の共同体化は、文明年間に求められよう。
(3) この乖離あるいは対立の段階の有無などは今後の研究に期したい。
(4) 地子も年貢化する。土地領有の進展である。
(5) 『奈良文化の伝流』第四篇第二節ロ「小五月銭の逓減」
(6) 郷刀祢の徴証を見ない。興福寺支配組織では仕丁が定使といわれ、支配にあたるが、現地との連絡役的傾向が見える。何らかの現地組織を考えたい。
(7) 月行事が年寄の役をとる町も見える。
(8) 林屋辰三郎「郷村制成立期における町衆文化」(『中世文化の基調』所収)
(9) 拙稿「宗珠と珠光茶秘書」(『美術研究』二〇二号)
(10) この松屋は、このころは町人と交わっているが、近世の進展につれて、武家との交わりのみを求めてくる。しかもそこで没落する。この詳細は『茶道古典全集』第九巻『松屋会記』の解題に詳しく述べた。
(11) 『奈良文化の伝流』第四篇第二章第二節ロ「一向宗の場合」

(12) 豊田武「都市における惣的結合の発展——特に天文の法華一揆を中心として——」(『史林』四一巻六号)

(13) 『奈良文化の伝流』第四篇第二章篇二節ロ「一向宗の場合」参看。なお大和の本願寺拠点の村々は、それぞれ中世において町場的のものも有している。しかし『天文日記』には百済・曾祢などと純農村門徒団をも示している。

(14) 本篇第四章第一節参看。

(15) 同第二節参看。

(16) 「宣教師ダルメイダの報告書」(『日本耶蘇会士通信』所収)

(17) 本篇第三章第二節参看。

(18) 拙稿「石山合戦」(『大日本戦史』第二巻所収)

(19) 本篇第四章第一・二節参看。

(20) 湯川氏など、紀伊の国衆湯川氏の一族であろう。なお紀伊で権力はあったし、堺で豪族支配を展開したものと思われる。今井宗久は近江佐々木氏の一族というが、牢人として納屋今井氏に入ったもので、いちおうは町人であろう。

(21) 『(津田)宗及茶湯日記』(『天王寺屋会記』所収)を見ると、同志の会合を道晩といっている。この文字が、同書ではやや不明である。また甘会という懇親会もあるが、甘会の文字が明らかでない。ともども参考として掲げる。

(22) 拙稿「公事屋と公事足」(『史学雑誌』六〇巻八号)。売券に「判料云々」と見えるいわれ。

〔補註〕田積の「歩」にたいする「坪」の用例は天文年間『元興寺千部経料帳』に見える。元興寺付近の屋敷地である(昭和十二年寓目。いま史料紛失)。

第四章　京都・堺および奈良の一体化

第一節　三都市の一体化

畿内において、戦国時代には堺の発達がいちじるしい。歴史的には京都および奈良によって成育せしめられたのであるが、ここに至っては、むしろ堺が中心となり、京都および奈良を従属せしむるが如き観さえ示される。とくに堺が、中国および南海の貿易港として、舶来品を輸入したこと、その物資を京都および奈良が求めていたことによって、いっそうこのことが顕著となる。かつて、堺の都市自治の敗北を説き、堺がその商品のゆえに、市場として京都および奈良しか持たなかったことがその敗因であるという所論さえ見られた。(1) しかし、これは極言である。堺に輸入される薬種や火薬など広い需要があるし、珍貨さえも地方都市で欲求されているのである（「禿尾長柄箒」）。もとより、この所説は採らぬところであるが、堺の優位ということはこの所説によってもうかがえる。

とはいえ、なお京都が中心であったといいたい。これは首都たる伝統の然らしめるところである。堺もいぜん、京都あっての堺である。堺町人にしても、京都に上ることでその発展が期せられた。奈良の京都に対する場合など、茶道の開山村田珠光が、その開山の名誉を得たのは、その上洛したことにあることはいうまでもない。この珠光の上洛は、商人としての上洛に始まったかとも私は考えたりした。その子孫は、奈良屋として下京四条に定住しているのである。この例は、堺の武野紹鷗にしても、千利休にしても同様である。千利休は天文六年（一五三七）に、その十八歳のときには在京している（『松屋会記』）。この両人の上洛および在住は、決して文化的な茶湯修錬の為のみではなかったといいたい。その在京できたことは、商人だったからであろうと思っている。利休の場合、茶匠となるために修行に上洛したといえぬでもないが、皮革（軍需品）業者である紹鷗は、その富力を利しての在京であった。茶匠としての独立は、いまだ環境が熟していないと思われるからである。なお、町人茶人辻玄哉というのがあるが、これを近世の茶道書では、例えば茶人系譜などには堺の町人としている。しかし、天文から天正にわたる『天王寺屋会記』や『松屋会記』などの当時の史料では京都の町人として見えている。出身はあるいは堺であったかも知れないが、京都の連歌師というべきものであった。茶道書は、史書としては雑書である。偽書も多い。それゆえ、史料としては、これを用いることは避ける例となっている。たとえば『大日本史料』では掲載しなかった。この辻玄哉の例などその誤れる一例である。もちろん、書誌学的研究を進め、史料的批判を厳重に加えれば、これを使用することができる。ところで、叙上の茶人などは、京都と堺とに本支店のごときを経営していたのではあるまいかと私は考えている。そのため、往来も活潑になったものと思うのである。町人の交流がかなりあったと思われる。

この三都市の富力を握った武将が当代に現れた。松永久秀である。戦国の乱世の一斑を示すともいえるが、久秀の生国は明らかでない（三好家臣だから阿波あるいは丹波か）。『続応仁後記』は近江というし、京都郊外の西岡の商人ともいわれる。ともに確実とはいえない。三好長慶に仕え、戦功とその器量とによって重く用いられ、その執事に昇った。摂津平野郷や堺の代官となり、堺の町人の獲得に努めた。こののち長慶の死後、三好三人衆と争い、その攻撃をうけて堺に逃げ入り、堺の会合衆に調略を依頼し、会合衆が三人衆を諭した結果、九死に一生を得たという話さえ伝えられている(『当代記』)。強欲の人といわれるが、都市の富力に異常に注目した。はじめ、三好長慶に従って上洛したりしたから、京都の獲得はまず期したらしいが、一方、奈良に注目した。弘治永禄の交に、河内・大和の国境信貴山に築城した(「学侶引付写」)。ここは、堺・奈良街道の中間に位する峠の地である。かくて大和に進み、永禄二年(一五五九)八月には奈良に入ることができた(「辰市祐磯記」)。翌三年、奈良町の北郊の要地多聞山に築城し、これを本城とした。ここからは信貴山城を経て堺に至れるし、京都への連絡はいっそう容易となった。まさしく三都市を握ったものである。堺・京都の町人の来城も多くなった。堺町人の若狭屋宗可はその茶堂となっている(『松屋会記』)。町人らを集めて豪壮な多聞山城中に茶会を、しばしば開いている(『天王寺屋会記』・『松屋会記』)。やがて将軍義輝を殺すし、東大寺大仏殿を焼いている。久秀はいったん織田信長に降るが、元亀二年(一五七一)には将軍義昭に従い、大坂本願寺にも通謀して信長に反いた。その七月、奈良の豪商蜂屋紹佐が多聞山城中で頓死している(『多聞院日記』)。これなど、久秀が軍用金でも強制したことか、あるいは久秀の魔手が振われたのかとも思われる例である。

久秀の三都市支配など、もとより三都市町人の交流のうえに乗ったものであろう。しかし、その久秀の都市支配というものが、強力なものでなかったことを指摘したい。町人らの主体性はいよいよ強くなったし、実力は武士にうわ廻った観がある。久秀にしてみれば、軍費さえ得ることができれば、その封建支配を徹底するなどの意志もなかったといえようか。むしろ町人側に利用された観がある。久秀は暴逆行動にまで走るが、なお覇権獲得までの権力は樹立できなかったからである。対抗勢力がなお多分にあったことと、堺などで町人の富力に幻惑されてしまったからであろう。永禄五年（一五六二）十月に久秀は奈良中に徳政令および国中に棟別銭の賦課を企てた。もちろん興福寺や奈良諸郷民の反対があり、興福寺は除かれたようである。やがて土一揆が蜂起し、多聞城へ連日その五名ずつが出頭しては徳政令の発布を請願した。このとき久秀は和泉に転戦中だったので、久秀のもとへ徳政奉行が赴いてその裁断を仰いだところ、これに対して久秀は春日社頭で神籤をとって決めると返答し、その家臣瓦林秀重らを奈良に遣わした。神籤は白紙が出たので、奈良中の棟別銭は免除された。このとき、国中の菩提山《せん》・布留郷・桃尾寺などは春日社の神籤に一文字が引かれてあったので賦課されたといわれる。なお、徳政令は発布されたようである。久秀にしても、なお神慮を仰ぐという態度を執っているのである（「東金堂大行事引付」）。こののち、小五月郷民が、大乗院門跡の小五月銭徴税を、その不合理を理由として久秀に訴えた。しかし、久秀は遂にこれに裁決を下さずに終った。興福寺を憚り、裁断は下せなかったのである。それでも奈良郷民にしてみれば、社寺領主のほかに、有力な支配権力を仰ぐことになり、被支配者としては好都合となった。なお永禄六年十一月に、興福寺は東金堂大行事の知行にかかる菅笠座が公事を納めず、奈良中の棚見世に出売しているのを停めるために譴責することの了解を久秀に求めている（「東金堂大行事引付」）。このとき久秀は、社寺領主にうわ廻る支配権力となったことではあるがその申請を許しているのである。これでは、いぜん久秀の支配権力は確立しないといえよう。久秀が近世大名へと発展できなかった一面である。

ところで、三都市を地方から見たばあい、この三都市は地理的には距離があるとはいえ、概念的にはその距離はなかったことと思われる。いまだこの言葉は見えないが、いわゆる「上方」として地方人はこの三都市を観じたことであろう。京都の一体的都市として観じ、「都」という言葉によっていい表わされたことと思われる。堺あるいは奈良からの行商人にしても、都からの下向と感じたことと思われる。安芸厳島の「大願寺文書」には、京衆・堺などと明らかに記している。これを明記しているとはいえ、観念的にはこれを都衆と感じたろうということである。このことは文化についてもいえるし、むしろ文化面でこの傾向が強い。

第二節　堺と奈良

奈良の堺の市場化は、応仁の乱後において顕著である。堺は外国貿易場という利点も加わったので、堺に集められた上級商品が京都・奈良へと流入し、その上流社会の消費生活を満たすに至るのである。唐物はもちろんであるが、日常品では医薬品衣類などが最たるものであった。また堺が応仁の乱後急速に発展したのは、奈良と同じく堺が京都町人等の疎開地となったからである。疎開地として奈良と堺との相違は、奈良へは摂関等の貴族が主であったことである。堺へは庶民、それも町人が多かった。もちろん、四辻中納言季俊などのように、公卿が堺へ疎開した例も少しはある（『実隆公記』）。奈良では、そのころ法華宗徒が多くなったのは、京都の町人が入り込んだからだといわれているが（『寺社雑事記』）、堺にも法華宗の僧侶および町人が多く入り込んだ。これらは浜近くに在り、その中には大舎人織手師《おおとねりおりてし》も見えている（豊田武『堺』）。この織手師が堺に土着した関係からか、文明七年（一四七五）に維摩会《ゆいまえ》講師となった大乗院政覚の装束を、その師父たる尋尊は、又四郎男を使として堺に需めている。この又四郎は、はじめ十市氏に下人として売られ、次いで奈良の大乗院門跡がこれを買った小者である。そしてその子の愛満丸は尋尊の小姓となり、その兄の又六は堺に居を占めていた。したがって又四郎は奈良と堺とをしばしば往復している。その往来は、門跡の堺への買物使いであったろう。また門跡には、おそらく愛満丸の代わりと思われる愛千代丸という小姓がいたが、この父母は堺に住していた。かように堺と関係深い者が門跡内に雇われていたということは、奈良と堺との交流が深くなったことを示すとともに、門跡などの生活に、堺に仰ぐものが物心両面にわたって多くなったことを意味するものであろう。文明十五年に大乗院門跡では、その釜居殿の作事に当って、用材はすべて堺の材木屋道久方より購入した。その買物には、門跡の被官で堺と往来を事としていた泰九郎があたっている。一万三千支の用材を運送したもので、ここに門跡の如き荘園領主が材木を商品として購入したことは頗る注目すべき転機である。この後も例えば文明十九年の春日社造替には堺への用材代未払金五百貫文という如く、堺商品の材木が奈良に入って来ているのは、所領杣の離脱とともに、堺において材木が豊富でしかも廉価であったことを示すものであろう（『寺社雑事記』）。これらは一二の例に過ぎないが、貨幣経済の発展とともに、奈良では堺において物資を調達することが多くなったことが知られるであろう。奈良の商人にしても、商品を堺に得てこれを販売するに至るは当然であろう。文明三年八月のことであるが、『寺社雑事記』に「近日、和泉の堺と此方公事これあり、当取沙汰云々」とあるのはその詳細は分らぬが、商取引関係の紛擾であって、両者の経済関係の深さを示すものである。加えて座の解体期に入っているから、おそらくこの趨勢を助長したものでもあろうが、堺商品が奈良市民の上下に歓迎せられたものと考えられる。逆に奈良から堺へは、団扇・人形・刀剣・蒔絵などが送られ、そのうちの一部は外国貿易品ともなったことであろう。堺の極盛期たる戦国末あたりになると、奈良は経済的には堺の従属都市の如きに至った。奈良にも富裕町人が成立するが、これらは堺との連関において増大したものと見られる。茶会記などからその往来を探って見ると、表面的には茶の交歓と見られるが、それは商取引の具に供せられたものではあるまいか。天正年間に奈良の侘数寄者として、同十五年北野大茶会にも出仕した子守道六というものがあり（『松屋会記』）、堺から利休・津田宗及・今井宗久などが奈良へ来た時の宿となるのであるが、これは奈良の坂東屋という豪商の使丁であったといわれているのは（『松屋名物集』)、おそらく堺との商用に便があった為のものであったろうし、松屋三名物で有名な奈良の松屋源三郎は漆師屋であって見れば、その堺訪問は塗物商品の所用をからんでいたと考えてよかろう。

堺へは大和の武将の亡命するものもあったし、甚だしきは田券を堺において秘蔵してもらった例すらある(「東大寺法花堂文書」)。文化人の場合は稿を別にして述べるが、奈良から堺に出て商業を営むものや、堺から奈良に移住して営業するものなどは枚挙に遑がない。本店支店あるいは同族店の関係にあったものもあろう。(3) また天文二十二年(一五五三)正月の十三日から十四日にわたってその三分の二を焼いたという堺の大火の際には、堺市民の乞食の体ともいえる姿で奈良に遁れ来たものは、数知れぬということであったのもその一例である(『良尊筆大般若経奥書』)。奈良の薬屋宗芳というものなど堺の小西氏の一族、堺を本拠に仰いで営業したものと考えてよかろう。しかしここで考えねばならぬことは、堺商品が奈良で販売される場合、その売価がかなり上がるので、便のあるものは堺に直接購買に赴いていたことである。天正八年(一五八〇)正月のことであるが、興福寺多聞院英俊は、与一を使として堺で蜜三斤五十目を鐚《びた》銭一貫四百文で買入れた。それは奈良で買うより非常に安く「余ノ薬種モ奈良トハ一倍ニアマリテ安キ也」というている(『多聞院日記』)。これは奈良の商業が現在に及んで発展しない理由と見ることができよう。これも奈良を堺の従属都市と見る一理由である。最後に天正二十年におこった奈良・京都・大坂・堺の金商人すなわち金貸に対する豊臣秀吉の弾圧事件が生じていることを指摘しておくが、それは奈良において最も酷しく、それが堺商人の告発によるものであったことは、奈良の金融業者が堺などにおいて経済攪乱行為を行なった為であろうし、堺と奈良との経済関係が密接であったことを示すものである。

堺は南北朝動乱を第一段階、応仁大乱を第二段階の契機として飛躍的に発展した。しかも南海交通から対琉球および大陸貿易の衝点となった。この飛躍的発展は、他の先進都市が歴史的制約に縛せられて発展の歩みが徐々なるに反し、港町であり、しかも国際貿易港たる性格を加えて、いわゆる都市としての発展を軌道に乗せ、都市自治の如きは我が国未曾有の段階にまで発展した。市民社会の構成も可能に見え始め、市民生活の厚みも出てきた。文化の面においては、奈良・京都のそれを受入れる。奈良・京都の文化は質的には多少の相違はあるが同一文化と見てよく、奈良からも京都からも流入した。地理にしてもその史的関係からいうても、奈良からのそれが多かったであろう。しかし応仁大乱以後の堺の盛期に至っては、ここ国際港で新成せられた文化の京都および奈良に注入したものが尠なからざるものと思われる。

京都文化流入の例は仏教の堺における流通などもあげられようが、奈良文化流入の好箇の例は、堺市民が春日若宮祭を摸した風流《ふりゅう》を為していたことである。堺は永正五年（一五〇八）十一月には千余間の災する大火があり（『実隆公記』）、また大永六年（一五二六）八月には二千七百間も焼失したが、奈良ではそれらは両度とも風流をした神罰だったというている（「中臣祐維記」）。これはまた堺市民生活の躍進を物語るものであろう。風流では面白いことがある。延徳三年二月に夜盗が猩々となって豪商の家に押入り、財宝を悉く奪い去ったという噂が京都に伝わった。実際よく尋ねると、猩々ではなく、弁才天に変装して石橋の藤右衛門方に押入ったということであった（『蔭涼軒日録』）。これは町人が福神入来と喜んで迎え入れた当時の町人思想が髣髴されている。また奈良に発達した能楽・茶道は堺に流入した。これは奈良に発生したというても過言ではないほどのものであるが、奈良での発達には限度があった。京都あるいは堺に出ることによってその発展が可能となったのである。詳述は避けるが、茶道の珠光の如き、堺にその住居をトしたことがあるとも伝えられ（『松屋名物集』）、奈良茶人で堺で名をあげたものも多いし、堺で茶道は洗練され、これが奈良へ逆輸入されるといったかたちになっている。歌道においても奈良から堺に向ったものもあるが、牡丹花肖柏の堺止住によって、堺から奈良伝授の一流が送られたのも同種といえる。永禄三年(一五六〇)から元亀三年(一五七二)に至るまで畿内の覇将松永久秀が奈良多聞山城にあったことも、奈良・堺の文化交流を増進せしめたゆえんでもあろう。堺に来った宣教師が松永久秀に宣教の許可を求めに奈良に出入したことも、その大和伝道の端緒となっている。それには久秀の臣として高山右近が在寧し、またその父飛騨守が大和沢城にあったことが関係している(「宣教師ダルメイダの報告書」)。

奈良と堺、京都も考慮に入れて、貴族文化の町人文化への取入れ、町人文化の上洛などがこれらの関係のうちに見出され、次代の町人文化発展の基礎をかたちづくったものである。また芸道と称せられるものの多くは、この関係のうちに育まれたものであった。奈良と堺との文化関係は、その社会経済関係を基として密接に展開した。いま春日社頭に堺の魚屋弥次郎寄進の石燈籠が厳存しているのは、その関係を語る記念碑というべきものである。堺の魚屋といえば、これはいつに変わらぬ奈良への魚貝供給者であり、その魚売など各地および外国の風聞などを細やかに伝えてくれるニュース供給者でもあったろう。

奈良と堺とは信貴山城越え、または大和川に沿うて亀瀬越をし一日行程にある。中世では大和川は大阪湾に注いでいたが、奈良と堺とはそれにほとんど沿うて上下に位置していた。また奈良で海上に到達し得る最短地点が堺であった。かかる地理的関係がある上に、奈良がその魚貝をここに得、奈良の貴族社寺がこれを荘園化したこともその関係を密ならしめるものがあった。両者の中間には信貴山寺があり、これがその中継となった場合もある(4)。しかも堺は全く幸運に恵まれてその港湾が拡充され、港町が飛躍的に形成された。そして奈良とは相対関係となり、更に堺は飛躍して奈良をほとんど従属的位地に転位せしめた。近世においても大坂にしだいにその位地は譲るが、なお関係は絶たれない。奈良は荘園領主都市にはじまって、終始生産都市への転進は見られず、消費都市たるの位地に止ったので、遂に港町にして遠国外国商品の集散地たる堺の発展につれ、これが従的位地に陥ったのであった。明治初年奈良県は堺県に合併。とくに南大和の田原本・八木・今井町が堺の経済圏に属した。これは文化面においてもある程度までは同様といえる。しかも両者の社会経済文化の交流は、それぞれの市民社会の成立を促進せしめた。それはいったん封建領主の制約にはあったが、またその枠内で成長を遂げたものである。

（1）坂田吉雄『町人』（弘文堂）
（2）『中世の民衆と文化』2中世の文化
（3）拙稿「初期町人と同族組織」（有賀博士還暦記念論文集『家』所収）
（4）例えば文明十二年に一条家は作事をするのに堺集荷の材木を使用するが、堺に勢力の及んだ畠山氏が違乱するので、大乗院尋尊は畠山氏に申通じ、左右の返事を信貴山寺まで返事して欲しいというているし（『寺社雑事記』）、堺から奈良に入った松永久秀はまず信貴山城を築き、次いで奈良を居城としてからもこれを支城として扼している。なお亀瀬越えと信貴山越えが堺奈良の街道となっていた。

第五章　小都市の簇出

戦国時代には、小都市が簇出してきた。近世において町といわれるほどのものは、この時代にその発展の基礎を固めたといってよい。農村において、飛躍的に生産が発達し、商工業要素が芽生えてきたし、交通の発達から、その要地の町場化があった。畿内では強力大名の発生はない。したがって、なお城下町政策を執るほどの大小名はなく、むしろ、その発達してくる都市の寄生虫的存在といってよいくらいであった。都市から差出される貨幣を獲得することで満足していたのである。都市の近くに城地を設けたが、城下町の経営とまでは行っていない。

この時、むしろ積極的に城下町的な人工都市の建設に乗り出したのが本願寺である。その一族の坊主を地方の要地に据え、その周辺に信徒の商工人を集めて、その町場化をはかった。もとより、防備都市としてのかたちをとり、その周辺に土居や環濠をめぐらした。この本願寺御坊を中心として、成立した都市を寺内町といっている。この寺内町は、中世に建設されたもの、近世に建設されたものがあることを銘記せねばならない。これをいちように論ずることはできない。ここでは中世末の寺内町をあげる。もとより、この寺内町の成立は小都市輩出の一環として論ずるし、これを成立せしめるだけに遠近の農村ないし都市の発達があったからである。そのため、これを寺内町といっても、交通都市あるいは市場都市などの性格を併持していたものが多い。

なお、この寺内町の雄として大坂が登場する。大坂地方には、住吉社および天王寺の郷として、それぞれ住吉および天王寺が発達してきた。その発達は西宮などの比ではなかった。しかし、もちろん、点在であり、一体化はしていない。この近くの石山に本願寺が御坊を設けた。蓮如上人の晩年の明応五年（一四九六）のことである。その地は大坂城地といわれている。しかし、近ごろ、その東南にその地を求める説も見える（「難波宮址研究会発掘調査の報告」）。ともかく、大坂地方に、また都市が一つ加わったことである。やがて、天正十一年（一五八三）に羽柴秀吉の大坂築城となって、大大坂の出現が見られるというものである。この石山本願寺寺内町は、すでに多くの研究も見られるので、ここには省略し、その他でこれに代えよう。

第一節　吉野上市・下市両町の発生

大和の吉野郡において都邑が発達してきた。吉野・上市・下市の三町である。このうち吉野町はその中心市街を吉野山とし、周知の如く、社寺の門前町として発達してきた。一六世紀末において、すでに「ソレヲ過行ハ吉野トテ在所アリ、道ノ両方ニ町屋ノゴトク立テ、ぬし（塗師）などのやうなる職人モアリ、店屋ノゴトク吉野鉢ナド云ルウリ物ヲモ棚ニ出置ナリ、家数百モ二百モアリテ、アヒ〳〵ニハ寺ナドノヤウナル所モアリ」（『宇野主水記』）との如く、土産物店も並んだ門前町の状をなしている。これに対し、上市・下市は吉野川岸に位置し、水陸交通の要衝として、物資集散地となり、下流の五條市（宇智郡）と並んで、吉野山地経済の中心として発生してきたものである。吉野山地の地理的関係から、上市・下市および五條がその門戸を扼し、夫々の経済圏を形成するに至るのである。五條のばあい、その中心たる須恵に荘園市場が一五世紀初頭に見え（『観心寺文書』）、須恵・二見が発展し、一七世紀初頭には、新町が松倉氏の城下町として経営され、近世以降一体化しての発達を続けるのだが、ここでは上市・下市をとりあげる。

上市・下市は相対的名辞であるから、上市の称があれば下市はあり、下市があれば上市はある。両町の発生を見ると、文献では天文五年（一五三六）正月に「大和吉野の上市下市」と記した本願寺門主証如上人の日記が初見である。上市下市の地名が既に成立していたことを示す。すなわち両町発生のいちおうの年代を示すものであり、これ以前に両町は発生した。しかしさほど以前のことではない。川上村「高原区有文書」の文明十七年（一四八五）十月轆轤杣座置状に「シモイチエモチウリ《（持売）》スヘカラス」と明らかにこれより古く下市と見えるが、この文書は疑わしい点もあるのでその年代をここに採らない。

いずれにせよ、古く上市下市の地に市場が開かれ、それが町場となり一六世紀初頭前後に地名となったといえよう。しかも推測すれば、町場の成立は、下市の方が上市に先んじたと考えられる。

「吉野郡川上村高原宝蔵文書」から、下市が吉野山間の木地屋の木地物集貨地だったことが推定されるが、下市で塗物が特産物となったゆえんが示される。なお吉野山地の特産たる檜物・曾木・材木・紙などここに集貨されたものであろう。檜物など始めは原木を大和平野の田原本に送り、そこで製品され、坂手座衆が販売する仕組みであったが、しだいに吉野で製品化するに至った。これらの集散も始めは下市において行なわれ、次いで上市が加わったものと思われる。しかし天文頃にはその経済活動は径庭《けいてい》はなくなったものであろう。

上市は吉野河流の変遷に影響されて明らかでないが、市場から発達したとはいい切れぬものもある。古市場の地名もあり、ここに市神たるエビス神が祀られていたが、市商人はここに市を開き、平素の住居は北岸にあって、上市はその付近に発展したものであろう。島の一族が大字尾仁山に移住したという所伝もこれを裏書するものといえよう。なお吉野詣の順路は六田の渡から一坂を登るもので、上市の西方、今の橋屋あたりが一坂である。「上市ノ近所吉野ノ河岸ナリ、家あまたある所也、旅宿ナドヲモカル所トミヘタリ、ヨキ家アルナリ」と天正年間の見聞録に見え（『宇野主水記』）、近代交通発達以前の繁盛をしのばせている。

上市下市の発生および発達を助長したものは、本願寺両御坊の存在である。上市のばあい、御坊たる本善寺は、その対岸の吉野町飯貝に所在するが、近接地たる関係から、上市と呼ばれることも多かった程に上市と一体化している。下市には願行寺があり、それは寺内町的関係のものであった。飯貝本善寺は文明八年に蓮如の創立するところ、その末子実孝が住持した。下市願行寺は同じく蓮如が秋野道場に寺号を付し、女婿勝林坊勝恵を住持たらしめたに創まるという。ともに大坂本願寺の藩屏として、また吉野門徒衆の中心となっている。しかしここで一言せねばならぬのは、本善寺および勝林坊は、いわば真宗教団における貴族的存在であり、門徒の精神的中枢ではあるが、教団活動として吉野門徒を実際的に指揮するものは、下市町大字善城の滝上寺とか、宗檜村大字陰地の檜川円光寺、丹生村大字貝原の善徳寺の如きであったということである。本末関係では、堺の阿弥陀寺に属した吉野真宗寺院もある（『天文日記』）。願行寺には寺中寺院もあり、勝林坊はその住持坊である。「吉野郷中門徒中并飯貝与力中」とか「従本善寺礼五十疋、勝林坊礼卅疋願行寺礼卅疋為年首礼、以両使書状礼等来也」と本願寺証如の日記、いわゆる『天文日記』に見えるが如きである。

現在、吉野郡には真宗および曹洞宗寺院が多い。これを歴史的に見ると、中世末に始まった現象である。このことは大和国中においても同様であるが、新仏教たる庶民仏教が大和に進出したのは、興福寺を始めとする南都仏教の寺院がその俗勢力を失墜した中世末からのことであり、新仏教寺院の標識を掲げたのは、近世初頭のことである。これは南都の勢威が強く、新仏教を弾圧排撃したからであった。それが吉野郡の如く、奈良からは遠方にあり、しかも山地であったところは、南都勢力がおよばず、従って大和へ新仏教が進出する拠点となるに好都合であったからである。特に自立意識の強い真宗や曹洞宗が南都の監視を逃れて進出するとすれば、この山地が絶好のものだったのである。蓮如にしても、飯貝・下市にその寺院を創建し得たのもかかる理由によるものであり、蓮如が始め奈良の東南郊藤原に道場を建設したものの、短日月にして廃止せしめられた理由でもある（既述）。

もちろん、奈良市中へも新仏教は進出した。浄土宗は南都仏教と妥協したので、真宗および日蓮宗が問題となり、興福寺等の弾圧を蒙った。禅宗は奈良へは進出しないので問題とならない。この真宗への弾圧が昂じて、門徒の町人は遂に起ち、天文元年の天文一揆を惹起した。吉野郡においても、真宗の流布は興福寺等の好むところではなかった。ただ遠距離であり、山地であることと、当時既に自潰期にあった為に興福寺は拱視せざるを得なかったのである。所領支配の関係からいえば、吉野郡は興福寺一乗院領であり、吉野山金峯山寺も一乗院の末寺としてその支配に属していた。金峯山寺もこの真宗を敵視し、特に山下の飯貝本善寺には圧迫を加えたが、門徒衆はよくこれに耐えたのであった。しかし、天文五年の本願寺側記録によると、上市即ち本善寺と下市願行寺との「吉野両寺還住」のことが見える。当時、大和へ武力侵入し、大和守護たるの地位にあった木沢長政の支援を得て、同年に還住したというのである。これは宗内問題とは考えられず、恐らくは既述の奈良天文一揆に関連して、一揆が対抗した高市郡越智郷の越智氏の為に追放されていたものであろう。越智氏は南朝以来、この吉野地方にも勢力を伸していたものである（『天文日記』）。この後、本願寺は木沢長政に頼り、また越智氏とも和が成り、遂に国中に進出して、今井の御坊、百済の道場、高田の談義所等、次々にこれを設立したし、また吉野両寺も安泰となるし、門徒寺庵もその地方に数多く設立されたのである。それらは大坂石山本願寺と緊密に結びつき、末寺坊主の本山参仕も行なわれた（『天文日記』）。坊主の布教もよく郷村に浸透し、その教団組織化も進捗した。次の一文書はその郷村教団組織化の実情を示して余りがある。

一筆取向候、心かけとして在々より住（注）文のことくくれられ候、誠有かたく覚え候、是につきても法儀油断なく嗜、平生の時信決定のうへニハ、仏恩の深重なる程を思案候て、報謝の称名に問（間）断あるましき事肝要にて候、壱人成とも未安心のやから候者、片時も急ぎ弥陀をたのミ、信をとり、住生極楽の本意を遂らるへきこと専用候、やかて上洛申候間、御本寺様へ心かけのとをり具ニ可申上候、あなかしこ々々々

常楽寺
唯（花押）

（追筆）「天正五年」
二月十日

銀子壱匁一分同二百七十壱せん　善城
十二匁五分　四村
弐百十一セン　立石
五匁　小路
銀子壱匁二分同弐百卅四セン　梨堂
銭三百文　栃原
薪拾九荷同廿五セン　椎原

（追筆）「藤谷山」
惣中
まいる

この文書は、下市町善城の滝上寺の所蔵するものである。天正五年という追筆はやや疑問があるが、善城以下の各村から本願寺へ志の寄せられたことは知悉される。本願寺の郷村把握を示す点で貴重なものである。なお藤谷山という追記は、滝上寺の山号であるが、これは誤謬であるし、欺瞞である。

しかし、吉野真宗教団の順調な発展に対して、天正六年に大法難が生じた。織田信長の上市下市両寺の焼討である。信長の覇権確立に最後まで抵抗し、反信長同盟を常に組織したのは石山本願寺であり、その全国的門徒組織と大坂の河溝を以てする自然的要害を利していたので、さすがの信長もこれが攻略に十数年を要した。ぜんじ、本願寺の地方拠点を潰滅していくのであるが、大和では天正二年（一五七四）冬に今井を抜き、同六年十二月には、大和守護筒井順慶に命じて吉野に入り、本善寺および願行寺を攻略せしめたのである。すなわち石山本願寺攻めの一環であった。これは吉野両寺を攻略することによって、その領下ともいうべき吉野地方を手中に収め、筒井順慶の治政を全からしめんとする意図でもあった。この攻略戦は『多聞院日記』に次の如く記されている。

筒井順慶吉野郷手遣、上市・下市・廾、カ廾以下悉焼払、於下市一城構、人数入置、今日改陣了云々、

下市に監視の為に一城を構えたというが、その地は今の大淀町下渕の八幡神社のあたりといわれている。この両寺焼掠に関連し、真宗寺院の災禍に遭うたものもあろう。滝上寺も炎上という寺伝がある。ところで問題となるのは、教団が如何にこれに対処したかということである。坊主および門徒衆の動向等の詳細は分らない。『吉野郡史料』には、賀名生の堀小次郎持吉なるものが宗川・檜川・古田および賀名生の郷民を率いて鳥尾峠（白銀山北麓）で防戦敗死したと記述するが、もちろん引用史料の是非も論ぜられず、対本願寺戦の六年度のそれかも明らかでない。ここで推察されることは、大なる抵抗もなく順慶は両寺および反抗の二・三の末寺を焼掠し、容易に吉野地方を手中に収めたであろうということである。すなわち教団化した郷村においてもすでに時勢を自覚し、

ついに起たなかったものと思われる。

次に掲げる下市町「米田治兵衛氏所蔵文書」は、成長した下市郷民の動向を示すものであり、下市はその都市化によって郷民の成長が進み、山地の郷民とは差違があるとしても、現に一揆史料の残存あるいは口碑等の所伝のないところからも、郷民の蹶起はなかったものと思われる。米田氏の文書は次の如くである。

掟

一　今度就下市一乱、落城可在之迄、直(訂)間敷事、若於背此旨輩者作生害、一跡地下へ可為検断事

一　下市へも城へも不可出入、於背此旨仁躰者、不寄長衆脇衆末代可抜(払)地下事

一　牢人衆於所々喧嘩口論之仁躰者、不寄理非可退失事

右条々堅相定所也、并何之親類衆与力地之上、不寄各、可加成敗、其時節介錯之仁躰者可為同罪者也、仍如件、

天正六年戊寅十一月六日　下市地下

ヤ八（略押）　守知《ウキツ》（花押）　ヨ一郎（花押）　（以下、略ス）

これは下市の郷民代表四十三名が連判して誓約した村掟すなわち村法であり、オトナ衆すなわち村落自治体の決議になるから、郷民はこれに随順せしめられる。文中に城とあるのが筒井順慶、下市とあるのが願行寺である。全文にカタカナが付せられているのは、郷民全部に知悉せしめんが為である。平和を求めて、自治団結の力によって戦火の災を免れんとした民衆の面目を如実に示すものとして高く評価される文書である。

付言になるが、信長にせよ、豊臣秀吉にせよ、つづく徳川家康にせよ、寺院が教界活動に終始する限り、これを保護した。俗界に進出し、教界を逸脱して武力を用うるが如きは厳に戒しめた。したがって本願寺、その一類

たる吉野両寺がこれを約して教界に復活することが許容されたし、相応の保護も加えられた。爾来、吉野両寺を始め、真宗寺院は、宗教寺院として再出発したのである。

上市下市の発達は、本願寺および願行寺の創建に負うところが多い。本善寺は飯貝にあるから、上市はその寺内町とはいえぬし、下市と願行寺との関係においても、寺内町の経営は為されなかったと見られる。せいぜい寺内町的なものに過ぎなかった。しかし両町民は直接両寺に、あるいは所在の末寺を通じて多くは両寺に結びつき、それから大坂本願寺に属していた。吉野の庄屋が例年、志を大坂石山本願寺へ寄進していることが証如上人の日記に見えているが(『天文日記』)、同日記の用例から見ると、中世で吉野というのは下市を指すようであり、下市の庄屋も門徒となっている。天文永禄の頃には、両町に有力町人も出てくるが、上市では油屋弥四郎とか、五郎兵衛・藤右衛門などが門徒の町人で、そのほか、斎《とき》を寄せた町衆十七人とかいう程に門徒となったものが多い。油屋弥四郎は、蓮如の息で本願寺証祐の父である実孝の本善寺滞在中を自宅に招き、町衆四・五人をも相伴させて茶会を興行し、道具などを賞したりしたのであるから、かなりの富力を持つ商人と見られる。吉野両寺の発展も、これら町人の帰依によったものである。もちろん、町人の中でも、大坂の本寺に参礼するものもあった。中世末における上市下市の発達は、この両寺の発展に負うところが多い。

両町民の商業活動も、既述のような特産品生産の増大、あるいは山地人口の増大と、それに中世封鎖商業の近世自由商業化によって活潑となってくる。上市下市の曾木《そぎ》売が奈良に出入するのもその現われであるし(『多聞院日記』)、材木商たる木屋なども輩出したものであろう。既掲「米田文書」にみえる下市地下衆四十三人は、公民ともいうべき自営農民あるいは地主層の名主と考えられるが、その中には商人もあったろう(弥助つるべ鮨屋も)。

上市下市はまたそれぞれ、吉野山地の咽喉を扼して居り、商品流通の要点となり、経済の中心として都市的要素をいよいよ加えた。両町それぞれ経済圏を成立したし、有力商人が輩出した。また下市において、銀代用の手形（切手）が発行され、紙幣の役割を果したということが伝えられる。慶長元和の交にはかなり流通したものかと思われるが、遺憾ながらこれを示す具体的史料は見当らない。その公認は寛永十三年ともいわれている（『吉野郡史料』）。なおこの吉野郡は天領となった。

第二節　大和今井町の成立

大坂の石山本願寺から大和吉野の上市・下市両御坊に至るその通路にあたり、その中継点ともいうべき大和高市郡今井に寺内町が建設されるに至った。この寺内町である今井郷は、やがて織田信長の石山本願寺攻めがおこったとき、本寺の石山本願寺に呼応し、坊主今井兵部を首領に、一向一揆として信長に抗戦したことで知られている。そのため、後世、寺内町今井郷民の蹶起として、これを記録にとどめたものも多い。その一つ、『大和軍記』（『続群書類従』合戦部所収）には次のように掲げられている。

今井村ト申処ハ兵部ト申一向坊主ノ取立申新地ニテ候、此兵部器量ノ者ニテ、四町四方ニ堀ヲ掘リ廻シ、土手ヲ築キ、内ニ町割ヲ致シ、方々ヨリ人ヲ呼ビ集メ、家ヲ作ラセ、国中ヘノ商等イタサセ、又ハ牢人ヲ呼集メ置キ候、然ル処ニ、大坂一向ノ門跡ニ光佐ト申仁被居候テ、対信長公逆意ノ刻、右ノ兵部モ於今井近辺ヲ放火シ相働候ヲ、信長公ヨリ筒井順慶ト明智日向守《(光秀)》殿ヲ被仰付、御攻サセ候、両将仕寄ニテ半年計モ被攻候ヘトモ、終ニ落居不仕、剰ヘ明智殿手先ナトヘ度々夜討等仕リ強キ働共仕候、然トモ大坂扱ニ成申故、今井モ扱ニ成、矢倉等ヲヲロサセ、兵部ハ其儘信長公御赦免ニテ御立置候、弥先規ニ不相替、今井ノ支配仕リ、

宗門相続仕候ニト信長公御朱印ヲ給ハリ（下略）

この『大和軍記』は雑書である。しかし、寺内町今井の成立や郷民の反信長戦争を説いているあたり、今井町の景観からいっても、他の史料の存在からいってもいちおう採用することのできる説明である。今井町は環濠をめぐらし、町割もほどこされている。また信長に対する抗戦については、

当郷事令赦免訖、自今以後万事可為大坂同前、次乱妨狼藉等堅令停止之状如件、

天正参
十一月九日　朱印

今井郷惣中

との信長の赦免状をあげることで実証できよう。「大坂なみ（同前）」という文言に注目されたい。この文書は今井御坊称念寺に現存するし、攻撃軍の大将明智光秀の書状もある。

ここで、寺内町今井町の発生には、今井兵部という者の存在を見る必要がある。それに先立ち、今井のおこりを少しく見よう。この今井は、中世興福寺領荘園の一として発達してきたことがまず分る。この今井は、国衙領（公領）の摂関家領荘園化した平田庄内に一荘園として成熟したもので、平田庄と同じく興福寺の荘園ともなったものである。そして平田庄が摂関家の近衛家領となったことで、近衛家子弟の相続する興福寺一乗院門跡がこれを所管するに至った。一三・四世紀には今井庄の名が徴証できる（「近衛家領目録」・「至徳二年一乗院領反銭帳」）。この今井庄および変遷については、『今井町史』に拙稿を掲げたので参看されたい。

ところで、この今井庄において、一向宗門徒が見えてくる。その初見は、天文二年（一五三三）正月のことである。この当時、高市郡の南部の高取城主の越智氏が、その郡内の今井・四条辺（いま橿原市）で一向宗門徒が小屋

を建て始めたので、これを成敗したと興福寺に報告したことがある（内閣文庫所蔵「学侶引付写」）〔補註1〕。これは、前々章（第二章第二節）に述べた天文一揆と関連する。天文一揆のあと、興福寺は衆徒国民に命じて、一向宗の掃蕩をはかった。これはその一環であったといえよう。さきに天文一揆のさい、奈良門徒町人は、その鎮圧のために奈良に上って来た越智利久を破り、その逃ぐるを追って高取城に迫ったと「筒井諸記」に見えるが、これは事実でない。利久という名すら誤りで、越智氏一族は「家」を通字とし、この当時は家頼の代と思われるものである。ともかく、越智氏が興福寺の命を奉じたというよりか、その存在も危うくなる一向一揆を憎んでこれを弾圧したということができる。ここに今井庄における一向宗門徒の存在が見られる。これは興福寺および衆徒国民の一向宗弾圧であるが、実際は門徒の輩出を防遏できるものではなくなっていた。いつしか今井に本願寺御坊ができ、今井兵部卿という坊主が住持するに至った。本願寺の証如上人の時代、例えば天文十一年（一五四二）のことだが、その元旦の祝に上人のもとに一家衆が会した。この一家衆は、常楽寺・恵光寺・今井兵部卿・興聖寺である（『天文日記』）。ところで、ここに見える今井兵部卿豊寿がこの寺内町今井の坊主である。その自坊が今井にあったのであった（『今井町史』）。このことは、大坂吉野の両寺間を本願寺一門が往復するにあたって、この今井の御坊に宿泊することもしばしばあったので知ることができる。例えば天文二十二年正月、上市飯貝本善寺の本願寺連枝である実孝が示寂したとき、一族の実従はこれが葬式に参列するため、同正月十六日に大坂を出てその日は今井まで下向し、翌日、上市を経て本善寺に至った。なお実従は永禄三年（一五六〇）九月にも今井に泊まっている。そのときは吉野見物に出かけたのであるが、五日の朝六時に大坂を出、添下郡秋篠（西大寺近く）で昼休みをし、夜五時に今井に着き、今井兵部の厚待をうけて今井に一泊翌六日早朝に勤行をすませ、五時に今井を出て栢森で中食、夜八時に本善寺に入っているのである。これで大坂本願寺の今井兵部が大和を自坊としていたことが明らかであろう。すなわち、天文年間の末ごろ、今井兵部が南大和の一向宗門徒を今井に結集したか、あるいは、南大和の門徒が結集して、今井兵部卿を迎えたということになる。まず門徒が結集し、兵部卿を迎えたというべきであろう。この当時、石山本願寺の全盛時代であり、その石山寺内町のほか、堺にも進出して町人を握った。したがって、今井に御坊が開かれたばあい、小大坂的な寺内町今井を建設するに至ったことは当然であろう。

大和平野では、もともと用水路であり、集落が発達すると、その一部を排水路にも活用して、集落に濠をめぐらすようになった。とうぜん、防備にも役立ったので、しぜん環濠として整った。いわゆる環濠集落である。これは全国の平野地帯では共通のことであり、大和とか河内とかの特殊的なものというのは誤りである。屋敷をめぐる濠と同種であり、その豪族屋敷が集落となり村落となったばあいを考えればよい。もちろん、今井も環濠を整えた。大坂ないし堺とも似た景観である。これがやがて反信長戦争に役立つことになるのである。

この寺内町今井は、南大和の商業の中心となってきた。もともと南大和では、交通の要地である八木郷が市場都市として発達していた。この八木の市は、藤原京の持統天皇のときに開かれたもので、本邦の市場の始めだという俗説さえも見えるものである(「下村家由緒書」)。飛鳥地方に属したところだし、聖徳太子が開いたという海石《つば》榴《いち》市(三輪市のことともいわれる)なども近くであったから、この伝説を持つにふさわしい。もちろん、八木は一四世紀ごろから、あらためて市場都市化を進めてきた郷ということができよう。この八木はまた矢木とも書かれる。八木の荏胡麻《えごま》座は、奈良の符坂、山城大山崎離宮八幡宮神人、天王寺木村の油座商人と並んで、中世畿内の製油業で知られている(『寺社雑事記』)。かれこれ、応永十八年(一四一一)には、土蔵の存在が指摘できるし(「東院毎日雑々記」)、そのとき大和竜田の土蔵に二階家があったから、この八木の土蔵もほぼ同様な構えを有していたことと思われる。文明年間には、市屋形二百間が焼けたといわれているほどの繁昌であった(『寺社雑事記』)。

南大和の商業を完全に握っていたのである。ここへ今井が発生した。一六世紀後期に八木の西、数町を隔てたところに今井が町として発達してきたのである。

八木と今井との町としての機能は交替した。その具体的経過は分らない。ともかく、八木は興福寺領荘園として、その一乗院門跡が支配したし、荏胡麻座衆などは大乗院門跡が寄人として支配していたのである。農村の発達といい、交通の発達といい、そこで八木は大いに発達したことと思われるが、なお、興福寺支配権力の制約もあったのであろう。しかも、その近くの十市郷には十市氏があり、八木の南方の越智郷には越智氏があった。ところともに興福寺の僧兵たる国民としてこの地方の代官的存在である。これらの支配をうけていたのであろう。ところで十市氏は大乗院門跡、越智氏は一乗院門跡の坊人として、ともに国衆化を進めてきたたし（大和の四強）、角逐もおこった。八木の争奪も行なわれたことだろう。しかも、その主導権は確立されない。八木郷民が、この武士権力にいかに対応したかは分らないが、地方小都市のこととて、支配権力の排撃にまでは至らなかったろう。まして、農村からの純化もさほど進んでいなかったと思われるし、商業も進んだので郷民の構成は複雑化していたことであろう。このため、郷民の総力結集も進まなかったのではないかと思われる。もちろん、八木の都市化は進んだが、なお漸進というていどのことであったろう。ここへ突然に今井町が現われた。ここは新地だし、むしろ「郷民の町」化したろう。そこに商人も集められたし、集まった。本願寺の保護がある。十市氏や越智氏などの勢力も、ここへはすでにおよばなくなっていたのである。というのは、この地方でも、なお本願寺道場が建設されると興福寺から破却された例が多い。むしろ、国衆たちが嫌った傾向があるのに、そういう事情があるのに、少なくとも天文末年からできたといえる今井御坊が破却されていないのは不思議である。これには、高市郡内とはいえ、越智氏が八木や今井からは離れた越智郷に在ったことと、その勢力が弱って、この八木や今井へ手が出せなくなったし、十市氏はむしろ本願寺に迎合する立ち場をとったものと思われる点もあるので、武士権力の稀薄地となったものかと思われる。現地の武士たちが動かないので、興福寺も動けなかったという説明ができる。なお、もともと、この今井町に入った今井兵部卿が、平田庄の荘官岡氏の一族の今井氏の出身、在地の武士勢力であった観もあるのである。この今井氏というのも興福寺の国民で一乗院の坊人となっていた。南葛城郡の武士である。かれこれ、今井兵部卿（近江土豪の今井宗久の一族）の入町当時の事情である。〔補註2〕

永禄二年（一五五九）になると松永久秀が大和に入国する。国衆との乱闘もおこったが、ここで本願寺を背景とした今井郷などはそれら角逐に乗じて、有利に発展したし、興福寺からの弾圧も、まず免れるということになった。十市氏などは松永久秀に属した。永禄八年になると、この十市遠勝が筒井順慶に攻められて今井郷に亡命した。一族家臣を引き連れたものである。近世に今井町の惣年寄となる今西・上田などは、この家臣の定住したものである（『今井町史』）。この十市氏の亡命などということは、今井郷の安全を示すもので、いわば小「堺」のごときものとなっていたことであろう。すでに、八木に代ったといえよう。八木にはこの安全もなく、武士勢力の葛藤の場となったものである。

八木から今井へ商工人が移住したかいなかは分らない。その一部には、これがあったかもしれないが、だいたいは郷村、ないし他国衆であろう。門徒や牢人の流入もあったことと思われる。

今井は八木に代って南大和での商業の町となった。十市氏の縁者でもあり、十市郷にその所領をもっていた興福寺の多聞院英俊など、吉野天川参りの往復に今井に宿泊したりしているが、十市氏の今井流寓中はこれを訪ねたこともあるし、また音信や音信物を多くしている。とくに十市郷の社寺領からの年貢米や供米など今井に送らせ換金させたり、米切手にさせせた。例えば永禄九年八月のこと、奈良に五百三十八文が送られてきたが、これは

「今井ニテ富方五石預ルヲ被売タルノコリ也」などというのがある。富方というのは富堂衛門五郎という庄屋層のものであり、おそらく十市郡境にある山辺郡富堂村の地主と見てよかろう。今井町の商勢が示される。このような年貢米売りは多く見られるし、奈良に今井屋などというものがあり、そこで今井の米切手などが決済されたものであろう。今井市で茶一斤半を五十文で買ったりもしている。さきに今井に亡命した十市氏は、その後、一族郎党の荷物をとりよせて今井の町家に隠したりしている。奈良で多聞院英俊の預った秦平というものの荷物など本尊箱をはじめとして今井の桝屋彦三郎方に転預された。八条屋兼春などという名も見えるし、屋号を持つ町民が多くなる。そのほか「ねりや」もあり、これは絹屋であるし、板物反物を売る呉服屋さえあるという商業の殷賑さを示した。今井は当時、安全地帯であったことが知れるが、これは町人的存在が多くなったことを示すし、その町人らが実力でその安全を獲得したものであった。まさに堺の町人をしのばせる。流寓者や浪人が町に入ってくることも拒まなかったろう。もちろん郷内で乱暴すれば町人がこぞって追放したろう。平和に居住するなら、如何なるものも居住が許されたことと思われる。天正二年になって町人らを中心として郷民が蹶起した。とくに伊勢長島一揆の牢人たちの武力が主力となった。信長に対して蹶然と抗戦することができたゆえんである。しかしもとより平和は郷民の望むところであり、三年冬には信長と和した。土民なみになるという条件であるが、これは武力放棄ということである。それを誓ったわけである。今井宗久は沈黙、というより明智光秀、その配下の順慶に親しんだ堺の豪商津田宗及のあっせんであった。今井に平和は再来したし、たとえ一向宗でも信仰に終始する限りは信長はその信教は黙認した。秀吉となると同じ方針であるが、さらに保護をも加えた。今井郷民は称念寺を大きく構えるし、本願寺門主の息（鶴寿、今井宗久の縁者）をこれに迎えた。かくて今井は隆々として栄えた。天正十二年十一月のこと、例の多聞院英俊は、春日神供米八十石を筒井順慶の家臣松倉右近らから今井で受けとった。これは越智郷全域に対して課した神供反銭であり、大乗院門跡が春日若宮おん祭田楽頭として、おん祭を主宰したさいの祭礼費用であった。春日社の神供米は興福寺の学侶が管理し調進する例であったから、学侶の代表格の多聞院英俊が尽力しているわけで、大和を領した郡山城の筒井順慶と折衝した結果、今井で渡されることになり、順慶からその家臣たちに命令が下ったものである。今井で渡された神供米八十石のうち十石は、順慶の家臣豊沢修理亮が人夫二十人を出してくれたので奈良に運ばれたし、二十石は奈良南市の祐祖善四郎方への荷為替とされ、のこり五十石は今井に預け置かれたという。今井で渡されたのは、当時の今井が発達していたからであろう。近世今井町の発展の基礎はすでに成ったのである。本願寺と今井兵部卿、それと今井町人とで今井町はかたちづくられ、これに武家支配が加えられる。

〔補註1・2〕明応八年（一四九九）五月十五日付で実如上人は今井浄欽門徒（高市郡曲川村今井称念寺門徒講）に「法便法身尊形」を下付している。今井浄欽の道場が今井に開設されていたのがわかる。天文一揆後、近江国人の今井兵部卿（姓は河瀬か、兵部卿豊寿）が再興したといえそうである（橿原市教育委員会編『寺内町今井』平成九年）。ところで、織豊政権に参じて三宗匠の名をあげた今井大蔵卿法印宗久は大和今井の出身といわれる。今井・河瀬など近江の門徒衆である。しかし、宗久の縁者が豊臣秀吉の初政に豊寿の養嗣子となり鶴寿を名のった。宗久の没後、鶴寿は宗久の遺跡を預かり、武釈兼帯の活躍をしている。織田信長の今井郷攻略のさい、宗久ではなく津田宗及が調略したのは、宗久は傍観した観があるが、攻撃軍大将が明智光秀、その一味が宗及だったためである。宗久は天文末年から名をあげた。今井道場今井兵部に協力したに違いない。宗久の跡目は宗薫だが、宗久の摂津住吉郡内（堺北庄）代官職を鶴寿が握った。秀吉の吉野山花見には今井に茶屋を設けた。宗久茶屋と称され、いま堺市大仙公園内の「黄梅庵」茶屋として残る。今井宗久の菩提寺大徳寺黄梅院にちなむ。

第四篇

封建都市化

第一章　封建都市化

第一節　織豊両氏の都市支配

織田信長が入京に成功したさい、足利義昭から分国授与の恩賞を辞退し、近江の大津・草津および和泉の堺に代官を置くことを請うたと伝えられるが、都市を確保することが政権樹立のために要須であったことを示すものである（『続応仁後記』）。

この代官設置請願と前後して、摂津和泉に矢銭を賦課したり、本願寺・堺・奈良・法隆寺等に銭貨を要求しているが、これも都市に対する軍事費の課税である。奈良では制札銭、法隆寺では防築銭と号して賦課したものだが、家（屋）銭と呼ばれた例も見える。堺でも家銭といった。とすれば、矢銭というのも家銭であろうという豊田武氏の説に従うべきだし、摂津和泉の矢銭は家銭であって、とくに摂津などには都市が多くなっていたから狙われたものということができる。本願寺の富裕なことはいうまでもないが、これには石山寺内町があるし、天王寺・住吉などにも勢力を及ぼしていたからであろう。奈良では町中のみならす、院家僧坊にも賦課されたから、あえて東大寺・興福寺に働きかける必要はなかった。これに反し、法隆寺が対象となっているが、これは奈良・堺の中継都市として栄えた竜田を門前町としていた。しかも法隆寺ではこの家銭の上納には、堺で米穀を売却しているほどで、堺の商圏に属していたことも知られる。

ともかく家銭の賦課は、軍事費の徴収ではあったが、信長の都市支配の意欲を示すものであるし、これによって都市領主や都市の忠誠度をはかることができた。信長におけると同様、大小名が都市を握ることはその勢力増大に役立つから、信長は敵大小名を都市から断ち切ろうとしたものでもあった。このことは、奈良に拠った松永久秀の処遇などでも明らかにされる。久秀に大和を与えてこれを平定せしめたが、奈良では社寺の領主的地位をいぜん認めたから、久秀には奈良代官の地位が与えられたに過ぎない。信長は公家勢力の一環をなす社寺との摩擦はさけたが、奈良町へは直接支配をおよぼそうとした。また信長の部将を援軍ということで差しそえ、いわば督戦隊的のものとした。とくに堺・奈良・京都の三大都市を握ることで畿内覇権を獲得した久秀にとって、堺・京都を失ない、最後の頼みとする奈良の絶対的支配を行なうことができぬとすれば、その前途は暗いものだった。信長は社寺の支配権はむしろ温存し、町民には直接威圧を加えるのである。いちめん久秀と奈良中との連なりを断つものといってよい。

信長の都市支配は威圧に始まっている。これは農村に対しても同様だが、都市への強権発動は、その財源を失なうことになるし、さらに社会的影響も考慮してこれを避けたのである。堺の家銭拒否というような反抗があっても、これの攻略を始めは避けた。すでに今井宗久らの都市貴族ともいうべき有力者が款を通じたのだから、この宗久を利用しても堺の軟化は時の問題と感じたことでもあろう。もちろん堺が三好三人衆をたすけ、その蜂起に助力するに至っては、遂に攻略を決意した。しかしそれでも急に兵を動かさなかったことには注目する要がある。とくに堺の政情の複雑さを観取していたことといわねばならない。

前篇にも述べたが、港町という性格に発し、またその繁栄の為に近国武士一族の進出の激しかった堺の都市自治は発達し、町民の「惣」が支配権力を排撃していたことも事実である。しかしその支配権力は絶無というのではなく、京都の幕府領という既定事実を承認していたものであるし、管領細川氏の代官的支配には服した。しかし細川氏の勢力衰退により、自衛を講じたものであるし、武力支配の排除さえも見えた。堺に対して畿内大小名など、その一族を送って、商業利潤獲得に努めていた。もちろん武力進出ではない。ここで堺に対して、一大名が武力支配を行なうことはできなかった。これも武力排除と同結果となる。その大小名一族は、かなり豪商化もした。もちろん、その他にも豪商化するものはあった。ここに都市貴族の発生があったが、この都市貴族は同族団の組織を持って家業を推進した。あるいは武力をも有したが、それは自衛のためであり、市政を牛耳るという方向はとらなかった。むしろ中央・地方への商圏の拡大を期していたのである。その富力武力による市政壟断などは、自らの存在を危くすることを知っていたためである。そこにいわゆる堺の平和環境が生まれたものである。「惣」はたしかに有力町人の組織体だが、都市貴族がこれを支配するに至ったとは簡単にはいえない。しかも都市貴族が大をなしたのは、その軍需産業にたずさわったことからであって、この点では武家と迎合するものであった。むしろ「惣」とは遊離する存在となった。生活では市民として「惣」に属するが、いちめんこれを超克した存在であった。近代的市民生活の状にあったと思われる。「惣」はこの矛盾を内包しながらも、周辺の武家支配権力の弱体に幸いされて、発展をつづけたものである。あるいは「惣」の性格がここに示されるかもしれない。なお港湾交通都市・門前町および城下町とそれぞれその性格があるが、これが港町堺の特質であった。しかし、信長のような新勢力の出現にはその矛盾をばくろした。今井宗久らはいち早くこれを迎えたが、同列の都市貴族のうちにも、まして惣町は本願寺や三好三人衆らの旧勢力を過信し、信長に従わなかった。この惣町の中心人物は能登屋・ベニ屋といわれるが、能登屋は野遠屋であって、古くから見える。この惣中の分析はなおできていない。今井宗久の信長通好には、宗久が近江の出身であり、なお、その一族が郷里に在った関係からも信長の実力を正しく観破したともいえるし、堺においては新興勢力だったのかも知れない。また憶測すれば、松永久秀が堺代官であった関係もあるし、久秀が三好三人衆と対立し、窮地に陥っていたので信長に帰順したのと関連し、宗久も信長に参じたのかも知れぬ。ともかく堺の反抗として称されているが、その内応も萌していたのであり、そこに堺の宿命があった。信長はこの宗久の線から堺の切崩しにかかったわけだし、他で戦果をあげて威力を示せば、堺の従属は必至と見たに相違ない。

（袖書略す）

一両日已前致帰津候、仍当津之儀、御気色以外御座候而迷惑仕候、雖然南庄之儀、有様之趣依申上、無御別条被聞召分、庄代并面々被御覧相済致帰津候、誠都鄙外聞実儀難有忝存候、早々其表へ参可申入処、南庄并爰元者共召連参度之由申候、又々路次之儀も不合期故、旁致延引候、一両日中ニ参可御意候、先以山田申上候、恐惶謹言

十月廿七日　　　昨夢斎
　　　　　　　　宗久（花押）
明十兵様（明智光秀）
　参人々御中

（「今井家文書」）

この宗久書状は、豊田兄に随伴して横浜市今井家文書採訪にさいして新たに見出したものである。花押はあるが宗久の控である。しかし自筆である。この書状は永禄十一年、あるいは元亀元年のいずれに取るか確信はない

が、後者をとるべきであろう。堺五ヶ庄（闕郡）の代官職が宗久に与えられた永禄十二年以後であろうし、堺が屈服して浪人などを召し置かざる旨を誓った後のことである。堺がそれでも反信長の気配を示していることがこの書状でも分るが、それには反信長の本願寺やこれに連なる三好三人衆と気脈を通じていたためである。しかし、すでに信長の勢威は堺に及んでいたことも示される。本願寺に好を通じていた天王寺屋宗及も信長に参ずるに至ったし、ここに至って松井友閑が堺政所として下向するのである。

信長は宗久を起用して、三好氏が支配していた闕郡を支配させたのだし、その塩座なども与えたほか、但馬生野銀山の経営に当らせようとしたことは注目される（「今井家文書」）。とくに闕郡の代官に起用したことは、その財力はもちろんだが、都市が近郊農村を従属せしめていた関係からともいえよう。なお都市の発達は市域の発展のかたちにもなるが、むしろ都市は農村の集落が町化したものであったから、農業的要素を多分に含んでいた。南庄と北庄とでは差もある。しかも、都市は町の複合体であるが、都市連合も見られた。天王寺と住吉などの関係である。これらと堺など、あと一歩発展すれば、一体化へ進む可能性もあった。その中間にあたる闕郡五ヶ庄などは、農村とはいえ、堺の一部を形成する観があり、従属農村というより以上のものがあった。ここに宗久が代官となることも恰好のものであった。もとより堺の都市貴族などは武士的性格を具えていたが、前代とくらべて多分に町人化している。

堺で宗久を政所にあてず、信長がその家臣松井友閑を派したことは、これも宗久らの目付役としたまでであり、文治的官僚としての起用であった。武断派はこれを避けたものと思われる。

都市にはいちおう帰服することを要求し、いたずらに弾圧は加えないという方針を信長はとった。威圧を試みたわけである。その政権下にあって忠誠を示せば、旧来の商工業的活動はむしろ助長したし、都市貴族の利用をもはかったものである。在郷町の城下町化をはかったりするなどし、さかんに発生してくる在郷町に対して、その芽生えを摘みとるようなことはしなかった。いわば都市の勃興を助長した観がある。

信長政権がなお戦時政権であったことにもよるが、都市から旧勢力の一掃をはかっていない。いわば旧勢力との妥協利用という方針であり、わずかにその支配権力の浸透をはかったというに過ぎない。都市の封建化の進展などは遅々たるものであった。過渡的戦時政権に終わったためである。有名な大和における指出徴収も、その指出徴収の効果を得たのみで終わり、その対策も発し得ずに終わったことも同軌である。社寺領の奈良の接収もしていない[1]。

信長は永禄十二年に摂津尼崎を焼掠したし、元亀四年には京都上京を焼いた。この上京焼掠後、直ちに地子の免許をなし、家屋新築中は人足を免除するとして市民の還住を勧めている(「京都古町覚書」)。下京は地子の免許はしないが、新儀諸役の停止を令した(「下京文書」)。これらからいって、上京の地子免除もしばらくして停止されたと思われる。天正八年正月、羽柴秀吉も播磨三木の焼掠後、「当町江於打越者ハ諸役あるへからさる事」「先年之通地子取ましき事」と令して町民の還住をはかった(「三木町有古文書」)。信長の例にならったものであるし、その命をうけたものといってよい。地子諸役免許が信長の都市政策として示されるが、戦国大名においてすでに見られたところであるし、中世都市においても、天災などのばあい、一定の年限をもって地子免許があったと、家屋新築にあたっては諸役免除の例が多い。無年号ではあるが、元亀三年(一五七二)と推定できる「大乗院文書」に、

制札　当門跡御領内鵲郷御再興付掟旨事

一寺門諸公事儀従壬申年十ケ年間被免許畢、

但二季之高山《こうぜん》之八講并雨乞義可致其沙汰事
（内閣文庫所蔵）

とあるのはその一例である。農村における開墾のばあいにならったものである。地子諸役免許は、こののちながく領主の都市政策として承継されたが、もちろん領主が与える恩典であって、随時的のものである。政権の交代によって無効となるし、随時に停止もあった。

信長の後継者であった秀吉の都市政策も信長と始めはほとんど変りはない。しかし、ほぼ天正十五年から同十八年にかけて、若干の変化があった。その戦時政権の安定政権化が進んだことに関連するといえよう。例えば秀吉は信長時代以上に重用した堺衆の今井宗久《そうきゅう》や津田宗及《そうぎゅう》らを疎んじ出した。宗久の闕郡五ヶ庄代官職は変りはなかったが、その側近者としての地位には変化があるし、その息の宗薫に家督させたらしい。これは津田宗及にしても同様であって、『宗及自筆茶会記』が天正十六年を以て終わっているのも、それ以後の茶会記が紛失したとも考えられないから、その身上の変化と見るべきである。このころ、秀吉は堺衆の小西立佐を政所に起用している。信長以来の政所松井友閑は天正十四年六月に私曲によって罷免されている。堺を直領化、そこで官僚の石田三成の兼担と堺衆の二人政所制を採用した。立佐はなお秀吉の財政奉行に出世するものである。ところでこの小西氏は、むしろ宗久・宗及など以上に古い堺の都市貴族であった。この立佐の子が小西行長といわれるが、立佐が宗久・宗及をさしおいて重用されるに至ったことは注目される（豊田武『堺』）。秀吉は今井宗久・津田宗及を用いたが、両人は早く信長に用いられていたので、秀吉にはそれらの履歴が一種の圧迫感となったろうし、天正十三年の根来一揆の堺侵入などに対する処置にあきたらぬところがあったのだろう。まして両人が老境に達し、茶技が世に称される反面、商人としての果断さなどが失われたのではあるまいか。これに対して小西立佐は同年配ではあるが、早く備前の宇喜多氏に結んで中国地方に進出し、秀吉の中国征伐には秀吉の軍に参じ、いわばその譜代の臣となった。そして財政官僚として用いられていたものである。その財政通たることで堺の政所に起用されたものと見たい。すでに堺は武断的制圧をこうむって封建都市化を進めたし、大坂の繁栄も期せられるに至ったので、町人財政家としての立佐を起用し、文治的に堺の新把握を期したものであろう。

京都に対しては、明智光秀が洛中の地子免許をしている。信長が上京の地子免許を行なったが、下京へはおよばなかったし、上京も復興とともに免許は停止されたろう。この地子免許というのはどこへも地子を出さないということだから、旧領主からは没収するか補償をせねばならない。明智光秀の地子免許によってこれを失なった四座雑色に対しては、秀吉は西院村八七石を替りとして与えている（「京都古町覚書」）。雑色は犬神人らの転化で祇園および京の町中の地子（一部のものであろう）を得分としていたらしい。この雑色は賤民頭として下級警察的存在となるのだが、ここに支配権力の末端に編入されたものということができる。この替地の宛行についての年代は分らないが、洛中の地子免許と関連するものと思われる。秀吉の洛中の地子免許は「京都古町覚書」には天正十九年九月があげられる。この前々年の十二月には、所司代前田玄以の地子収納の不正が惣町から暴かれているから（『多聞院日記』）、光秀の地子免許は秀吉に継承されなかったのであろう。この十九年の地子免許については、『多聞院日記』の十二月廿八日の条に、秀吉が末代に名をのこす事業として「屋地子人夫以下諸公事商売座悉以免除了」と見えている。これは京都に対してであるが、大坂や大和郡山も地子免許はされている。大和郡山は秀吉の弟秀長の城下町であり、十九年正月に秀長が死去し、その養子秀保がその跡を嗣いだが、それは少年であって、ほぼ秀吉の直轄地というべきものであった。その八月廿三日に町中の地子免許がなされた（『大和古文書聚英』所収「春岳院文書」）。大坂もこのころであろう。この地子免許は、いちめんその支配確立を意味する。この十九年に京都・大坂などに地子免許が行なわれたことには、まさしく叙上の秀吉政権の転機ということが考えられよう。

秀吉が関白を秀次に譲ったのもこの年である。ここにその記念の恩典と感じた輩もあった（『多聞院日記』）。

このとき奈良に対しては地子免許はない（『多聞院日記』）。わずかに徳政令を発布したが、これには故秀長の奈良町中に貸付けた金銀も棄破されるという善政であった。八月廿五日付の秀吉の朱印状が「多賀文書」に見える。この徳政はなお奈良の金商人に苦しめられた町民を救うために執られたものである。金商人らは金札を発行していたし、金銀の吹替えを行なって利得を貪っていたようであり、この徳政発布後にその九（六カ）人が逮捕されておる。この金商人の逮捕に勢いを得た町人は、奈良代官中坊の井上源五の非曲を秀吉に直訴した。また堺衆から奈良金商人を訴えたので、翌二十年には京都・大坂・堺にも出張っていた奈良金商人もすべて逮捕されるし、奈良に秀吉から奉行が派遣され、井上源五も金商人もすべて京都に護送されるという大事件となった（後説）。

奈良代官井上源五は秀長の入国とともに任命された者であった。中世において奈良市中の検断権を興福寺の衆徒が握っており、その衆徒の沙汰衆として中坊・竹坊・水坊があったが、このうち中坊が衆徒の棟梁筒井氏と結んで勢威を張った（奈良代官）。松永久秀の奈良在城当時はやや衰えたが、筒井順慶がこれに代ったので再び勢力を持った。天正十二年、順慶の死後、その嗣子の定次は中坊氏を改任しようとしたが、翌年には秀長が入国してしまい、改めて秀長がその家臣の井上源五を椿井町の中坊屋敷に入れて奈良代官としたものである。衆徒の検断権行使に出発した職だが、衆徒の武士化とともに市中の支配権が加わったし、久秀・順慶時代にはいっそう進み、秀長の入国にさいする社寺領の逓減があったので、その直轄地が増えるし、代官の行政権も拡充した。興福寺が奈良町に賦課していた地口・棟別・袈裟銭・高山八（祈雨）講銭までも豊臣氏が徴発してしまったというから、奈良町は一部の境内郷を除いてその領有に帰してしまったらしい（『多聞院日記』）。したがって奈良町の直轄地化が進んだわけであり、徳川幕府では筒井氏旧臣の中坊秀政が奈良代官に復帰し奈良奉行となるのである。

井上源五は奈良代官としてかなり苛政を実施したらしい。これは郡山城下町振興策を執る秀長の旨を体したものといえる。しかし豊臣氏としては、いったん威圧に服すれば、その後は優遇もするという恩威並び行なうというものであった。奈良に対する弾圧も、社寺の手から商工業を奪うためだったし、むしろ社寺の衰退から自立してしまった商工業者を把握しようとしたものと考えられる。この井上源五は豊臣権力を背景としてかなり私曲を行なったし、とくに秀長の死後は甚だしかったと思われる。さきにあげたように金商人と結託した観があるし、町民から十三ヶ条の私曲を上訴されるに至ったのである。この十三ヶ条の上訴文はかつて紹介した(後説)。

井上源五を上訴した奈良町民は「奈良惣中」の名を用いている。この奈良惣中は、「金商之者にては無御座候、平之町人又者蔵方之者にて御座候」といい、町人又は蔵方の者で構成されていたことが知れる。蔵方の者は蔵元であり、秀長の蔵元として蔵米の売却などに当るものであった。蔵元の成立していたことなどその支配権力の浸透を見ることができる。なお金商人たちは一両年は禁獄されたが、断首などのことはなく許されたし、井上源五も釈明ができてその職を免ぜられることもなかった。この金商人たちから金融をうけていた大小名もあったらしく、徹底した断罪もなかったようである。当代の貨幣経済発展の波にのって、金融業者が増大し、しかも通貨発行などして経済攪乱行為におよんだので、その増長を戒めたと見てよい。支配組織からの逸脱を糾弾されたものである。ここで町民たちの願望もいちおう達したわけだが、その究極の目的であった「奈良町之事、京大坂なみに諸事被仰被下」れんことは聞届けられず、地子免許も得られなかった。しかも奈良町には櫃本制がしかれた。これは十二町一ヶ月頭役と定め、この十二町を親町とし、惣町組織の強化をはかったものである(「庁中漫録」)。郡山に天正十九年にしかれたが、これにならって奈良にも施行したものである(「春岳院文書」)。市政の自治的運営をはかったとはいえるが、これも支配組織の強化のためにこれを与えたものに過ぎない。惣町に対する支配の強化であった。このの ち文禄四年に大和検地があるが、奈良町もこれを実施された。ここで改めて社寺支配町と直轄町とを定め、直轄町では寺社公人の屋地子を免許（号所《ごうしょ》）したほかは、社寺の領有権は全く否定した。すでに再三にわたる弾圧と支配権力の浸透があったから、抵抗は全くなかった。しかし、この検地に至るまで、奈良の旧領主たる社寺の若干の権利が残存していたということは、織豊両氏が旧勢力との摩擦をさけてこれと妥協していたとも考えられるが、むしろ土地所有の近世化が進んでいたため、その権利の没収などあえて強行する必要はなかったのであろう。もちろん文禄検地でも奈良町の地子免許はない(2)。

奈良町は、奈良領のうち興福寺東大寺両寺領および一乗院大乗院両門跡領の諸郷があったが、諸郷の町化とともに惣町が成立した(3)。住民の自立にともなったもので、これは地主権の獲得にあった。中世において、大乗院尋尊の筆に成る「大乗院門跡目録」には、大乗院が門跡領郷の在家を所有していたことが示される。その諸郷領有は在家支配のかたちであった。門跡領郷以外では地主権を持つものであった。同様に寺僧社人も地主権は持つし、住民もこれを持った。ここへ武士が入ってくるが、それらは地主権を持ったものもあるが、主として領主権の一部の代行をなすかたちで、侵害をなしたものである。この領主権力に対応して、地主権を持つ住民たちの「惣中」が成立した。領主の社寺はその領郷の在家から公事（諸役）を徴したが、住民の地主権確立にともない、屋地子をも徴した。この屋地子は年貢化するし、武士の入部によってこれが武士の手に移った。このばあい、社寺はその領郷における在家の所有を主張して免課をはかったので、その地主権は確保できたし、武士の承認を得れば、領主権の発動である公事の催徴もできた。

天正八年に織田信長が大和一国の「指出」を徴した（居検地）とき、例えば興福寺では一八、二〇九石余の指出を呈したが、その領主権の対象である公事をもこれを計上している。(4) すなわち国中寺門段銭段米・国中棟別並地口・奈良中棟別同地口・両市座銭・高山八講・唯識講・同御願米・佐保田庄段銭を掲げた。なお領内知行分一一ヶ所として、田地のほか畠屋敷一五四ヶ所および山一ヶ所としているのは、国中散在の荘園と奈良町の居屋敷の地主権を有したものをさす。田地は荘園に多かったろうし、居屋敷は奈良中に多かったろう。このほか、春日社領および門跡を除いた諸院諸坊領の分を興福寺領として提出している。大乗院門跡では、九五〇石の指出のうち、奈良領において惣田数四町余と居屋敷五町五歩（あわせて一〇六石余）とをあげたほか、居屋敷として畠および屋敷を八二ヶ所あげている（「大乗院家知行帳」）。前者は奈良在郷分だし、後者は町中であり、東大寺領内にも及んでいる。これらは興福寺領の領内知行分というのに対応するもので、地主権を所有したものであろう。ところで実体をいえば、興福寺のいう国中段銭段米・棟別地口銭などは毎年徴納することは不可能だし、奈良中棟別地口銭としても同様である。ここに興福寺の衰退があったといえる。これに対し、奈良の地下中は「三千石八百石也」と指出をしている。この三千石に対して八百石の注記は疑問だが、町方八百石と解すべきであろうか。(5) 奈良町の自立を見ることができる。この指出に対する信長の処置はない。このことは、大乗院がなお小五月銭を徴していたことでも知れよう（「成簣堂文庫文書」）。

天正十三年九月、豊臣秀長の入国によって大和は再び指出を徴せられた。興福寺では二五、六九三石余、大乗院では一、七四七石余の指出を提出した。このうち興福寺の指出は秀長の納るるところとならず、一万石が直ちに剝減されたし、翌十四年に指出の再徴となった。この指出には、秀吉の社寺政策が寛宥となったのを見た寺僧らの奸謀と見るほかはない。なお寺領などの問題は、秀吉との交渉が主で、秀長はその介在者というに過ぎない。この指出には弾圧が加えられ、一万石の剝減のほか、同十五年には寺領は八千石とされてしまった。これには信長のときの指出が一万八千石であり、秀長入国のさいは二万五千石とした。ところで秀長は一万石を剝減した一万五千石が至当と考えたようである。すでに天正十三・四両年は、二万五千石を徴納したと見なすと、七千石ずつを余分にとったわけになる。だから天正十三年分は免除するとして、天正十四年分の七千石を一万五千石から引いた八千石を天正十五年分とするし、これを将来の寺領とするというものであった。しかし八千石では興福寺の存立は不可能であることは秀長は知っていた。寺僧が非を悟れば増額を考えていたし、修理などは別途にこれを施工してやるというぐあいであった。その優賞の時期を考えていたわけである。たまたま同十七年に秀長が病んださいの祈禱の賞として、翌十八年から七千石を返付し、都合一万五千石としたのである。秀長が当面者だが、すべて秀吉の意中に発したもので、すでに秀吉は信長時代の指出から興福寺領一万五千石と勘考していたものと思われるし、いったん弾圧のうえ、機会をとらえてこれを優免するという方針をとったものである。大乗院領に対する処置は不詳である。一乗院領の経過もわからない。なお東大寺にも剝減があったようだが詳しくは分らない。ところで文禄四年の検地において興福寺領一五、〇三三石余、一乗院領一、四九九石余、大乗院領九五〇石余が宛行なわれるが、それは天正十九年に成立したものである[6]。

奈良中に対しても、秀長は指出を徴した。一例として垂井郷の指出をあげる。

奈良垂井郷家敷地子指出之事

合四貫七百廿六文者、

家《屋敷》壱所　四百廿三文(王カ)　地主談儀(義)田納所興禅院《興福寺》　与四郎

同壱所　百五十文《此内廿三文》《明星院》　地主談儀田納所明王院《興福寺》　(マヽ)

一所屋敷　四百廿三文《此内廿三文》《ミヤウワウヰン(納)》　談義田四所興禅院　与四郎

一所屋敷　百五十文　談義田四所明王院　小《少六》六

一所屋敷　六百六十七文　春日社御神楽方　又五郎

一所屋敷　五百八十七文　同春日社御神楽方　新九郎

一所屋敷　三百卅二文　さつま屋　新九郎 新二郎

一所畠　弐百六十七文　三郎次郎《ヘニヤ(紅屋)》

一所屋敷　百四十文　西金堂下地　弥三郎

一所屋敷　参百文　談義田四所惣珠院　四　郎

一所屋敷　弐百五十文　今御門文円方　助四郎

一所屋敷　参百文　木津屋　弥二郎

一所屋敷　七十五文　西金堂下地　源二郎

此内二枚ハ畠也

一所屋敷　但五十文　今辻子堂屋敷　源五郎

一所屋敷　六百十五文采女御宮屋敷（猿沢池采女社）与九郎　二郎三郎　セウエンへ

合四貫七百廿六文　以上

天正十三乙酉九月廿三日

これは写本に収められたもので、書式にも若干の疑点がある。[7]「さつまや新九郎新二郎」と「三郎次郎《ヘニヤ》」の書式に相違があるか否かというような点である。この新九郎・新二郎は薩摩屋兄弟であることは他に傍証がある。しかし、家（屋敷）と屋敷とが別個に登録されているのは誤写ではないらしい。ともかく、いかに社寺が地主権を持っていたかが分るし、地作一円は薩摩屋・紅屋・木津屋などの有力町人だけということが知れる。この三人は、茶会などにもしばしば出席している（『松屋会記』）。ところでこの垂井郷でも、同年末に再度の指出を徴せられている。

本地子 四百廿三文
是ハわり 百六十九文　合五百九十二文者、　与四郎

本地子 百五十文
わり 六十文　合二百十文者、　小六

本地子 六百六十七文
ワリ 弐百六十六文　合九百卅三文者、　又五郎

本地子 五百八十七文
ワリ 弐百卅四文　合八百廿一文者、　新九郎

本地子 三百卅文
ワリ 百卅三文　合四百六十二文者、　新二郎

本地子 百四十文
わり 五十六文　合百九十六文者、　弥三郎

本地子 三百七十文
わり 百四十八文　合五百十八文者、　四郎

本地子 二百五十文
わり 百文　合三百十文者、　助四郎

本地子三百文
わり百廿文
合四百廿文者、　源五郎

本地子二百五十文
わり百文
合三百五十文者、是ハ畠也、　二郎三郎

本地子九十文
わり卅六文
合百廿六文者、　二郎

本地子五百廿文
わり二百八文
合七百廿八文者、　与九郎

本地子弐百六十七文
わり百八文
合三百七十五文者、　三郎二郎

本地子三百文
わり百廿文
合四百廿文者、　弥二郎

本地子合四貫六百四十四文者、
わり合壱貫八百五十七文者、
惣合六貫五百壱文者、
天正十三年乙酉十二月五日
此表一粒もちかい無御座候、　小六〇（略押）

助四郎〇

ここに地主の登録はない。屋敷の作人（居住者）に九月のそれと僅かの相違があるが大体は同じい。これらの登録に何筆かを一つにしたことが考えられるし、その正確を期したことや、指出の結果の修正などでこれだけの差が出てきたものだろう。地子に対して付加税的な屋敷口割を計上させたことは注目される。しかしここで地主の登録がなかったことが考慮さるべき問題である。これについて私はこのばあい地主権は排除されたと見る。すなわち興福寺領に対する処罰的剝減に関連するものと考えたい。しかもそれは作人に与えられるかたちになったものと思われる。口割については、そのために付加されたと解したいが、これはなお不明としておく。この地主権没収は、『多聞院日記』（天正十九年十二月廿八日条）に秀長が「地口棟別ケサノ代高山ノ八講迄取之」と見えるように、興福寺の領主権の発動である公事を没収しているが、その上に奈良中における屋敷地主権は没収したと考える。但し奈良中と奈良領とは別個であろう。いうなれば、奈良町におけるもので、天正八年の指出に八百石とある社登録した屋敷のばあいであろう。したがって、奈良町は地下惣中支配のものだが、その及ばぬ奈良領における社寺の地主権は如何であろうか。これは明証を欠くが、こののち寺社支配町の成立があるから、なお存続と見たい。そこで町人の奈良町における地主権であるが、これも没収と見たい。ともかく、この地主権没収については、社寺に対する処罰的意義もあるが、奈良町惣中の支配地にも及んだとすれば、豊臣政権は一人一作主義をその基本方針としたものであろう。しかし、地主権の全面的排除は、地主に他の補償を考えぬ限り、実行ではきなかったのではあるまいか。このことは、各地においても、地主権の存否あるいは強弱があり、支配権力にその認否の相違があったのではないかと考えさせられる。太閤検地においても、在地の動向によって、地主も作職所有者として登録されたものがあろう。ともかく、奈良町においては、興福寺処罰と関連はするが、ここで封建支配の徹底がはかられたわけである。ところで、この指出に署名した助四郎と小六とは月行事である。この町では年寄の存在はなかったらしい。かりに年寄があるとすれば、薩摩屋・紅屋・木津屋などの有力町人がなったであろうが、その事例は見えない。このことは、「惣」の性格を示しているようで、富商が必らずしも惣を支配するとは限らぬといえよう。しかし、やがては富商などは封建権力を背景として「惣」を支配することになる。なお奈良町に対する地子夫役の免除はない。次の文書でも知れよう。

且請取申夫銭之事　たる井郷上
　合九斗九升者、於角振堂納之 [印判]
右御米なこや御陣夫壱人別同前御中出分也、
　文三年十二月十七日　月行事孫四郎上

且請取中　夫銭之事
　合之斗弐升者(印判)　於角振堂納之、
右御米者、名護や御陣夫之内、ならへ御免之内、壱人別日別御中へ出分、請取申所如件、
　文禄四乙未正月廿八日ニ上
　　たる井町月行事源右衛門上

その夫銭のうち、奈良惣中に免許されたものもあることが知れる。なお次の文書は、奈良代官中坊井上源五に出した夫役である。

文禄二(巳カ)ノ正月七日より同十七日迄出入八日、丹波かいばら(柏原)へ中坊之内平三郎殿御とも申候人足、此日別
　合四百四十文、但一日ニ五十五文出候、

巳十二月廿一日　月行事《たる(井脱)》新二郎
なら惣中　新(右脱)衛門殿
又五郎　渡

この新右衛門は東城戸の絹屋新右衛門であり、のち惣年寄となる絹屋寿閑だし、又五郎は不明である。天正十九年に十二町の櫃本制がしかれた後のことであり、奈良惣中の封建的発展が知られる。

文禄検地は、もちろん奈良町中に実施された。文禄四年十月八日のことで、豊臣氏五奉行の一で郡山城主である増田長盛が検地奉行であり、福西源次が下代であった。「奈良之内樽井郷検地之帳」も見える指出と比較のため略表を掲げて見よう（石盛の不統一および計算違いが見える）。

	石斗升合	畝歩	
三太夫	1 5 0 3	2 27	居屋敷
又右衛門	4 1 2	12.5	〃
同人	9 4 0	1	畠
弥次郎	6 4 9	24	居屋敷
新九郎	2 2 1 4	2 19	〃
新二郎	1 2 4 9	1 29	〃
藤左衛門	2 6 5	22	〃
新七郎	2 6 5	23	〃
又四郎	4 0 0	18	〃
与五郎	4 0 0	19	〃
甚三郎	4 0 0	20	〃
助三郎	4 2 5	26	〃
与次	2 3 1	8.5	〃
与二郎	1 9 0	15	居屋敷
又七	2 2 0	8	〃（こうや分）
かゝ	1 6 8	7	〃
源衛門	2 2 7	18	畠
二郎三郎	8 8 9	1 16.5	居屋敷
源五郎	6 6 0	1 5.5	〃
弥三郎	2 8 8	1	〃
弥二郎	8 4 0	1 2.5	〃
助四郎	8 2 6	1 2	〃
又四郎	1 3 1 6	2	〃
	1 5 6 5 0	14 23	計

この検地の前月である九月に、樽井町の月行事は、「本地子一三石二斗七升三合、内二斗四升会所」として検地役人の福西源次に注進している。恐らく地子帳も提出されたろう。この文禄検地で二石の出目があったわけである。ところでこの町では、もと郷と称していたのがそのころでは町というようになった。しかし、文禄検地帳には郷とも町とも記さない。文禄検地帳の類例は少ないが、慶長三年[8]に

文禄検地帳を書写した餅飯殿町では、「屋地子之帳」とし、餅飯殿郷と見える（天理図書館保井文庫）。なお文禄当時には、郷という称も用いられていたことが知れる。したがって奈良町においては、たとえ田畑があったとしても、文禄検地ではこれを町として取扱ったものと思われる。やがて慶長七・八年になると、町の名がもっぱら使われた屋地子帳が見える。慶長七・八年に屋地子帳が見えるのは奈良町が徳川氏直轄領となったため、改めて屋地子帳を徴したものである。同七年に惣年寄制がしかれる。

ところで、奈良町というのは、社寺領の郷が自治的共同体化を進めたところに成立したものだが、しぜんそこに境域ができた。奈良町何郷という名を用いたのである。これを文禄検地ではそのまま認めたが、畠屋敷のみの郷では銀地子、田地を含む郷では銀地子と米地子とが並用されたものであろう。いまだそれぞれに町あるいは村の称を明確には与えなかったと思われる。検地帳には町村の名を用いず、「奈良町」としただけであろう。したがって郷という称を用いた町すらあったのであろう。もちろん、奈良惣町に入らない郷は村とした。これは秀長治下に種々の変遷があろうが、詳細は不明である。天正十九年の櫃本制施行のときは整ったものと思われる。いわば奈良惣町はここに再出発したものであろう。徳川政権となり、郡山城に大久保長安を大和代官（国奉行）として入れて直轄領の収拾をはかったとき、奈良町は特別視してここに惣年寄制をしいていた。このとき、すべて町名を用いるが、田地を含む町は地方《じがた》町としたものであろう（慶長七年）。なお文禄検地で社寺領となった郷は村とされたし、地方町は村の処遇であり、村と称したがその中で小さな町名は許されていた。慶長十八年には奈良町奉行が置かれ、この地方町も同じく支配した。しかも各町では田地を消滅してしまい、畠屋敷のみのものができたし、町内の各家において商工業に従うものは、奈良町方と同じく奈良町役を負担した。銀地子の家にも米地子の家にもこれがある。寛永十一年に奈良町の地子免許があるが、地方町では町役を負担するものだけに及んだ。

奈良町の地子免許は四五〇石八斗六升一合といわれる。[9] ところで地方町ではこれを不満として上訴し、翌十二年に地子四五〇石六斗三升六合八夕を免許された。このとき、田地の多い町は村としたし、田地のないところは町に編入した。田地を切り離した町において、その田地に町名を加えて地方と名をつけた。高天市町と高天市地方町とがこののち見られるといったぐあいであり、地方町は年貢のかかる町である。[10]

文禄検地により、社寺にも改めて所領を与えた。春日社・興福寺や両門跡では天正十九年の一万五千石を以て、近郊の村々が宛てられた。もちろん境内地は除地とされたし、境内町的な村も与えられた。この境内町的な村は、地方町であり、奈良町の中での村であるし、その村は多くの町から成っていた。社寺支配の町であった。なお社寺の家来職人の類は奈良町においても諸役を免許された。秀吉の御朱印免許状は見当らず、慶長七年の家康御朱印状が始めである（「春日大社文書」）。文禄の朱印を徳川政権は踏襲する例だが、これは家康に始まったものだろう。このことは有力な町寺の地子免許が同年に始まったことと考えあわされる。

社寺勢力と絡みあった奈良町に対する封建支配の完成は徳川幕府においてであるが、いちおう文禄検地で成立したものといってよい。それも織豊政権の強力支配が及んで、天正十九年には成立していたものである。奈良惣中もこれに対応して封建都市化を進めたし、封建的「惣」組織がこれを劃期として発展するのである。社寺荘園領主都市の変貌がここでなされる。しかしこののち、徳川政権の出現で完成を見ることになるのは、豊臣政権下においては、多分に町民の権力順応が見られるし、その収拾というかたちで支配組織化が行なわれたためであろう。強力政権による権力浸透のかたちである。興福寺が豊臣氏に対する指出の非違で難詰されているとき、その一寺僧は「自滅之基」とか「各不法ノ指出仕段中々不及是非、自業自得果ノ処、武家ハ只仏也」とさえいうておる（『多聞院日記』）。この支配権力に対する被支配者の意識が注目されよう。

織豊時代に城下町のほか在郷町の発生も多かった。生産交通の発達によるものであるし、代官給人等が要地に配置されたためである。豊臣氏にあっては、本願寺の再興も許されたので、その御坊による寺内町の復活すらあった。しかもその寺内町は、復興というよりか、新生したというべきもので、現在われわれが寺内町の遺構として指摘するものは、豊臣時代から江戸時代にかけて発達したものということができる。それは本願寺御坊の境内町としてできたものである。このことは奈良の社寺支配町と等しい。しかし、寺内町として公認することは、かつて武家支配権力に反抗した歴史もあることゆえ、時代逆行の観がある。秀吉としてもこれを許したであろうか。

寺内町の発達についても、それぞれ個々の例を見ねばならないが、いま大和今井[11]および和泉貝塚[12]の例を見よう。今井では今井宗久の一族が迎えられて今井兵部卿の名跡を継ぎ、貝塚では従来の卜半斎了閑が御坊の発展をはかった。ともに秀吉からこれを認められたものである。今井・貝塚とも在郷町としての発達もいちじるしかったし、貝塚は商港としても知られた。今井は信長に降服したので戦火は及ばなかったが、貝塚は天正五年に焼掠されており、その復興である。もとより両郷には御坊所持の家屋敷が多くあるし、家来被官の類も多い。田畑も多く所有した。したがって坊主は武士化の要素があった。しかし秀吉は、坊主が忠誠を誓ったのだし、その宗教界に跼蹐することを期待してこれを認めたものと思われる。貝塚には天正十一年から十三年まで本願寺が移住しているが、その当時、秀吉は貝塚に諸役免許を行なったものと見られる。このばあい、貝塚は本願寺の境内町となったわけである。その本願寺の大坂天満移住後、卜半斎が御坊をまもったが、この年、豊臣秀長が大和に兼ねて和泉も領したので、入国の指出を徴し、貝塚御坊の領地もかなり多く勘落したようである。貝塚の諸役免許も停められたらしい。しかし、卜半斎は私領は多く持つし、いわゆる庄屋的存在としてこれを免許地とすることに成功したものであろう。いわば代官となったものである。豊臣氏においても、その坊主としての特性もあるので、これを利用したものということができる。豊臣氏では旧土豪的勢力を一掃するまでに至らなかったことはここでも知れる。もとより貝塚は町場をなすので町年寄の称を用いている。しかも、御坊を中心とした「惣」町活動を行なうことができたので、寺内町と称していたものであろう。しかし卜半斎には、貝塚の豊臣政権の代官としての立ち場と本願寺坊主としての立ち場とがあった。その卜半斎の代官的存在において、貝塚の寺内町としての復興があったわけであり、このかたちは文禄検地においても変りはない。もともと寺内町は門徒の町であり、坊主も同行であった。ここに変質が見られる。このことは今井において郷民が信長に反抗したとき、今井兵部卿は今井におらず、郷民門徒の反抗であったことと考えあわされる。ところで豊臣政権が衰退するし、戦雲が動いたことから卜半斎は武士的領主として聳立をはかるし、寺内衆は御坊中心の惣町自治を考えており、卜半斎個人の領主化は認めない。やがて慶長十五年にその衝突がおこるのである。時の徳川幕府でも卜半斎支配としての地子免許を貝塚に与えるが、これは社寺境内町としての存在を認めたものである。しかし惣町がかかる卜半斎の代官的支配の排除に進み、それが成功した時には、寺内町としての特性を失なうものであった。豊臣政権下に寺内町復活の徴があったのは、土豪的坊主の存在を豊臣氏が利用したものである。この点では、寺内町の復興があったといえるが、中世末の寺内町とは相似はあるが、同種のものではない。中世のように寺内衆の力でなく、坊主個人としての活動によるものであった。

今井郷でも今井兵部卿が多くの田畑屋敷を持ち、家来被官を有して、庄屋的存在となった。ここでは地子免許はない。しかし今井兵部卿所有の家屋敷は、御坊称念寺々地とともに免許地となったと思われる。ところで文禄検地において今井郷は、惣高二七二石余に対して居屋敷は一二二石余に過ぎないので、今井村と称せられた。町年寄制をしいており、今井町という私称はあるが、公称は今井村とされた。ここでも寺内町の形成はあるが、貝塚のばあいと同様、武家支配下のそれである。しかし今井兵部卿は、たまたま堺の今井氏の一族ということから、文禄年間には本家の名跡を継ぎ、秀吉の直臣として武士となり、武釈兼帯の姿となった。この今井町でも代官的存在となったと思われる。しばらくして帰住するが、徳川幕府では今井村を直轄領とし、代官を派遣したので雌伏した。しかし、今井兵部卿はその旧歴もあったので、幕府閣老にも接近し、また紀州家館入も許された。このような関係で今井寺内町支配は許されていたものであろう。元和五年に今井村が郡山領となったさい、今井兵部卿はその代官に復した。しかし寺内町としての一面を有した今井村も郷中並に取り扱われることとなった。と同時に、惣町組織も確立し、寺内衆のうちから惣年寄が任命されるし、今井兵部卿の支配権の排除を進めた。寺内衆と兵部卿との対立が生ずるのは、兵部卿が坊主でありながら封建的代官化への反撥だったろう。これをまた本願寺に訴えたので、兵部卿に対する本願寺の圧迫があった。しかし寺内衆が惣年寄を押し立てて団結をはかったとき、この惣年寄も封建支配権力の末端に位したものであるから、封建権力の浸透となり、寺内町の性格も消えた。

豊臣政権では、発達する都市に対しても、これを抑圧するようなことはなかった。むしろ都市の発展は助長した。しかし、その支配権力に随順するものに限られた。しかもその把握を急速にするため、その在地勢力も利用したし、旧来の特権はこれを認めた。恩威ならび行なうというものであった。これには、在地勢力である都市貴族や旧土豪の政治経済力をまずたのみにした観がある。奈良のように郡山城下町繁栄策のためにその商工業の弾圧が加えられたし、大坂築城によって堺も若干の弾圧をこうむったことと思われるが、いずれも一部の業種か一時的のものであるし、むしろその支配の徹底をはかるための威圧と解してよい。都市に対する秀吉政権の依存度は高いのであり、その支配に服する限り優遇も講じている。信長政権においてはなお対抗勢力が存在したので、都市の内部分裂もあるし、敵対行動も生ずるという危惧があり、その支配権力の浸透のためには、強圧も行なわねばならなかったが、秀吉政権ではそのおそれがない。在地勢力も惣町民もこれに帰伏してしまっている、という相異があった。もちろんその帰伏も、秀吉権力の上昇と安定とにもとづくものであった。

秀吉政権の全国統一政権化の確立したとき、安定政権として都市政策にも若干の変化が見られた。都市貴族を代官として（のちに武士となる）これを委ねたり、都市の惣町活動の発達をはかったようである。もちろん惣町の忠誠に対する反対給付であったし、支配組織の枠内においてであった。京都所司代前田玄以が地子収納にあたって量目の不正を惣中より訴えられたり、奈良代官井上源五が私曲を惣中より上訴されたことなどは、惣町の発達として注目される。これらの上訴は貫徹するが、その団結に対する支配の強化があったと見なければならない。しかし、秀吉政権もなお戦時政権からの完全な脱皮ははかれず、旧勢力の一掃というところまでは進んでいないし、暫定という観がある。検地の施行にさいしても、都市と農村とを土地的に分離するまでには至らない。町方と地方との分離は後世においてである。都市構造では、なお商農の分離はない。自然発達のままにこれを握ったのである。これについては、前掲の今井宗久書状にも、堺南庄の庄代その他の農村的要素の残存が示されているが、これはなお続いた。

堺之庄屋如前被申付候、聊疎略存間敷候、五百石分之内弐拾五石者、但出米也、是を免不引定物成也、自然於無沙汰者、可為曲事也、

十月十八日　　(木下)勝俊（花押）

堺錦町

二郎兵衛

（錦町山口進氏所蔵）

これは徳川時代、大坂役前後のものであろうし、農村優先策への転換期にあった時代のものとなるが、なお町方地方の未分化を示すものである。

織豊政権は、全国統一政権出現による平和到来を要望する風潮に迎えられて発展したものであり、精神的文化的権威に化したとはいえ、皇室を奉戴したことがその成功をもたらしたということができる。もちろんその武力の優勢は、それへの信頼感を増さしめたものであり、都市についていえば、都市貴族といい惣中といい、これへ進んで従属するものであった。信長の入京後しばらくは、反抗勢力があったために反抗あるいは中立的態度をとったものもあるが、信長政権の成長につれてそれも消えたし、秀吉政権に至っては、その全国平定を庶幾するばかりとなった。畿内における生産の発達もいちじるしく、商品経済の発達は都市を発展せしめた。畿内の経済力は織豊政権の戦争遂行に十分な資力となったし、「都」の文化力も戦力として作用した。もちろん戦争遂行に忙殺されたとはいえるが、進んでその支配に服してくる都市などの新処置を考える必要はなかった。これが支配組織の確立をはかるだけで十分であるし、これに対する抵抗もない。都市領主などは弾圧された観はあるが、これもすでにその支配権力は及ばなくなっていたのだから、さほど反抗するものではなかった。これらの点は、旧秩序の温存だし、旧勢力との妥協と考えられやすいが、その旧秩序も進化するし、旧勢力も支配組織に入るのだから、これを排除する要もなく、これを利用したものである。住民の惣的団結にしても、自衛のためのものであり、都市ではむしろ強力な政権の出現を望んでいたし、進んだところではその団結も弱まっていた。農村の未分離や都市貴族などの輩出が団結を弱めたものといえよう。強力な権力を示せば、この従属は必至であった。権力に迎合せざるを得ないことが都市の宿命あった。織豊政権がいちようにこれを弾圧したとはいい切れない。ともかく、両政権では都市の発達を促し、これが利用をはかることを急務とした。秀吉政権が安定政権化するにおよんで、兵商の分離をはかったり、惣の健実な発展さえもはかっている。やがて農商の分離へと進むが、豊臣政権ではなおその徹底はない。

織豊政権下の都市を見るとき、その封建支配に多分に都市側より迎合した観がある。かくいえば、織豊政権を過小評価するおそれがあるが、その権力の強大なるがゆえに都市把握ができたのである。その権力構造には文化力をも多分に包含したし、公家の伝統的権威を背景としていた。もとよりこれらは利用である。戦国時代に新興の地方大小名や町人たちが「都」の文化を仰ぎ、その普及のあった時期にその政権の出現があったという時運にも恵まれた。それゆえに桃山文化の興隆は必至であったし、ここにも都市を把握できる要素があった。もちろんこの文化にも、伝統文化の踏襲という観があるが、そこに新文化の創造ともいえる面が加わる。全国統一政権下の文化発達であった。同じく、都市においても、この統一政権下に把握されることであり、それは封建都市化への進展を速めたという程度の評価が与えられるものである。

第二節　百姓なみ

管領斯波家の家臣である尾張の守護代織田氏の一族として尾張の一角にあった織田家に信長があらわれた。父の信秀の代に勢いがあがり、皇居築造や神宮造替に献金したりして京都との連絡も生じていたが、信長に至って美濃を収め、次いで足利幕府の復興と天下鎮静の勅命とを得たので、これを上洛理由となし、ついに入京して覇者たるの道をひらいた。これを秀吉がうけついで制覇を成就した。土に芽ばえた武士階級の統一政権、それは源頼朝以来の武士階級の政権が中世全期間を要して純化をとげ、統一政権として真に誕生を見たものである。その正気はあふれて、専制的支配権力をかたちづくった。その強力な政権の発する政治は、経済を発達させ文化を興し、「奇妙々々不思議々々々」の花々しい事業が次ぎつぎと展開された。「日本国金銀山野に湧出し、虚空からは南蛮天竺の綾羅錦繡が降ってくるし、本朝豊饒に始まり、路道に一人の乞食もない。まことに御名誉前代未聞であり、有難い御代である」とは『信長公記』・『太閤軍記』の著者である太田牛一の説くところ、「若き比ハ一両二両道具のはつし金をみてもまれ事のやうに思ひ、五枚三枚持たる人を八世にもなき長者有徳者などといひしが、今はいかやうなる民百姓にいたる迄も、金を五両十両もち、さてぶけんしゃといはるゝ町人連は五百両六百両もてり」とは、やや正確性を欠くが『慶長見聞集』に三浦浄心の説くところであって、豊かな活気にみちた世が出現した。聚楽第行幸を拝した秀吉がその喜びに金賦《くばり》をし、また黄金の茶屋を設けたのも、大坂城・伏見城をはじめ全国各地にお城がそびえ立つのもすべて現世の出来事であった。

しかし、この黄金時代は武家の政治権力に、財力も伝統も宗教も文化も民力も、そのすべてが奉仕させられて、専制的武家支配権力が出現したところに到来したものであった。つまり、あらゆる力は専制者の権力確立の要素として把握されたし、また把握されねばならなかった。西南諸侯のもとに流布したキリシタンはもちろんこれを握って特別の保護を加えたし、文化芸能の名人名物は自己の膝下に蝟集させた。もちろん武士を支配階級とするもので、これを被支配階級と峻別するのである。そして被支配階級では、農工商の職業別差別が身分制として確立する傾向も強められた。もとより地域的封建制にのる戦国大名の諸政策を踏襲したもので、刀狩とか検地とかで強行された兵農分離は、農民が武士となることをできなくするものであったが、それとともに武士をしてその伝統のふるさとからは遊離せしめるものであった。専制政権下の武士はいわばその官僚とされたのである。武士として立とうとすれば城下に居住させられたし、故地にいようとすれば農民に列せられたのである。武士は武士、農は農、商は商、工は工とその本分を守り、その仕事に精を出すことを命ぜられた。同じく社寺はその本来の面目にたちかえるまでは弾圧し、非をさとれば宗教活動に必要なだけの保護は加えようというのであった。その封建覇者を頂角とする社会組織の中に、おのおのが封建的秩序に従って安住することを要求したのであり、逸脱する者はただちにこれを膺懲した。そこに封建社会の成立があった。そこではあらゆる場合において、封建支配者の必要とするものだけが用いられて他は捨てられるという原理が見られる。農工商の身分序列にしても、もちろん職業賤視感もあるが、その必要度を示している。かつて鎌倉時代において道元禅師は「田・商・士・工」といっており（『正法眼蔵』）、ここにほのかに階級づけが見られるが、商はもちろんいやしきわざであって、室町時代でようやく「士・農・工・商」の職業別身分観をきざしている（『中生子』）。近世の慶長年間に至れば「士・農・工・商」と明らかに示すようになってきた（『慶長見聞集』）。しかしこの身分が明瞭に峻別されたのは封建社会の確立によってであり、このころに固まりつつあったのである。もとより封建制は土地支配の確立を目ざすものであり、被支配階級はすべて土民である。もちろんそれは土地経済によるものではあるが、すでに足利政権がその片足を土倉・酒屋などに載せるまでに貨幣経済は進出してきたし、戦国大名政権も貨幣経済の成長を促してこれをその有力な支柱とした。織豊政権も同様であり、貨幣経済の飛躍的発達もあって、その政権も豪商の協力において確立したものといっていい。「金子の利足クレナイノ緒ニツナキテ、一貫ツツ五人クヰカケニもたる、金銀ヲ負タル馬十二疋云々、本願寺並京堺ノ徳人以下多勢御伴ニ召シ具サル」（『多聞院日記』）というように軍費の黄金をはこび、さらに豪商たちが随伴した。これは天正十五年（一五八七）の九州の役のさいのことであり、その行先の筑前博多では、島井宗室・神屋宗湛などの豪商がこれを迎えるのである（『宗湛日記』）。なお、今井宗久や津田宗及などの堺の豪商が起用されていることは著名だし、小西家では立佐が起用されると、その子の行長は大名となるという例すら見える。それは近代国家の出現を感ぜさせるほどのものであった。それゆえ土地経済と貨幣経済とのかね合いが諸政策の背景をなしたし、商人も重要視された。しかし土地経済を基本にしたことには変わりはなく、次の徳川政権では、土地経済であることを明確にして封建社会を完成し強化しつづけた。土地経済強化のための土地政策も次ぎつぎとうち出された。ここではっきりと士農工商の身分制が成立してしまうのである。それがあたかも地域差をともない、都市と農村とか、地方によってはその現われる時期が異なっているという感じも与えられる。これとともに農村内部に成長してきていた本百姓・水呑百姓その他の階層別が政治的にも明確化したし、対立感もいっそうそこに生じてきた。この階層別の農民構成は、農村の共同体で中世をとおしてかたちづくられてきたもので、近世の領主支配は土地を基礎として村落単位に及ぶものであったから、いぜんこれが生き抜いた。もちろん検地などは封建小農民の成長を促す誘因となるものであるし、近世初頭の兵農分離や牢人帰農者の続出などで農村共同体は動揺もあったが、封建社会確立期の寛永〜延宝のころには、固定してしまったのである。これにももちろん地域差があるし、その後の変動はある。都市のばあいでもおおむね同様である。いま旧家とか素封家という家が、この時代に中興したというものが多いし、墓碑などが明らかに残るのもこの時期からであることにも、これが示される。墓碑をりっぱにする風潮が生じたということだけではあるまい。

さて「百姓なみ」ということばは、近世初頭に見られる用語であり、「百姓並」あるいは「百姓次」と記されている。天正三年（一五七五）大坂石山本願寺の与党であった大和今井郷が信長に降参したさい、信長は郷民を「国次の土民に准ずる」ことでこれを赦免した（「称念寺文書」）。国なみの土民というのは、百姓なみのことであるが、まだ中世的用語である土民ということばであらわされている。ここでは単に被支配者階級となることを意味したかもしれない。今井郷は今井兵部が浪人・商人を集め、堀をめぐらして要害とした寺内町であって、商業的要素も強かった。その商農の別はあえて問うところでなかったかと思われる。次いで同十三年（一五八五）伊賀の国替をおこない、筒井定次を入国させたとき、秀吉は伊賀国の侍衆に牢人すべきを命じ、「然らざれば百姓にと申付け」ている。これはもちろん兵農分離のためにしたものである（『多聞院日記』）。ところで慶長六年（一六〇一）に伊賀国主筒井定次がその民政策を代官に指令したさい「杣無足人は余の百姓なミニ役儀申し付くべく候」といっている（「大方家文書」）。杣人も百姓同様に夫役などを申しつけよというのである。[13]ともかく農民階級を主体とした社会組織の進行がはかられているのである。このことは都市から農地を分離したり、都市は農村ではあるがとくに都市として認めるのであるといった主体性の置きかたがちがってくることにも示される。[14]近世において町名をもちながら、農村として支配されたものが多く見える理由である。[15]寛永末年に京都や奈良が地子免許を受けて、記録の上では町中大喜びのさまがわかるが、これもこの時代のことではあながち恩典とばかりはいいきれぬものがある。

ともかく封建支配では、その封建権力者の必要と必要事情とによって被支配者階級を重用した。あくまで農民および農村を主体としたことには変化はないが、商人および都市はいつまでも重視はされなかった。支配権力確立のためにその財力を必要とした場合にはこれを重用し、その被支配者階級に対する非違も多少は黙認さえもしていたのであるが、安定権力となるとこれの抑圧に転じた。封建社会秩序の攪乱と見た場合はもちろんであるが、それ以上に支配者の都合しだいといえるものがある。貨幣経済の進展があるかぎり、商人の地位はあがったが、身分規制がその桎梏《しっこく》として与えられたし、それで上昇が妨げられることにもなった。無限の上昇を信じた町人たちには、その限界をさとれぬものもあった。文禄元年（一五九二）秀吉は金売買商人の弾圧を令し、奈良ではとくにその逮捕も多かったが、[16]これらの町人たちは興福寺金堂前で鞠を遊び、春日社大鳥居内に馬で乗り入れたり、寺中で毎日馬乗りや遊宴にふけっていたということであった（「中臣祐文記」）。慶長十年（一六〇五）には家康によって奈良町惣年寄五名全員が伏見城の牢舎へつながれた。これは薪能見物桟敷のことで興福寺六方衆と争ったことで逮捕されたのであるが（「中臣祐範記」）、ここに町人が武家と同じように桟敷をかまえて見物しようとした下剋上を罰せられたものとみていい。薪能もようやく町人を観衆に加える時期となってきたのであるが、なお古い慣例から惣年寄の桟敷は許されなかったのに、町人が実力をもってこれを強行したところに紛擾が生じたのである。家康は町人の驕奢を戒めたわけである。

（1）本節の史料は『大日本史料』第十編、参考論説は豊田武『封建都市』・『堺』、原田伴彦『日本封建都市の研究』による。
（2）本節については拙稿「豊臣秀吉の都市政策一斑」（『史学雑誌』五九巻四号）参看。なお、本篇第二章第二節に改め掲げた。
（3）拙稿「都市自治の限界」（『社会経済史学』一七巻三号）参看。
（4）指出の全文は、『春日大社文書』に所掲。拙著『奈良文化の伝流』に所収。なお、『多聞院日記』に散見する。
（5）『多聞院日記』。三千石はかなり多い。したがって奈良領も含まれたもので、八百石を町と見る。寛永十一年の奈良町の地子免許が四五〇石、奈良地方町が同じく四五〇石だから、あわせて九〇〇石となるところからもうなずけよう。
（6）前掲『奈良文化の伝流』
（7）「庁中漫録」所収。これは奈良奉行所の与力玉井氏が享保ごろに奉行所公文書を写したものである。この町方文書によって本節は主として語られる。
（8）「慶長参年戊戌正月吉日」とあって年紀の誤りはない。三年に書写された理由はわからないが、奈良代官井上源五が徴したのかも知れない。

（9）地方町の高とほぼ同じことは疑問となろう。この額は、諸書に示されるが、その史料の善本は管見しない。少額に過ぎはしないかと思われる。地方町の方は赦免帳が「庁中漫録」に見え、内訳明細ともにその記載は正しい。
（10）地方町については、拙稿「町方と地方」（『国史学』五七号）参看。本篇第三章再掲。
（11）『今井町史』。この部分は拙稿を収めた。
（12）福尾猛市郎「封建再編成期における集落自治の一様相とその変貌について――主として和泉貝塚寺内をめぐる考察」（『史学研究』五八）。
（13）拙稿「伊賀筒井氏の民政」（『史学雑誌』六一巻一一号）
（14）本篇第三章参看。
（15）例えば、大和今井町は、近世初期の免状などでは今井村とあり、近世中期となって今井町となる（『今井町史』）。
（16）本篇第二章第二節参看。

第二章　封建政権と町人

第一節　織田信長の但馬経略と今井宗久

永禄十一年（一五六八）九月、足利義昭を奉じて織田信長は上洛した。これから信長の全国政権樹立が進展するのだが、上洛当初、信長の前途は容易なものではなかった。

畿内などでは、大小名が戦国の乱闘に疲れてしまっていた。その間において郷村や都市が発達し、戦闘は忌避するし、平和の到来を願望するに至っていた。そのため、むしろ強力政権の出現を望む風潮さえ生じていた。郷村や都市は、住民の精力を結集して、支配権力から自立を獲得するに至ったが、必ずしも支配権力を全面的に否定するのでなかったのである。古代的な公家政権もほのかに要望されていた。

信長の上洛は、この全国政権要望の機運に応じたものであった。しかし、この機運に直ちに乗ることはできなかった。突然の上洛であったため、畿内では信長を、例えば戦国大名の大内氏が中国から上洛して京洛に一時的勢力を振ったのと同様に考えたものがすくなくない。しかも地方大名としてこれに対する蔑視があった。したがって信長がその政権を樹立するためには、強力な武威を発揮することと公家の権威をかりることとであった。武力のみでは、その政権の確立は容易ではなかった。元亀二年（一五七一）、信長は叡山の焼討ちを決行するが、信長政権の樹立という点からいえば、これが大きな劃期になった。次いで天正元年（一五七三）、将軍義昭を逐って足利幕府を廃することもできたのである。その上洛からここに至るまで、信長にはいわゆる低姿勢の時代であった。

信長は、その政権樹立のためには、都市を握る必要を痛感していた。これを武力によって強攻することは容易であったが、武力によると、兵火を生じ、かけがえのない珠玉を失う危険があるのでこれを避けた。都市の中でも、信長のとくに欲したのは和泉堺であった。堺町人の富力はもちろんであるが、ここから新兵器である鉄砲および火薬が得られるからであった。ところで堺は信長に反抗した。信長がその上洛当初、堺に忠誠を要求したさい、堺がこれに応じなかったのはあえて不問に付した。しかし、その翌春、永禄十二年正月、敵党である三好三人衆の蜂起を堺が援助したので、遂に強攻を決意した。ここで堺の町人が防戦態勢をととのえ、平野郷も誘い、信長軍と一戦を交えようとした。これは堺の反抗として有名なものだし、自治都市堺の反封建支配権力闘争として史上高く評価されている。しかし、これを無条件に反支配権力闘争と規定することはできない。

信長の上洛直後、堺の最有力町人であり、鉄砲火薬商人である今井宗久が信長の膝下に参じてしまっている。いわば堺の今井財閥を手に入れたのであるから、信長が堺に忠誠を要求したのも、また強攻を決意したといっても、それは威圧である。信長には、堺の服従は時間の問題と感ぜられたのである。堺の町人の大半は、信長を地方大名として蔑視した。旧勢力に連る三好三人衆の発展を予想したし、むしろ多くは大坂石山本願寺に従属しており、いまだ中立の態度をとる本願寺の動向を注目していたのである。信長への反抗も、堺町人の全精力が結集して反支配権力闘争に立ち上ったのではなく、支配権力への迎合ということに、両派の異見が生じたというものである。堺の信長への屈従は必然であった。それも、信長の武力を背景とする今井宗久の線から切りくずされたものであるし、信長の勢威の増大につれて信長に対する反意を消滅した。

今井宗久が信長に参じたのは、宗久が商人としてその市場の拡大をはかったことであったろう。もちろん、信長が足利義昭を擁して京都に入ったことが宗久には魅力であった。

信長は今井宗久が参じたので、これに堺五ヶ庄代官職と同庄の塩合物勘過料の代官職とを与えた。これは三好氏がかつて知行していたものであるし、代官職はその一族の十河義賢が持っていたものである。堺の降服ののち、永禄十二年七月には、宗久は岐阜城に信長を訪れている。これは堺五ヶ庄の荘民などが、なお宗久の命に従わぬためだったようである。ここで信長から厳命を発してもらっている(「今井宗久自筆書札留」)。ところで宗久は、信長が上洛したばあいのほか、京都の幕府へはしばしば参仕した。そのため、宗久は幕府からその乗船の過書(関所札)を与えられた。宗久が船持ちであったことも知れる(今井船)。この船持ちであったことも、信長には利用価値が大きかった(「今井宗久自筆書札留」)。

宗久が岐阜城に至っていたころ、播磨但馬地方に戦火があがった。信長は毛利氏の請をいれ、八月に木下秀吉に命じて播磨から但馬に攻め入らせたのである(「益田家什書」所収「朝山日乗書状」)。これは信長の遠交近攻策であって、このころは毛利氏と結んで、東西から播但地方を圧しようとしていた。それゆえ、毛利氏に対しては、将軍義昭の命ということで、九州の大友氏との講和をはからせ、毛利氏の東方進出を容易ならしめている(「今井宗久自筆書札留」)。この秀吉には坂井右近政尚が同行し、またたく間に銀山(生野)・子守(子盗とも。山名氏本城)

および垣屋城を攻略して軍を還した。但馬は守護大名山名氏の領国である。この山名氏は足利幕府の四職といわれた重臣であるし、応仁の乱に西軍の大将となった山名宗全の家である。つねに因幡但馬の両国は領することはできたし、下剋上に悩まされたが、戦国乱世を大名として存続してきた。天文年間から、但馬は祐豊、因幡は豊定と両家に分れた。

因幡へは毛利氏の勢力が及んできた。山中鹿之助の活躍で知られる出雲の尼子氏が毛利氏に逐われた結果である。因幡山名氏の毛利氏への反服が繰り返された。毛利家では山中氏との折衝は吉川《きつかわ》広家が当っている。ところで但馬の山名氏は、播磨の赤松氏を宿敵としていた。しかし、接境者同志の争いであったから、一進一退をつづけ、戦いはマンネリズム化していた。むしろ、因幡から波及してくる毛利氏の新しい圧力の方が鋭い。しかも山名氏は、守護大名として例外ではなく、守護代級家臣らの連合体の頭領に載せられていたに過ぎなかった。下剋上といわれるとおり、実権はその家臣たちに握られていた。但馬山名氏では、朝来《あつそ》郡竹田の太田垣、養父《やぶ》郡八木の八木、城崎郡田結《たい》の田結庄、豊岡の垣屋をはじめ、田公・伊帙などが守護代・守護又代クラスの国衆であった。ともかくこれらの国衆たちは、実力伯仲だし、伝統の権威もないので、無力な大名山名氏のもとに結集していたのだが、外部から迫ってくる新勢力に面しては動揺した。一致協力して排撃したいが武力が匹敵しない。ひとり抜けがけに新勢力に迎合するのも危なっかしい。もちろん外部勢力からの誘惑もあった。国衆たちは去就に迷っていたのである。

織田信長がその時に上洛した。播磨に兵を進めるし、遂に但馬へも進軍した。さきに述べた豊臣秀吉の播磨侵入がそれである。信長はなお濃尾地方と京洛との路線の安全確保が急務であった。そのため、播但地方へはいまだ深入りせず、上洛路線の側面脅威である伊勢の平定をまずはかったのである。

永禄十二年八月の秀吉の但馬侵入は、いわばその威力を発揮しただけで軍を還した。このとき摂津池田の池田筑後守勝正や伊丹の伊丹兵庫助親興がこれに従軍している（「今井宗久自筆書札留」）。この摂津の国衆たちは堺の町人と親しい。堺を握る細川・三好両氏の家来となったからともいえるが、堺で新兵器が欲しいのが求められたし、さらに生活が向上していたから、堺で文化財生活物資を求めようとしたものといえよう。この細川・三好両氏から、堺付近で代官あるいは知行をえていたようである。池田氏ではその一族の清貪《せいとん》斎というのが堺に住みついていたし（『宗及茶湯日記』）、池田・伊丹両氏は今井宗久と親しかった（「今井宗久自筆書札留」）。

秀吉の侵入前後の山名氏をはじめ、但馬の国衆の情勢はほとんど不明である。山名氏の当主山名入道紹熙はここで没落したらしい。そのあと、さきに木下秀吉とともに進軍した坂井右近が駐在したようにも思われる。しかし、紹熙は信長に降服して但馬への復帰をはかったようである。紹熙の信長への服属運動にさいし、今井宗久が登場する。「今井宗久自筆書札留」に次のような文書の扣が見える。

重而御札令啓上候、仍野備（野尻備後守）御世間之儀御肝煎本望候、倘《やつがれ》 山名殿致御供、近日可罷下候条、以面上可得御意候、猶木織（人名、未詳）へ申候、次至淡州阿刕衆去十五日乱入、乍去至今日一戦無之候、敵方時刻到来与相見候、根切ニ可打果、安神太（五）并年寄衆一途之覚悟ニ候、公方様（足利義昭）へ度々御注進候、今日も其通京都へも被申上候、御加勢之儀可被仰付之旨候、御馳走猶以此刻ニ候、委追々可得御意候、恐惶謹言

十一月廿一日

佐久右

これは今井宗久が信長の老臣佐久間右衛門尉信盛に遣った書信である。主題は信長方の安宅《あたぎ》神五郎冬康が領する淡路へ三好三人衆が乱入してきたが、安宅勢はよく防いでいる。しかし、安宅らが三好勢の一掃を期している

から、佐久間信盛に援軍するよう尽力されたいというのである。ここでなお宗久は、近日中に山名殿の御供をして罷り下るから、信盛にお目にかかれる予定といっている。この山名殿は但馬の山名紹熈である。罷り下るというのはどこへであろうか。但馬へ下るということ、あるいは岐阜にいた信長のもとに下向するという二つのばあいが考えられる。信盛がどこにいたかが分るとよいが、これも詳かでない。当時、信長は将軍義昭と不和で岐阜へ帰ってしまっていた。播州へは摂津の荒木氏らが出陣しているが、その大将として信盛が播州にあったとも考えられない。まして信盛が京都にいたとはこの文書の文言からもいえない。かくて私は、信長のいた岐阜へ宗久は山名紹熈を同道して下向しようとしたものといいたい。

ところで、「今井宗久自筆書札留」には、これよりさき、十一月初旬のところに、次の文書扣を載せている。

但馬国諸寺庵大徳寺へ申合条々

円通寺　衆僧五六十人あり、寺領百石斗あり、

宗鏡寺　寺領参百石余あり、

大明寺　寺領二百余石あり、

銀山寺　寺領五六十石あり、

大同寺

これらは山名氏を檀越とした禅刹で、いまに存している。大明寺・銀山寺など生野地方の寺々の見えるのが注目される。宗久の関心が当地方に向けられたといってよいからである。この書き上げを以て宗久が大徳寺と協議しているところからいうと、宗久はすでに但馬の経営を信長から命ぜられていたらしい。宗久は山名紹熈の信長服属のあっせんをしたり、ともかく但馬経営を信長から一任されていたようである。次いで紹熈を信長に引き合

わすし、やがて紹熈を但馬に送り込むことになる。
この紹熈の入国も実は容易ではない。おそらく山名家の上述の家臣たちは自立をはかっていたろうし、それぞれ毛利方あるいは信長方につこうとして、むしろ山名家の没落は喜んでいたと思われるからである。信長方につこうとしたものは、この入国は迎えざるを得ないが、それでも迷惑に思ったものがあろう。

宗久が山名紹熈に依頼されてその信長への服属をはかったか、あるいは信長が宗久に命じてしばらく山名氏を抱きこませて但馬の接収をはからせたかが問題である。これの結論は、山名紹熈が没落した場所が堺らしいということから導き出せそうである。堺亡命には後述するように傍証がある。もとより宗久は早くから但馬に関心を寄せており、そこへ山名氏を迎えたので、信長に献策したり、但馬経略を自ら買って出たと推定できる。宗久は兵器商人である。鉄砲作りもした。このことは、宗久が鋳物師を被官に持つし、吹屋を経営していたことでも知れる(「今井宗久自筆書札留」)。そのばあい、その資材としての鉄類など、但馬や東中国に求めていたと考えられる。但馬は鉱産国だからである。

信長と結んだ宗久は、信長から鉄砲製造を大々的に命ぜられたと思われる。このばあい、資材を得るために、但馬国進出を思い立ったといってよかろう。なお宗久は備前の宇喜多氏にも通じていた。もちろん宗久は瀬戸内地方に商圏を張っていたろうし、この備前とは宗久が堺五ヶ庄塩合物税代官となったことから関係も深くなったといえようが、備前が古来から刀産で知られていたように、この地が鉄に恵まれていたことであるから、その刀や鉄を宗久は備前にも求めたためといえよう。備前の刀匠たちは、その鋼鉄は但馬養父郡の千種《ちぐさ》鉄を用いていた。その例証がある。かつて赤松氏の家臣で備前守護代であった浦上則宗が、応仁の乱後、侍所の所司代となって京洛で大勢力を振ったとき、将軍義尚の命をうけて備前の刀工を京都に召したが、刀工たちが多量の千種鉄を携行している（『蔭涼軒日録』）。浦上氏に代ったのが宇喜多氏である。かれこれ、但馬の鉱産資源に宗久は注目したのだし、信長の意欲とも合致した。かくて信長は十二月、宗久のほか近臣の長谷川宗仁をつけて山名紹熙を入国せしめた（「今井宗久自筆書札留」）。この服属入国にあたり、山名紹熙は一千貫文の礼銭を信長に献納することであったが、五百貫文でとりあえず入国を許された。この山名紹熙の礼銭も今井宗久からの金融であった。なお紹熙の入国には、宗久は隣国の播磨三木の別所孫右衛門尉重棟に援助を依頼している。かくて紹熙は但馬に復帰した。

翌十三年の年始祝賀を宗久は紹熙夫人に申送っている。

あらたまり《(改)》ぬる春のはしめ《(始)》の御よろこひ《(慶)》まこと《(誠)》に御国ちやうきう《(長久)》にておほしめす《(思召)》まゝ、とおそれ《(恐)》なから《(乍)》めてたく《(目出度)》存候、まつ〱《(先)》とし《(年)》の内御やかたさま《(屋形様)》するする〱と御国へ御くたり《(下)》、さため《(定)》て御満足とゆわゐ《(祝)》入まいら《(参)》せ候、われら《(我等)》もやかて《(軈)》まかり《(罷)》下、御しゆうき《(祝儀)》申上候事候、此よし《(由)》御心へ《(得)》候て御とりあわせ《(取合)》たのミ《(頼)》入まいら《(参)》せ候、めてたくかしく

返々、女はう《(房)》とも方よりも文にて申上候ハんすれとも、よく心へ《(得)》候て申候へとの御事候、かさね〱《(重)》やかて《(軈)》御ゆわゐ《(祝)》申上まいら《(参)》せ候、かしく

この女房奉書なりの文を宗久が認めていることは、その教養をしのぶことができる。近江佐々木氏の後裔であるとともに、堺の豪商にして茶人として名声のあった宗久の面目がうかがえる。しかし、宗久自身は但馬に下向はしなかった。長谷川宗仁がまず下向し、坂井右近が京都但馬を往来していた。宗久は病気のために下向できなかったが、その家来の安原甚太夫が但馬で活動している。

但馬へ下向し、山名紹熙の国内平定を援けた信長の家臣は坂井右近と長谷川宗仁とであった。これらは山名氏に対する信長の監軍という格であった。坂井右近政尚は老臣、長谷川宗仁は信長の近習ともいうべきもの、この

二人が信長の威力を背景として山名氏およびその配下の国衆を武力援助した。しかし、はじめから紹熈に近づき、紹熈がたよりとしたのは、今井宗久である。それゆえ、宗久の下向が待望されたわけだし、宗久の政治的、財政的手腕が求められたのである。しかも、宗久は坂井右近よりは長谷川宗仁と結んだ。坂井右近は前年八月に木下秀吉と但馬侵入以来、但馬の信長代官として駐在したらしい。そこへ宗久と宗仁が新たに加わったというかたちである。この宗久と宗仁とは、堺に没落していた山名紹熈を送り込んだというわけである。坂井右近はもちろん京都と往来していた。宗仁が右近に添えられて但馬に赴いたのは正月七日のことで、八日に但馬に入った。右近が上洛しておったので、同行となったのだろう。宗久もこれと同行するはずだったが、病気のため、延引したというわけである。

宗久は山名紹熈が信長へ出す入国の礼銭を調達した。この紹熈の借金の始末が問題であった。宗久から坂井右近や長谷川宗仁、あるいは紹熈の周辺に遣られる書状に、つねに礼物ということばが見えているのはこの紹熈の借金に関してである。また右近にせよ宗仁にせよ、出陣の軍費は宗久なり、堺衆に借りたのである。この当時の堺衆の信長政権樹立への寄与が実証できる。

山名紹熈の入国について、今井宗久が尽力したことが如実に示されている。信長へのあっせんのほか、信長の代官坂井右近の了解を求めたのである。ところが、これを堺衆の渡辺（銭屋）宗陽というものが喜ばない。宗陽は銭屋で紅屋の屋号を持つ金融業者である。宗久が山名氏のあっせんをしたことを憾んでいるという。宗陽は山名氏あるいは坂井右近に関係があったものであろう。宗久が信長に結んだように、宗陽は山名紹熈あるいは坂井右近と結んでいた。かように、堺の町人たちは、従前からその商売利益のためには、武家などと結んでいたのであるし、新勢力を求めていたのである。それゆえ、堺町人の自治的団結が強固であり、支配権力を排除したと説かれているが、結局その団結とはいうものの、内部に脆弱性を持っていた。というのも、支配権力との結びつきをそれぞれ競っていたからである。銭屋宗陽が信長と山名紹熙とを調停したことを恨んだというのも、宗久の行動が堺惣町の意嚮に反したということからではなく、山名氏と関係のあった宗陽個人の利害関係があったのだろう。なお「当津御料足定厳重」とあるのは、証人となるという文言ぐらいでは駄目でその証人本人の加判も必要だというのであろう。これは堺の町人たちがその商業慣習としてつくり出したものであろう。まして堺は前代未聞の混乱時だった。たしかにこのような点では堺衆の自治を見ることができる。さてこの銭屋宗陽へ借用証文を入れるについては、宗久は長谷川宗仁に了解を求めた。坂井右近は銭屋宗陽から借用する予定だったらしいが、宗久はあまり好ましく思わない。しかし、宗仁の意志次第といっているようである。この借金はなかなか埒があかなかった。

去八日之御札十二日到来、令披見候、仍至子守（盗）御責城之由尤目出存候、御人質与御礼物之儀、幸坂右宗仁下国之事候之条、被入魂専用候、我等事者、先書如申候、持病再発候之間、可預御用捨候、随分加養性、罷下可申入候、次渡辺宗陽御預ケ銭家等之儀何角不相果候、委細之儀、従秀（ママ）関可被申越候、坂右へ以密々、金銀之事も宗仁方可被申分候、先日安原甚太夫を以令申入候条、不能懇筆候、猶木村右京進令申候、恐々

正月十三日

伊美　下安　宮下

これは宗久が山名氏の老臣たちの伊帙美作守・下津屋安芸守・宮下野守に遣った書面である。

さきに銭屋宗陽に対する借金も、これで山名氏の預ヶ銭や家があったことだし、その借用が山名方のものだったことが明らかになる。これらは山名紹熙が堺に亡命中にのこしておいたものだろう。しかし、これらを処分し、

あるいは借金してその金を紹熙に渡したものか否か明らかでない。老臣たちに対して、金銀の事は宗久が坂井右近には内密にして長谷川宗仁に相談せよというあたり、宗久・宗仁と山名氏老臣たちの一党が結んで、坂井右近を除外するし、また山名紹熙すらも棚上げするような策謀がうかがえる。じじつ坂井右近の動静について、宗久が憤っていたことが前掲の書状でもわかる。右近は山名紹熙の入国を喜んでいないようだし、信長との和睦は破れることを望んでいたのである。かれこれ、やがて坂井右近が失脚するのである。

宗久は長谷川宗仁と相はかり、山名氏の実力派の老臣たちを懐柔し、山名紹熙は飾りものとしようとしたらしい。かかるばあい、坂井右近は、むしろ山名氏に代って但馬国主に昇ろうとした意図がうかがえるし、その野心で失脚するのである。もちろん、宗仁や宗久は信長の官僚としての立場は忘れない。但馬の経略にさいしても、かような複雑さがあったわけである。しかも、信長はもちろん、その部下の将士が堺町人の財力を求めていたことがわかる。

但馬も山名紹熙の入国と信長の権力波及とで静謐するものではなかった。子守城責めが宗久の書状に見えている。また紹熙の信長に対する人質も礼銭もいまだ済んでいない。その四月になると、信長は次のような厳命を山名紹熙に与えた。

銀山同要害其外諸知行方等之事、旧冬申談筋目不可有相違処、于今相押之由無是非候、仍以速為可相究、今井宗久・長谷川宗仁差下候、様躰被仰聞、一着可為簡(肝)要候、猶両人申含候、恐々

卯月十九日　信長

山名入道殿

進覧之候、

旧冬紹熙有下国、無事之様子申談候、并太田垣兄弟進退同領知方一決之次第、顕帋面候キ、其外之事、去年破口当知行之分不可有相違之処、于今所々相滞之由無是非題目候、急度可被究申候、為其今井宗久・長谷川宗仁差下候、若猶違乱様候者、速可申付候、此等之趣各へ被相届、尚以紹熙事無疎略馳走肝《(要)》用候、恐々

卯月十九日　　信長

太田垣土佐守《(輝延)》殿

八木《(豊信)》但馬守殿

垣屋播磨守殿

田結庄左馬助殿

信長は伝統のある山名氏領国の安定をはかったのであるが、この信長書状によれば、信長の山名氏援助は銀山の経営にあったことがわかる。当時の信長の但馬経略の主目的がここに示される。堺の豪商今井宗久が但馬経略の主役に起用されたゆえんも、ここに明らかとなる。なお信長が山名紹熙に協力するように命じた上記の四名は但馬守護代クラスの国衆で、世に山名四天王と称されたものであった。

ところでここに銀山というのは、生野銀山であろう。生野銀山の採鉱はかなり古い時代のことであろうが、鉱山といえるものになったのは、この山名紹熙の代のことである。天文十一年（一五四二）と伝えているのも、あながち否定もできなかろう（「但馬金銀山旧記」）。紹熙の謚号を「銀山寺殿鉄壁熈公大居士」というのもゆえなしとせない。紹熙が木下秀吉らに攻められて堺に亡命したさいも、かなりの資金は堺に運んだことだろう。堺の銭屋宗

陽への預ヶ銭というのも紹熈のものとすればこれがわかる。また今井宗久が紹熈の老臣たちに金銀の事は長谷川宗仁に相談せよといったことも、老臣たちの抑えていた山名家の金銀のことであり、新しい借金のことではなかろう。山名氏が守護大名として、ともかく戦国乱世を生き抜いたのは、その富力があったためだろうし、生野銀山の開発も一役買ったものだろう。このころ、山名氏は製錬法を知らず、鉱石は石見商人が持ち帰っていたという説もあるが（「但馬金銀山旧記」）、あながちそうとはいえないであろう。

この四月に今井宗久は但馬へ下った。そのことは次の書状で知れる。

先度者為御使令下国候之処、各御心遣畏存候、
一江北之儀去廿八日、信長被及一戦、越前衆浅井悉令打果、京都御大慶幸然候、御注進状写進候、委不及申候、
一約束之御公用吹屋銭をハ従下才方直ニ被渡間敷旨、我等代官申越候、何と相違申候哉、銀子有次第ニ御上使被相添、可渡給之旨、堅以御連判申合候、彼一書写下申候、無相違厳重ニ被仰付候者、可為本望候、毎事相違儀近比致迷惑候、遠路之儀候処、菟角承候段無曲次第候、所詮右之分候者、彼千貫文渡可被下候、左様候へハ申事無之事候、一段（一用）、好斎・夕庵如此折帋候、深重述懐被申候、何と可仰候哉、先両三人より礼状被遣、其元様御不弁如此御延引御退惑（迷）之由被仰候て可給候、善悪不可有難渋旨、御状きつと可給候、近日信長可有上洛由候、恐々

七月三日

伊帙殿

下安

宮下

今井宗久は但馬に代官を置いていた。ところで宗久の関心はとくに生野銀山にあった。文面に見える「御公用吹屋銭」というのは、生野銀山製錬場の税金であろう。のちに「彼千貫文」とあるのは、吹屋銭の千貫文か、あるいは山名紹熙の入国に際しての礼銭千貫文がいまだ決済できず、吹屋銭を以てその決済をせよと命じたのかとも思われ、この点は詳かでない。また吹屋銭千貫文は一国中の吹屋銭といえるかもしれないが、主体は生野銀山の吹屋銭としてよいのではあるまいか。山名氏は一国中の吹屋銭を取るというような勢力ではなかったからである。これを生野銀山とするゆえんである。宗久の代官もこれを監督したものだろう。また吹屋には、宗久の被官である堺住吉の吹屋が加わったことも想像できる。もちろん、資金は宗久にとっては問題はなく、十分にある。この銀山は永禄十二年八月の木下秀吉侵入以来、信長の直轄と見てよい。これに対する国衆の妨害があるが、それを信長はしばしば戒めているわけである。信長が今井宗久に生野銀山を経営させたといえるのではなかろうか。

〔補註〕本稿の史料は豊田兄に同行撮影した今井家所蔵の「今井宗久自筆書札留」が主である。

第二節　奈良惣中の代官弾劾

天正十三年（一五八五）閏八月に、秀吉は異母弟秀長を大和郡山城主とし紀和泉三国を鎮めしめた。郡山城は天正八年（一五八〇）から大和の大名筒井順慶が築城し、城下町として経営したものである。京坂の後楯とし、豊臣政権を確固たらしめる深慮に出ずるものであった。郡山の前の城主は、筒井順慶の跡をうけた養子定次であり、これは伊賀上野に移した。元和一国一城令の先蹤ともいうべき織田信長の天正八年諸城破却令の結果、大和では筒井順慶の郡山城が残って、これより郡山の城下町としての拡充が行なわれたが、それは一面に奈良の商工業弾圧を伴なうものであった。順慶の時に郡山町の規模は成ったものと見られるが、秀長は入国と同時にさらにその

城下の繁栄を庶幾して、とくに奈良から商工業の実権を奪わんとした。郡山町の「春岳院文書」に、

禁制

一南都郡山の外在郷にさけを作る事

一郡山の外に市をたて候事

一他国より商売として酒を入候事

右条々、入国以来堅御停止今更不珍候、若背御法慶、みたりの儀於有之者、悉可処罪科之旨被仰出候也、

天正廿年六月十日　大蔵卿法印（一庵）

小堀（正次）新介

と見えているが、御入国以来とは秀長の入国を意味するものであり（この文書は秀長養子秀保初政に発せられた）、これは酒と市とに関するものである。『多聞院日記』によると、秀長は入国と同時に奈良中の諸商売を厳禁し、その後徐々にこれを緩めて行なったことが分るが、市場取引はまったく許さなかった[1]。これらは全て近世封建領主の必至の施策であり、かくして封建社会の秩序づけが行なわれるのである。なお秀長即ち秀吉となるが、大坂郡山等の屋地子人夫役は免許したが、奈良には秀長の薨じた天正十九年以後になっても、之を許していない。五斗の屋地子に一石入升二合口の利率を付して催徴している。

秀長が入国にさいして、奈良には代官を置き、井上源五高清を之に任じ旧中坊屋敷を給わった。前の筒井氏が奈良に代官として中坊を起用したのと同巧である。高清は慶長三年（一説に四年）まで代官を勤め、その屋敷は椿井町にあった。奈良では自治制が極めて発達しており、町人の代表者が年寄として一町内の自治行政を行なっていたが、秀長は郡山の例をうつし、その年寄のうち十二町のものを抜いて、これを櫃本《はこもと》と称し、月番世話役とし

た。しかしこの年寄の中でも有力者があり、いつしかこれらが惣年寄と称するを許され、年寄の上に位することになった（「庁中漫録」）。慶長年間には六人の惣年寄が見られ、これらの制は江戸時代にも続けられた。この年寄とくに惣年寄は権威があり、慶長十年二月には興福寺薪能の桟敷を設ける位置について興福寺と争うに至った。徳川家康はついに惣年寄六人を伏見に禁獄し、首謀者を誅死（実は病死者）せしめた（「中臣祐範記」）。これは前代より異常に発展してきた惣年寄に対する弾圧であって、この頃以来は幕府の派する奈良奉行の手足と化するに至った。惣年寄等の自由発展の限界であって、豊臣時代にはなおその発展を抑止するに至らなかったものが、これを好機として封建社会の枠内に取籠めたものというてよい。

天正二十年のこと、奈良惣中から、秀吉に対し、奈良代官井上源五の私曲を訴えた事件がおこった。その訴状は十三条より成る長文である。いまその訴状がのこっているが、九月二日付のもので年紀を欠く（「庁中漫録」）。この訴状は旧奈良奉行所与力玉井氏がその執務の参考資料として享保年間に編集した「庁中漫録」という数十冊に上る記録のうちの「奈良奉行歴代年表」に加えられておる。

謹而言上

奈良従惣中申上候条々、此者共は金商之者にては無御座候、平之町人又者蔵方之者にて御座候、

一如此申上候意趣者、京都大坂之なみに諸事被仰付候て可被下候、大光院（秀長）様御座候時者、諸事御慈悲被成候処に、此比者中納言（秀保）様御幼少故、又者御陣之御留守故に、井上源五殿みたり（濫）かはしく恣にて、奈良中迷惑申候事

一奈良中へ他国其外在々所々より入申候俵物、源五殿被成御留迷惑仕候、雖然去八月十五日より大和口をあけ

被申、山城口は于今被成御留候事
一奈良中舛物売買を被成御留、源五殿親類之者三人に源五殿私之米をうらせ被申、加様に候得は、佗人毎日にたかき米をれうけんなく買申候得は迷惑仕候、并中納言様之御蔵米者、奈良中へ被仰付時は有様之相場に金銀になして上申事
一大光院様之御金五百枚あまりわり付に奈良へ被成御借候、則毎月利手（平）を銀子にて源五殿過分に被成御召并井上源五殿私之金貳百枚あまり是も大光院様之御金と名つけ奈良中へ御借付候て、是も過分之利手御取被成候、然れは其内之金すこし蔵方の者もかり申候、其御金に蔵方之面々の判之金を相そへ、金商之者共にこと〳〵く借付申候、是を源五殿被成御存知候て、則先々の金持たる者の借状にて上申候へとの御意にて、則利手共に現銀子にて相済申候事
一蔵方之者去年金商之申事之刻、種々肝煎金五百枚程とりあつめ置申候処に、不慮之奇破（棄）被下候、然とも此金中納言様御金に可被召置之由、源五殿被仰候間、則其金を蔵方之者より上申候、然者中納言様の御金程ハ御座候由被仰候処に、後藤に御ふかせ被成候てげんたち候を、右之奇破に失望仕、迷惑之上、殊に一度相済申候処に、蔵方之者に立かへり御取可被成之由、源五殿被仰候ハ迷惑申候事
一右之御金ふきへりたらさる金をハ奇破被下候、金商之者共過分に金をとりこみ、殊には金をあしくふきなし候、金商之者共に被仰付候て可被下候、又は両年此方過分之金之利手を井上源五殿過分に御とりこみ候て中納言様へはあかり不申間、此利手の金も、右之ふきへりのたかに被成候て可被下候事
一天正十五年に諸売買座なしと被仰付候て、其以後四ヶ年分座役銭利にばい〳〵におよひ、源五殿於于今御とり被成候事迷惑仕候、是も大光院様無御座故と存候事

一井上源五殿為私奈良町中へ毎日過分に人足御かけ被成候、然は源五殿台所つめ人夫又は方々への追立人夫凡一ヶ年分一万人程御遣被成候、町人事にて候へは、或は後家やもめなどは其身参候事も不成候て、夜中によらす鳥目にてやとひ申候へはすでに奈良中迷惑仕候事

一大光院様奈良町中へ御あはれみ被成御酒被下よと被仰出候て去々年八木三百石被下候を、則可渡之由源五殿被仰付候処、請取をはかたおしに奈良より御取候て、八木をは於于今無御渡候事

一郡山御城之石かきの時、奈良町中へ五郎太郎の石御かけ被成候を代物にふせ鳥目百貫源五殿私にとりこまれ候、殿様へは上り不申候事

一奈良町中之屋地子当納之外おりましとして石別に付四斗宛相そへ被成御取候、迷惑候事

一大和国中は石別に雑米貳升宛にて御座候を、源五郎へは奈良中より雑米石別に四升宛被成御取迷惑之事

一源五殿井やくらにつりかねをつらせ六時をひき申候、其者之給分を、奈良町中へ被申付被成御取候、新規成事迷惑仕候、昔より奈良町中のつりかねあまた御座候えとも、鐘つきの給分奈良よりいたし申事無御座候事

右条々趣被達上聞、奈良町之事京大坂なみに諸事被仰付被下候者可忝候、今之分にては南都之町人堪忍難成存候、御法度にて候へは他所へ罷越様も成不申候間、哀以御意何方に成とも被召置候て可被下候之様に仕度候、此旨御取成奉頼存候、以上

九月二日　　　　　奈良惣中

木下半介殿

山中橘内殿(2)

まず奈良惣中とあるのは、ひらの町人か蔵元衆であるという。このころは惣年寄制はなかったと見られるから

各町の年寄衆と見られる。金商ではないととくにことわった理由はのちに説明する。文書の年紀は欠いているが、大光院すなわち大和大納言秀長が薨じ、養嗣子中納言すなわち秀保が封を継いで幼少とあり、御陣の留守ということ及び去年の金商の中事とあることを考えると天正二十年となるであろう。

第一条は奈良に屋地子および公事は免許なく、京大坂はすでに許されているところから、諸事苛重である。とくに源五は秀保の幼少に乗じて奸曲であるとしている。

第二条は俵物を奈良に入れない。大和口、主として郡山をはじめ国中からの搬入はできるが、山城口はいぜん塞いでいる。山城口を塞がれることは、奈良の依存する木津川舟運による物資を阻止されることになるのである。淀川木津川と遡航する舟運による便を失っていることを示す。これを『多聞院日記』によると、金商人捕縛のため奈良の諸口を塞いで通行を禁じたのは九月八日のことで、十二日にはこれを開けたとあるが、山城口のみはなお塞がれていたものであろう。

第三条は消費都市奈良の性格が窺えるもので、封建領主が利潤を計って、米の売買を自ら手を下さんばかりにして行なっていたことがわかる。

第四条は領主が金融利潤に着目し、強制貸付を行なっていたことを示す。源五の如き被官もこれに乗じて私利をはかっている。一方、蔵元衆の自由金融にも触手している。秀長遺存の金子五百枚というが、彼の死後、郡山城に遺されたものは、金子五万六千余枚、銀子は二間四方の部屋に充満していたと噂された程であり、これが蓄積もおそらく六年間に成ったものと思われるし、かかる手段をもってなされたものもあったのである。

第五、六条はこの文書の年紀を決定する上にも、また事件内容が相当に説明を要すると思われるので、一部はとくに別章を設けて後説する。源五の私曲をつくことは同巧であるが、その間に金商すなわち金貸の暗躍が見られる。「不慮之奇破（棄）」とあるのは、前年の天正十九年に奈良では徳政があるが、これは徳政と固定せずに普通の約束破棄と解すべきであろう。後藤氏による貨幣改鋳が見えるが、これが奈良だけのものであったかあるいは広い地域に亘ったかが問題である。だいたい後藤氏の奈良在住も確かなので、前者と見るべきであろうが、品位改訂が行なわれた一例として注目すべく、時期からいえば、文禄の役に絡んで来るので研究の余地がある。いずれにせよ封建領主の金融業として注目すべきもので、それに乗じて源五が私腹を肥していたのである。金貸においても、改鋳を行なっていたことが分る。

第七条は破座のことが見えるので重要である。奈良では天正十五年ということになる。秀吉は楽座の方針を進めている。『多聞院日記』によると、天正十五年正月に郡山奈良の破座令が発布されたと見えているが、それが伝聞であって、「真実ナラハ尤珍重々々」とあり、更に同十九年十二月廿八日の条には、秀吉が善政を施さんとして、「末代御名ヲノコス事可有沙汰云々、則屋地子人夫以下諸公事商売ノ座悉以免除了、大坂当国郡山迄屋地子ハ免許也、奈良中ハ屋地子ニ四把ヲ付テ収之、（中略）当年免許商者ハ座破也」と見えるので、奈良に於ける破座の年紀の比定は困難であり、従来は曖昧とされていた。ここに『多聞院日記』に示される内容が明らかにされる訳で、天正十五年に破座の令は出ていたのだけれども、源五によって依然座銭の徴収は行なわれて居り、実際には破座されていなかったことがわかる。『多聞院日記』の記者の書きぶりは、曖昧さがあるので難があるが、この点に関しては記者の罪ではなかったといえる。

第八条は源五の人夫役強制の状を示す。

第九条も源五の私曲を発いたもので、秀長頒賜の米を横領したとある。秀吉などが善政と称して、時折に上下に頒賜のことを行ない、随喜させたことを見合せ考えられることどもである。

第十条は郡山城普請の五郎太郎石を奈良に賦課したさいの源五の私曲を示している。秀長の入城後、普請は天正十五年八月に始まり、春日の水谷川の大石などを郡山に運ばせている。水谷川は春日神山内の小流であり、その神罰の祟りで怪我人のあったことも伝えられている。五郎太郎石はゴロタ石のことで、それが奈良中平均にかかったのは、同十六年正月のことであった。

第十一、二条は源五の私腹を肥す状を示している。

第十三条は源五の新規施策が市民の苦痛となっていることをいうている。時の鐘はもちろん奈良では各寺から報ぜられたことであろう。しかし新政の一端としての施策が、金もかかることだし、保守的市民になくてもがなと思われたことが示され、興味深く感ぜられる。

以上は要するに奈良がうけていた京大坂および郡山に比しての差別的冷遇と、代官井上源五の私曲とに関する町人の上訴である。法度であるから他所へ逃げ出すことも出来ないというているあたり注意されよう。この訴状は『多聞院日記』の天正二十年九月七日の条に、「従大坂注進トテ太閤ノ御義ハ金ハ町人ニ一分モ不可出、源五ニ可出也ト被仰定間、各可心易之通慥ニ中来云々、於事実者十三ケ条ノ凶事ノ過怠ニ金ヲ被仰付歟ト存ル者也」とある十三条の凶事を示すものであろう。ここに本文書は天正二十年のものとなるのである。

ところで金貸事件というのはこうである。天正十九年の五・六月頃から奈良の金商人すなわち金貸が京都で殺されたり、また金貸の入水自殺が現われるに至った。(3) しかも七月には逮捕されて入牢するものも生じた。債務に追われて、女房子供を刺殺し、腹を切って自宅に放火する町民も現われた。詳しいことは分らないが、金貸が取立を強行したので、中に恨みをかって殺されたものもあり、また気の弱い債務者たる町民の自殺があり、町民困窮の状を見て秀吉は、金商人の捕縛糺明に乗出したものである。「金商付ナラ中迷惑之由関白殿へ被聞及、且三年之間譴責被止云々」と『多聞院日記』には見える。この年の正月に秀長は薨じ、その養子として秀保が封を継いだが、幼少であったのでとくに秀吉の関心が注がれていたのである。しかし町民の間では、徳政の発令を冀《こいねが》い、よりより協議して秀吉にも訴えたようである。八月廿三日秀吉は突如馬借を奈良に入れ、翌々廿五日に徳政札を春日末社太刀辛雄《たぢからお》社頭に打ち、和利付の金銀米銭の貸借破棄を令したのであった（「多賀文書」）。『当代記』で文禄二年の条に、「自去年比奈良町人金借と云事をし出し、指せる無証拠、只切手にて黄金を借引す、然間貧者利分に迷惑して相倒間、入徳政可給之由訴之、然者為礼儀金子弐千枚可進上となり、秀吉公聞之給、知行も不持者、日本国之宝を何とて猥に執行哉、甚曲事之由宣、則被入徳政」と見え、これを天正廿年としているのは十九年と是正すればその事情が判明する。『当代記』の記事とはいえ、信をおいてよかろう。ところが金商人側に対する糺明は何故か終わらなかった。十月末にはさらに金商人の張本人を代官所たる中坊に召籠め、その邸宅は検符（封）し、番人を置くという厳重さである。そしてはじめ九人召捕られたが二人許されただけで、七人が後まで禁錮された。これで越年して、翌二十年四月末になると、奈良中の町人達は春日山の高山《こうぜん》に会合し、源五から借金を申付られたのを一味して拒否すると決議したようである。しかしこの前月に本願寺上人の来寧があった以後だったので、あるいは一向一揆の相談かとも他人には見えている。八月末に奈良の町民達は郡山に召喚されたが、そのまま投獄され、その妻子も中坊に預けられ、通路は塞がれ往還は止まってしまった。両替金貸両方の糺決のことであったという。これに当惑した町人達はついに九月六日大坂に赴いて直訴を企てたのである。そこで今度は秀吉に井上源五および郡山城主秀保の家老一庵法印が召喚された。ところが秀吉は此の両人に桑山修理（一晴）（和歌山城）および杉若越前守（無心）（紀伊田辺城主）を添えて奈良に至らしめ、金貸を召捕り、以前の入牢者は緊縛して京都に護送せしめた。これは直訴によるものではなく、堺衆の訴訟によったもので、「奈良中ノ者共京堺大坂ニテ悉金借衆召取リ可来」と下知せられたものという。次いで奈良中の月行事は両替および蔵本を召具して上洛を命ぜられ、また源五・一庵・桑山・杉若の諸氏も上洛した。二三日して郡山入牢の町人は釈放され、また両替衆も京から奈良に帰ったが、四五日するとまた両替衆は上洛を命ぜられた。九月十月に於いて奈良中の動揺は甚だしく、通路は塞がれたので米価なども騰貴している。事件の内容は具体的には分らぬが、町人両替蔵本衆が一党、金商人および源五が一党らしく見える。この紛決は不明で、源五は町人の上訴に対して申披きもついたと見え、これは依然代官として下向した。十二月になって、奈良中に対して金子の取立てがあったが、「請乞ノ金」とあるので何か秀吉に対する礼金が出されたのであろう。金商人の入牢者はなお釈放されず、また市中の同業者を興福寺金堂前に集合させたことなどもあり、この入牢者が許されたのは、金商人全てが、親類の請印のもとに誓約した上で翌年九月の事であった。結局、非違を咎められたのは金商人であった。『当代記』には、「其後又金を借損失したる事不便之間、可書上之由依仰、十枚費したる者は廿枚と書付、廿枚損したる者は卅枚四十枚と書上処、又此三箇一秀吉公可奉借之由宣被召上、奈良上下迷惑相窮也、此金借大名衆も入けるか、秀吉公に奉隠其名云々」とある。事件落着のさいの「請乞ノ金」というのがこれに当るものかとも思われる。金商人というものが両替蔵本のほかに発生しており、それが大名衆とも結び、京大坂堺等の金融界にも進出していたものであろうと思われる。しかも彼等は金貨の吹替をも後藤氏に命じて行なったのであった。奈良の町の一として後藤町があり、後藤氏の邸宅地に因む町内と伝えているが、その所伝も実証される訳である。この金商の事件に関する史料は、『多聞院日記』を主としており、しかもその説明が不十分であって、事件内容の了解には相当に苦しまされる。『和州諸将軍伝』(「筒井諸記」同じ)などには、これを金商人の仲間割れとして簡単に記しているが、しかし簡単なものではない。徳政をも伴ない、京大坂堺にも関連があった本事件は、奈良町代官井上源五との関係が今回の新史料によって明らかとなるが、その大名衆との絡りもあるいはなお出てくるかも知れないし、十分な説明は今なお加えられない。『当代記』によれば、金札の一種を彼等が発行していたことにもなるし、奈良の金融界のみならず、畿内にもその金力を及ぼしていたとも考えられる。秀吉の非違糺明は、これらに対する弾圧として、賦課によると通貨発行権厳禁の策が執られたものと見られる。井上源五に対しては処分は世上に流伝されていないが、何等かの所課の形で戒飭が加えられたものと見られる。慶長三年?に辞任するまでその任にはあったのである。この事件は文禄の役の開始期におこっているので、なお考究の余地はあるが、それとの関連性は稀薄なものかと思われる。しいていえば、国内秩序の整備の為といいえるであろう。

中世から近世初頭にかけて、都市の実権を握る町人の躍進はいちじるしかった。これが発展を半面には助長しつつも、自由無制限の発展は半面において制約し、封建社会の統一を図るのが秀吉の都市政策である。しかもこれらよりする収益はその巨大な富の蓄積に寄与するところが大である。これに倣ってその輩下の大名小名も収奪につとめたことである。

奈良は城下町郡山繁栄策の為に相当の弾圧を受けた。しかしそれにもめげず町人等は発展の歩みを続けており、町人等の不撓の精神を観取することが出来る。それが次ぎつぎと弾圧制約を加えられいちおうは封建社会の枠内に封じ込まれるのである。その過程を説く一事例として取り上げたものである。

なお、この当時、ようやく天下統一も完了した豊臣政権には、秀吉の気のゆるみにも原因したか、弛緩が見られてきた。〔補註〕大政所派と淀君派の権臣の朋党も見られ、派閥抗争もおこってきている。例えば、千利休が失脚し、自刃させられたのは、大政所派の棟梁豊臣秀長の死の直後であって、淀君派の中心人物の石田三成の策謀ともいわれるほどである。この空気を反映して、町人たちが武家への反撃にうつったことかとも思われる。天正十七年には京都の所司代（京都町代官）の前田玄以も、屋地子徴収の天秤の不正で町中から訴えられて罷免されている（『多聞院日記』）。こういう時勢であったから、奈良惣町中の訴訟もおこったともいえよう。しかし、もちろん、代官の非違である。その不正は永続すべきものではない、また町民もこれを摘発したり、いちおう法的にその保護を求めることができるようになったのである。もちろん、封建権力支配は、かかる訴訟すらも許さなくなるのであるが、それも、あながち、弾圧のみとはいえぬといいたい。

（1）拙著『奈良文化の伝流』第四篇第三章第二節「郡山町の発達」

（2）『史学雑誌』五九巻四号

（3）以下、史料はすべて『多聞院日記』による。

〔補註〕私は本訴状の第四・五・六条が参考となるが、秀長の没後、秀吉は急遽郡山城に至り、金蔵を密封した。秀長は財務大臣だから、その金蔵を秀吉が接収するのは当然だが、貨幣改鋳の疑惑をふと私は憶測した。秀長の改鋳を知る者とすれば利休があげられる。秀吉が寵臣の利休に自刃を命じたのは、禍痕を絶つものだったと推測するのである。金つくり名人の秀長の死は秀吉政権を長らえ、利休は賜死というドラマを私は構想した。現在、これの立件資料は不足である。

第三章　町方と地方

封建政権は、その確立するところ、土地支配を強化した。「百姓なみ」の強化もかくておこった。都市における地方の分離も、封建制確立のためのものである。

土地支配といえば、まず水田を対象とした。班田収授も、ここに始まる。荘園も水田を基本としていた。ぜんじ、畑地も田地として取り扱われるというものであった。税制では水田は年貢（租）、畠地は公事（庸調）の客体とされた。田地ということばが、田畑の総称として成熟するのがおそかった理由である。[1]ともかく、土地支配の強化は、田畑を屋敷あるいは山野から切り離した。在家はその包囲した土地が田畑に開かれると、その田畑を切り離された。在家の分解[2]といえるものである。封建支配の徹底により、在家の分解は完了するのである。文禄検地帳において、われわれは「内畠」なる畠の品種をまま見出す。[3]これは屋敷地内の畠のことである。この後の検地帳には、この語を見ない。もちろん、畠と屋敷とは、同等に生産格付をされたため、文禄検地帳で屋敷と登録されたものは、畠地となってもいぜん屋敷のままである例もある。それゆえ、内畠の場合は、深く考慮を払う要がないともいえようが、屋敷と耕地との分離をはかるということであって見れば、決して軽視すべきではない。

もとより、文禄検地帳に内畠の語の見える地域は、それまで土地支配の強化できなかったところである。もちろん封建支配権力も強くは及んでいない。いわば水田が少なく在家制の残存した地域である。

ここで、土地支配における畠地の比重をさらに考える。この畠地は、土地支配の原則としては、地積はなお考慮されず一ヶ所がその単位である。売買等には地積が示されるが、領主側では公事の客体だから一ヶ所でさしつかえなかったものである。もちろん、土地支配の強化はこれをくずした。水田においても、地積ではなく「何束苅」あるいは「何人前」ということが行なわれている例があったのもほぼ同じである。読売新聞社刊『日本の歴史』においても、興福寺が「畑一ヶ所とあいまいに申告したのを」（第七巻一〇八頁）と私は説いたが、決してこれは「あいまい」というべきものではない。間接的にはかくいえるというだけであるから、不正として強調すべきものではない。もちろん、土地支配の強化が期されているのだから、これは突っ返される。

土地支配の強化は、都市における耕地を切る。これはいちおう、農村との分離の強化である。これを都市の発達史からいえば、都市の確立である。都市を大きな在家と見れば、在家の分解と同類である。いうなれば、いずれも水田がなかったことを原則としていたため、共通例とすることができるのである。

奈良では農村的な町は、例えば油坂町の如き、時に油坂町といい、時に油坂村というている。元禄十五年（一七〇二）の『大和国郷帳』によると、油坂村は高五三三石七斗九升二合で、そのうち一一石四斗五合が南都町屋敷となっている。この町屋敷編入は寛永十一年からであり、延宝七年（一六七九）の油坂村の新検高は、五二二石二斗二升三合九夕で『元禄国郷帳』におよそ合致する（但し天和三年の免状によると、高五五八石九升八合で、その内四三石七斗一升一合が永荒并池床となって、残五一四石三斗八升七合が田畑毛付となっている）。延宝新検の屋敷は、五反五畝拾壱歩、石高七石九斗九升一合九夕と見えるから、町方につづき、地方にも相当の屋並びがあったわけである。すなわち年貢地における屋地であった。油坂町の如きものが奈良には八つあり、これが奈良（めぐり）八ヶ村といわれていた。

加賀金沢では、町の膨張につれ、地方を町に編入して行なったが、万治年間には郡地のままとし、町人より農民に地子を支払う相対請地の法を以てした。しかし町名が与えられ、町奉行の支配に属するに至ったのは当然であった。

このように町とも村とも割り切れぬような町の村が如何なる取扱を受けていたであろうか。これが実証的研究は、町の性格あるいはその膨張について何等かの解答が与えられようというのである。ちなみに、町には地子町と地子免許の町との二種があるが、当面の課題についてはこれを区別する要はない。

播州三木町といえば、豊太閤以来地子免許の町として著われ、播州金物の製産地として聞こえている。この町には、町年寄と町庄屋とが並存しているし、近郊農村と同名の町名のものがあり、それには庄屋年寄があり、町年寄は見えない。ここから論旨を進めよう。

天正八年（一五八〇）、豊臣秀吉は三木城に別所長治を討滅したが、そのさいに三木町は焼滅した。秀吉はじつは、三木を中国経略の基地にするつもりだったので[4]、諸役免除・地子免許を令して住民の還住をはかった。その令に「先年之通地子取ましき事」と見えるので、地子免許は別所長治の代にすでにあったらしい[5]。この三木町赦免地は、拾四町四反八畝拾八歩高百八十八石三斗一升八合であり、家数は五百十四軒であった。これは延宝七年の検地によっての数字であろうが、元和初年、三木三万石を知行した姫路侯池田氏の家老伊木長門守のさいに、町中に前古未曾有の地子米が課せられたことがあるので、あるいは軒数などは決っていたかもしれない。この家数は一定しているが、竈数には増減がある。寛保二年の「三木町明細帳」には、家数五百十四軒に対して家数六百十五軒をあげている(赦免地以外の竈数は、百六十八軒)。長家建や離れ等を独立視するからであり、これには一軒半役とか半役などの別を以て調節している。(6) この三木町は十町に町割され、それが上五町・下五町と両組となる。すなわち、

上五町　滑原町・平山町・東条町・芝町・大塚町

下五町　下町・中町・明石町・上町・新町

である。この各町に町年寄一人(二人の時もあった。時に丁宿老ともいう)、それに上下組に惣年寄(天領の町は惣年寄、私領の町は大年寄)が置かれた。ところが三木町は、「船着海道筋とは違、片田舎之儀ニ御座候得ハ、商かせきも無御座、渡世難儀仕、朝夕ヲ送兼中者過半御座候」(7) といわれる如く、町人のみでは構成されていない。前掲の明細帳によると、「総竈数七百八十三軒のうち職人二百五十五軒、商人百三十一軒、酒屋十七軒、傀儡師二組、寺十二軒」となっており、職人は出稼ぎ大工百四十軒を算え、商家もかなり多いけれども、約半数のものは農業その他に従事せねばならなかった。(8) ここの竈数は赦免地分より百六十八軒多いが、これは年貢地のものを含むからである。年貢地については、天明六年の年貢地町人の願書について見ると「三木町之義ハ家別五百拾四軒ハ地子諸役御免許地ニ而、其外之竈ハ年貢地ニ而、右御免許地之竈ニ入交リ候而、町方ニ相懸リ耕作相稼渡世営罷有候、且商売仕候者も有之候へ共、全少分之儀ニ御座候」とあり、五百十四軒付の竈を除いては年貢地となる。町方と地方との交錯である。地方の住民は若干は商人であるが、他は農民で、必然的に近接地の耕地所有が行なわれたのである。いわゆる百姓たるべきものが、町内に居住したわけである。この耕地は村高となっていたもののほか、

新開もあったろう。赦免地内で耕地になったものも考えられぬことはないが、これはあまりなかったと見たい。この耕地に対しては、村高のままにして置けばよろしいわけであるが、その所有兼耕作者が三木町に在り、したがってこれが三木町的な性格を帯びる。そこで村高を分割して、町人出作分は三木町に付してしまった。「元和三年午年小笠原右近大輔様御知行之節、加佐村平田村大村高木村長屋村右五ヶ村之儀ハ、三木町隣村之儀ニ付、町人共右之村々ニ御田地数多所持仕、右町々より出作ニ付、諸役支配等難致由ニ而、右村々より町人持高之分引分ヶ渡度旨、御地頭様江願申ニ付、御聞届ヶ之上、右加佐村高之内より分候ハかさ町と名付、平田村之内より分ヶ候ハ平田町、大村高之内より分ヶ候ハ大村町、高木村高之内より分ヶ候ハ高木町、長屋村高之分より分候ハ長屋町と名付」とある如く、ここに加佐町・平田町・大村町・高木町・長屋町の地方、三木町では年貢地の五町が出現した（ここに同名の村と町とが三木郡に出来たわけで、その区別がややこしい）。そして高木町はその後消滅したが、前田町・平山町・大塚町ができたので、地方は都合七ヶ町となった。このうち大塚町・平山町は赦免地町方と同名で、町方地方のそれぞれがあったわけである（町の行政は町年寄、村としては庄屋）。しかし地方は、「町名相唱候得共、人家有之候地所ニ而ハ無之、右田者前書三木拾ヶ町ニ付候田畑ニ而、何町与唱候田畑ハ拾ヶ町之内何町ニ付候地所に御座候」とある如く、屋敷のない田畑のみの町であった。この地方町名も、町端又は町裏あるいは三木川河岸向等に散在するもので、その区劃が明らかでなかった。元和度の五町はその命名は明らかであるが、延宝度にはこれを改め、加佐町庄屋は上町にいたので、上町、明石町、新町方面の耕地を加佐町、中町方面を平田町、下町の南側を大村町、同北側を前田町としたし、大塚町方面を大塚町、平山町方面を平山町とした。長屋町は、従前のままである。さらに延享度になると長屋町は平山町に含まれてなくなり、次いで幕末には復活するのである。高木町は延宝度には高木村になっている。

この年貢地地方に建家ができたばあいは、村高に算入され、さらに町役が課せられたわけである。年貢地は田畑を主とするから、これは各町に庄屋・年寄が置かれ、三木町としては大庄屋が設けられる。したがって三木町の町方地方を含む最高意志を表示するばあいは、惣年寄・大庄屋の連署となるわけである。

幕藩体制においては、弱小都市は地方編入を期する。ところが三木町などは地子免許まで有している。三木町がこの地子免許の特権を維持する為には、剝奪の機会毎に血の出る努力を払わねばならなかったのである。その結果、江戸中期以後では年貢地が主で、赦免地が従とする取扱になってくる。検地帳では地方は「三木郡××町検地帳」と記される。結局、三木町は縄目に関しては地方七町のそれぞれに配分される。嘉永元年度の状況を表示すれば次の如くになる。

地方	石高	包括する赦免地(町方)	備考
大塚町	二七六、五三九	大塚町	
平山町	四〇六、六四四	芝町　平山町	この町方は両者に跨る。長屋町は平山庄屋年寄の兼帯地。
長屋町	一一五、七一三	東条町　滑原町	
加佐町	三八九、九五一	上町	
平田町	二三八、一五八	中町	
前田町	四〇九、六七九	新町	下町は前田町縄目内にも亘る。
大村町	一四一、八〇四	下町	

※明石町は不明

町方と地方との相違は、対人的（すなわち家）か対地的かということになる。三木町の場合、地方の所持者は町方にあり、庄屋年寄は町方の住民である。地方に居住するものは例外的なものである。ここに人および土地支配のそれぞれの組織が見られる。「丁宿老ハ家別人別差配仕、庄屋者御年貢諸普請等計差配仕候」というのがそれである。人別送り、建家の譲与・売買質入等は町年寄の証印で行なわれ、田畑のそれは庄屋の証印である。庄屋年寄といえども、人からいえば町民であって、町年寄の支配に属し（但し町役は除かれる）、地方支配のさいにのみ別個の人格を有するのである。「御高付並ニ地面ニモ人家御座候得共、是ハ建家並人別ハ丁宿老支配来、地面ハ庄屋支配仕来リ候」とある如くである。

その宅地は当然、検地帳などには屋敷として掲げられ庄屋支配である。したがって町方の赦免地の宅地は、町年寄の支配下となるであろう。宗門帳の作製は町年寄の任であるが、百姓の多い町では庄屋が勢力を増し、百姓分の宗門帳は庄屋が作るようになり、庄屋方の宗門帳が生じた。すなわち平田町の如き、中町とは別になった。しかしそれでは慣習に背くというので、「中町之内平田町宗門改帳」として、庄屋作製の上に町年寄が加判するという妥協策も試みられている。町に接続する地方はおおむねかくの如くで、奈良油坂村においても、「宗旨帳者町家ニテ御座候、御番所様差上申候」とあって(9)、奈良町方の取扱を受けていたばあいには、地方においてその村高を確保する為に、町方居住の引渡しを要求するばあいがある。すなわち宗門人別を地方に属さしめようとすることで、これでは町方の支配が一部のみにせよ他に移るので、これは交渉によって事なきを得るのであった（出作人のばあいも同様であろう）。

ここで掲げた三木町にせよ奈良町にせよ、いわば歴史的の町であり、かつてはかなり広く近郊まで農村的要素を含めて町を形成していたものであり、その農村的なところを別扱にしたばあいの例である。それでも、奈良では町を支配する奈良奉行に属せしめ、三木でも同じく三木代官に属せしめた。とくに奈良では町奉行の下に八ヶ村代官をとくに設けている。ことさらにその区別をつけたのは、両町とも町方は地子免許をうけていたことにもある。新生の近世都市の市域膨張のさいとは若干その性格を異にしているであろう。奈良では町方・地方町（例えば油坂地方町・京終地方町）と明確にその名を町名に冠してこれを明らかにしたが、三木町では新町名、あるいは同町名のままこれを遺して、人々の記憶によりこれを区別したのである。しかし、村と称せしめた方が適切であった。人びとの性向から町と称するを好んだ為でもあったろうし、そこでは純農村とは若干異なった処遇がなされたものであろう。町名を冠した農村や、同一町名の町方・地方の並列が見えるところに、たとえこれらが特殊例であるとしても、わが都市の農村的要素含有という特色も見られるのである。明治初年にかかる農村の独立があったが、同二十一年の町村制によってこれの併合がなされたのは当然であった〔補註：JR奈良駅前ダイエー奈良店は「奈良市油坂地方町一番地」に登記されている〕。

（1）拙稿「公事家考」（『史学雑誌』六二巻四号）
（2）拙稿「在家の分解」（『国史学』六六号）
（3）前註と同じ。なお、いわゆる先進地帯後進地帯のいずれにあるというものではない。この称の使用に限定を要することはいうまでもない。
（4）小寺孝高が「此所は播磨にとりてはかたつかたなり、我すみぬる姫路こそ云々」というて献言したことから姫路城がすぐこれに代わった。
（5）三木町有宝蔵に格納する「太閤制札」。
（6）町人が他に新宅を設けたばあいは町役人の合議によって、その新宅の町役は免ぜられるものがある。貞享二年十二月に瓦屋三大夫が家作したのでこれを新町に編入して町役を課すことにした。ところが明石町の地主たる三大夫が抗議したので、五人組夜番だけ新町に編入、人足役出役は免除している。なお町年寄は町役を免除された（『三木町有古文書』）。

（7）人数は町別一人。時に加役一人があったこともある。

（8）宝永五・五・十九　三木町願書（『三木町有古文書』）、以下、史料は『三木町有古文書』による。

（9）西田米司氏所蔵「油坂村明細帳」

付篇　石山本願寺と大坂

一

大阪の発展の基は、関白豊臣秀吉の居城となって開かれたことは周知のとおりである。天正十一年（一五八三）四月、羽柴秀吉は柴田勝家を賤ヶ岳合戦で破って北陸地方を手に入れ、また東海地方に雄飛する徳川家康が和を通じてきたので、その覇権は固まった。五月二十五日、大坂城の守将池田勝入（信輝）に美濃国を与え、大垣に移して大坂城を握った。当時、秀吉の本拠は播磨姫路城だが、明智光秀を破った摂津山崎に築城していた。験《げん》が良いし京都に近くて足場がいい。ほかに光秀から接収した丹波亀山（亀岡）と近江坂本（大津市）の両城、またその出世の糸口となった近江長浜城が秀吉の握る城郭であった。

六月二日、これは亡君の信長の命日だが、秀吉は大坂城に入り、城内を巡見した。この日が選ばれたのは、その転戦の日程によるものという以上のものがあったらしい。大坂城をその本城にするという意志が固まったのがわかる。

かくて七月二日、秀吉は千宗易と津田宗及を召して城中で茶会を開いた。いちおう、大坂城が秀吉の起居できるように整備されたのがわかる。この茶会は大坂城最初の記念茶会だが、秀吉の名物のほかに織田信長が嗣子の信忠に授けた初花茶入を徳川家康が探し出して秀吉に進上したその披露宴というべき意味があった（家康は天下をしばらく秀吉に委ねる）。さらに七夕祝いの七日から週日にわたり、書院の次の間八畳敷を茶席として茶会が開催された。秀吉の大坂城移徙《わたまし》祝いだし、その前日の六日には伊勢で降参した滝川一益が宋の馬麟筆の朝山の絵を献じ、また堺町人から夕陽の絵を召上げたので、離れ離れになっていた朝山・夕陽の二幅一対が揃った。秀吉の天下統一の瑞兆として、これを誇示する茶会となったのである（『天王寺屋会記』所収「宗及他会記」）。

次いで八月、大坂城の大修築が令せられた。天主閣の建造や大石の城壁が整うし、城下町大坂の都市計画が実施されるのである。ちなみに、近世の商都大坂は、このあと元和元年（一六一五）大坂落城による焼掠があり、これの復興に家康の外孫に当たる松平下総守忠明が挺身、同五年に忠明が大和郡山城主に転じたあと直轄領となったことで躍進する。豊臣時代の大坂は封建都市、徳川政権ではそれよりの脱脚と近代都市化が進むのである。

ともかく、秀吉が大坂をその居城地に選んだのが刮目される。まずこれには、永禄十一年（一五六八）信長が入京してから天正八年（一五八〇）に至る間、とくに元亀元年（一五七〇）から十年の間、大坂城に拠る石山本願寺が信長の包囲攻撃をうけたが微動もしないし、攻撃軍に加わった智将秀吉すら拱手せざるを得なかったという要害だったのに着目したといえる。同八年八月、本願寺は紀州鷺森（和歌山市）に退去し、大坂城を信長に開け渡した。攻めあぐんだ信長が朝廷に調停を奏請し、勅命によって本願寺が降伏するのであり、本願寺はなお籠城は可能だった。これを攻略するには精鋭軍を多数に投下せねばならない。その犠牲をさけるために信長は朝廷を動かしたのである。

本願寺の善戦で、大坂城の難攻不略が全国に知れ渡った。大坂城という称呼は、実はこの本願寺の善戦中に生まれたのである。「秀吉、大坂城に入る」という宣伝効果も狙って、秀吉は大坂を居城に定めたといえる。もちろん、秀吉は大坂城を繞る淀川・大和川の大小水流がクリークとなり、大坂城の外濠・内濠の役割を果すことも知っていた。なお、当代の三都といえる京都・堺および奈良の中心地点に当るという大坂の交通、経済、地理も勘案したに違いないが、難攻不落ということが第一の原因だったといえるだろう。

念願が叶って天正十一年六月に秀吉は大坂城に入った。豊沃な摂・河・泉の平野が握れるが、さらに遠く三方に翠巒を望み、一方は太洋に面するという景勝に魅せられたに違いない。古都難波の歴史も秀吉には魅力となったことであろう。これまた王者の居城地たるにふさわしい。ともかく、秀吉が急遽、修造を了えてこれを居城としたのが天正十年七月初めのことである。

ところで、この秀吉に先んじて、大坂の地理や景勝に着目したのが本願寺の蓮如上人であり、秀吉をして躊躇なく居城の地に選ばせるほどに大坂城の魅力を倍加したのが石山本願寺である。

二

蓮如上人は明応五年（一四九六）、摂津生玉《いくたま》庄大坂の地に御坊を建てた。坊舎の建設には堺商人の万代屋の一族の木屋松田五郎兵衛の寄金があったという。

抑、当国摂州東成郡生玉ノ庄内大坂トイフ在所ハ、往古ヨリイカナル約ソクノアリケルニヤ、サンヌル明応第五ノ秋下旬ノコロヨリ、カリソメナガラ、コノ在所ヲミソメシヨリ、スデニカタノゴトク一宇ノ坊舎ヲ建立セシメ、当年ハハヤスデニ三年ノ星霜ヲ経タリキ……

（『蓮如上人御文章』）

ここに生玉庄内「大坂」と見えるが、地名の大坂を示す最初の文献である。なお生玉庄というのは、生国魂神社の所在にちなみ、中世荘園として生玉庄が成立したものだが、領主の変遷などはわからない。足利将軍家全盛時代、隣接の中島（西成郡一帯）と同様、将軍家が五山禅院領を食いこませたのと関連し、生玉庄が相国寺領となったこともあったらしいが（五山は官寺だから五山領は将軍家領を預かったかたちとなる）、当代では守護細川氏が将軍家代官として支配しており、荘園制は崩壊、生玉庄というのも生玉領というに等しくなっていた。その一角に大坂という在所（集落）が成立して村落化を進めていた。そこに蓮如上人が大坂御坊を建設したのだが、この地は「虎狼ノスミカ也、家ノ一モナク、畠ハカリナリシ所也……」（『拾塵記』）と上人の実子実従の後日談がある。虎狼の棲処というのは誇張だが、荒畠地の類だったのはわかる。

大坂はこの蓮如上人の一堂宇から発足した。この堂宇の敷地は後の大坂城本丸付近といわれる。これに対し、新説（馬場町、旧NHK局あたり）もあるが通説を動かすには至っていない。もちろん、これは蓮如上人の建立した堂舎のことだし、戦国時代の発展した石山本願寺は一帯を抱えこんでいる。ちなみに、石山という称は、御坊建設地から築石などが続出したことからおこったといわれ、古代難波宮の名ごりともいえるものだが、あるいは大坂御坊が石塁で要害化したため、これの外観が石山のごとくなったために俗称としておこったものかもしれない。

蓮如上人の大坂御坊建立は、その地が景勝要害を兼ねたのに注目したのはたしかである。すでに本願寺は京都近郊の山科に宏壮な構築を完成した。洛中を避けたが、京洛の武家や社寺が戦災に遭い、その復興も手つかずという際に山科本願寺は旧室町第（花御所）にもまさる壮観を現出している。上人は越前吉崎御坊から畿内に帰還、摂津名塩《なじお》（西宮市）教行寺を手始めに富田（高槻市）教行寺、河内出口（枚方市）光善寺、和泉堺に信証院（堺御坊）、山科本願寺、さらには大和吉野郡に上市本善寺・下市願行寺を開き、その晩年に大坂御坊を建設した。このため、大坂御坊はその隠居寺として建設したといわれるが、悠々自適の楽隠居などを考えたものではない(1)。その念願していた大坂御坊の建設が明応五年に至って達成したのである。守護細川政元の外護が得られたためといえるだろう。本願寺はその一向一揆のため反封建的戦闘分子の観が強いが、蓮如上人は将軍義政・富子と厚誼を重ねたし、細川政元とは昵懇だった。越前吉崎を去って京畿に帰還したのは、帝都復興気運に乗遅れないためもあるが、配下の好戦分子が加賀で大名家の角逐に深入りしたのを嫌ったのが主因であった。明応五年当時、細川政元は摂家九条家からその養子を迎えたが、この九条家は上人の母のゆかりがあり、このため上人は政元から大坂御坊開設の了解も得やすくなったといえよう。しかし、戦国乱世のことである。自衛武力は必要だし、とくに合戦には寺院が陣営には好適とされて占拠されるので、これを免れるに足る備えも要した。要害の地がもとめられたいわれである。この大坂御坊建設に当り、生国魂神社を現在の鎮座地に移したという。

生玉庄大坂のいわれもわかるし、御坊建設計画がかなり大きかったのがわかる。

大坂御坊建設は、上人にとっては山科本願寺より以上の喜びだったに違いない。この地勢が上人のいわば開運といえる越前吉崎御坊の地に似つかわしいことも魅力となったものだろう。吉崎御坊は大聖寺川の河口の景勝要害の地を占め、金津平野（北越前平野）の咽喉を占めるほか、やや隔たるが、当代北陸道随一の要港たる三国湊が利用できた。この立地条件は大坂御坊に当篏《あては》まるし、それに倍加するものと見込んだものであろう。

三

大坂地方では当代、四天王寺の門前郷の天王寺が都市化を進めて繁昌した。明応八年（一四九九）には七千軒の在所だといわれている。割引しても万を以て数える人口だといえる。この天王寺の門戸が渡辺の津で難波庄に属していた。渡辺港は淀川の河口を占め、王朝貴族が熊野詣にここで上陸して熊野街道を南下したのが有名、実は南近畿地方の京都ないし西国への門戸として和泉堺港に先んじて発達した。西の兵庫・神崎（尼崎）の両港の発達がいちじるしいが、いずれも物資中継港であり、とくに渡辺は陸揚げ港の性能を発揮して繁昌した。なお、兵庫・神崎・渡辺・堺の関税は南都の興福寺・東大寺が徴収しており、奈良の門戸ともなっていた。

この渡辺は源頼光四天王の一人の渡辺綱の名字の地であり、その子孫の渡辺惣官が難波庄を握っていた。渡辺氏は難波庄の地頭だが、四天王寺の外護役にも任ずるし、渡辺港も支配したので、難波庄の在地領主化して惣官と称して威勢をあげていた(2)。南北朝動乱時代、南河内の楠木氏や住吉神主らに呼応して南朝に忠勤した。このため、室町時代には将軍家に帰順して難波庄に屋敷は保ったが、大地主というに過ぎなくなった。当代、天王寺から渡辺港に至る間はほぼ在所続きとなったらしい。

難波庄に隣接して生玉庄がある。蓮如上人が生玉庄に大坂御坊を建設したのは、町勢のあがった天王寺を狙い、なお渡辺港も利用できるという勘案だったのがわかる。生玉庄には四天王寺の寺威は及ばない。その武力となる渡辺氏も逼塞していたから、大坂御坊の建設を拒む現地勢力はなかったのである。

なお、蓮如上人の大坂御坊建設は、さきの山科本願寺建設の故智を生かしたものだった。さきの山科本願寺の建設は、洛中に大伽藍を建設することは叡山の憤激をかうことになるし、旧仏教に頼る古都の市民感情もはかりかねた。そこで山科に避けたわけだが、繁昌の大津が水陸交通の要衝であったから門戸とし得る。そして本願寺の教勢があがった近江・北国ないし三河などとの交通がとくに便利になるという利点があった。いわば山科は帝都近くで領主勢力のエアー・ポケットだった。もちろん、いわゆる新地の建設は容易だし、京都や大津などの都市の富力も狙えるのである。この立地条件を大坂御坊は十分に満すものだし、そのうえ、要害の地という条件も加わったのである。

大坂御坊の建設とほぼ同じころ、上人は大和上市に上市御坊を設けた。上市はその名のとおり定期市から町場が発達したが、上市御坊は町場を避け、吉野川の対岸の飯貝《いいがい》に建てられ、水流をめぐらす要害の地を占めた。大坂御坊と同巧である。さきに上人は堺の街地に堺御坊信証院を開設した。しかし、宗教各派が入交り、そこで信教自由思想も芽ばえた市中では教勢をあげるのは難事であることも悟った。「堺ノ日向屋は三拾万貫ヲ持タレドモ、死タルガ、仏ニハナリ候マジ」（『御一代聞書』）という蓮如上人の語がある。堺商人の狡猾なことを慨嘆した語といわれるが、実力を誇る富裕町人らに宗教をも利用しようとする不遜な態度が露呈したのを不快視したものといえるだろう。そこで上人の市中進出は消極化し、市外に退いて時を待ち、信徒の来往を待つという持久策に考え至ったに違いない。

大坂御坊は天王寺の街地からは離れた。といっても、天王寺の町人らの帰依は期待できるし、生玉・天満の門前郷民はもちろん、住吉・尼崎の町人らを信徒に為し得るという見通しである。そのうえ、上人が御坊建設の喜捨を堺町人から得ていることを考えると、堺町人らの大坂御坊参仕が見込まれたというわけだし、とくに上人は宗教王国の奈良・大和を狙ってこの大坂石山を占拠したといえるかもしれないのである。ともかく、南近畿の交通・経済の要点と考えて大坂を握ったことはたしかである。

ところで、蓮如上人は都市に入込むのは避けた。これと同じ例が大小名らにも見られる。上人の大坂御坊建設に後れること十年余の永正十年ごろ、西摂で大名化をはかった瓦林正頼が広田神社に西接する丘陵に越水城を築いた。天主閣や多聞櫓は未だ見えないが、平城《ひらじろ》としては堅固に工夫した城郭であった。一族被官らの屋敷を抱えこんだが、「居余タル家人ドモハ大略西宮に居ス」（『瓦林正頼記』）という。越水城と西宮戎《エビス》の門前郷とは当時八町余の距離だと記されている。この記事によれば、瓦林正頼が繁昌の西宮（町）を狙い、また要害の地として越水を選んだのがわかる。(3) 繁栄の都市の富力を狙うが、それを城下町として囲込むには至らない。つまり当代では未だ大小名の実力は乏しく、城下町経営には力が及ばなかったといえる。実は町人の実力も後日の封建特権商人のように強大ではないが、結集した町人の実力は大小名らにうわ廻ったということができる。大小名らに都市独占したり、城下に商人を招いても、これの保護育成するだけの力はなかったのである。もちろん、既成都市の商業を弾圧して城下町に中心を移させるだけの力はなかった。繁栄の都市に寄りそい、これを城下町に准ずるしくみが採用された時代である。なお、この例証としては越後上杉謙信の春日山城と高田との関係があげられる。蓮如上人の大坂御坊建設も、これらと相通ずるものがあったといえよう。

四

蓮如上人は大坂御坊で病み、死期も近くになったので山科本願寺に戻り、明応八年に示寂した。両三年のことだが、大坂御坊に上人が在住したため、大坂御坊は南近畿の各地の御坊の中心となった。つづいて山科本願寺の実如上人が大坂御坊を兼帯したが、近畿各地で本願寺の教勢があがり、大坂御坊の規模も増大した。堂舎ならびに僧徒らの住坊のほか他屋《たや》（信徒詰所）が続々と建てられた。蓮如上人が平和主義・世常主義を掲げ、大名や社寺との摩擦をも努めて避けて布教したのが戦乱に悩む住民らの信を得たのである。この点、北国で一向一揆が加賀国を乗取ったりしたのと畿内とでは時潮に違いがあった。

しかし、武力優先の戦国乱世である。自衛武力は備えねばならない。蓮如上人は平和主義を採り、また土地領有は望まずに信者の寄進（志納金）をその収益としたが、当代民衆の随一の実力者は土地と武力とを併用する名主層農民（国人）であった。これを末寺や道場の坊主に起用するのだから、武釈兼帯を認めることになった。なお一向宗本願寺は新仏教だから、その流布には旧仏教からの迫害がつきまとう。これを排除する武力は必要とした。平和主義を称えた本願寺だが、武釈兼帯をむしろ勧めたというものであり、いわゆる一向一揆の武力蜂起の必然性があった。永正三年（一五〇六）春、細川政元は河内の畠山義英を討つため有縁の実如上人に援軍をもとめた。これを聞いた河内の門徒衆は、宗祖以来本願寺は武家に武力を供与した例はないとして上人に拒絶を勧告し、若し納れられねば上人に退位を要求すると迫った。上人は北国の一向一揆五千人を召して政元に授けた。つまり平和主義にも徹し切れなかったのがわかる。これに対し、河内門徒衆の反戦は、応仁の乱後に膨沛《ほうはい》として興った郷村民の戦争嫌悪を酌量した国人らが武家追放に乗出したものであり、自国は自国民が治めるというスローガンを掲げた山城国一揆と同巧のものである。

しかし、天文元年（一五三二）、細川晴元の畠山義堯（旧稿は義宣）追討に本願寺証如上人はまた援助した。上人は大坂御坊に入り、畿内各地の門徒に蜂起を命じた。これにも上人は山科本願寺に番衆として参仕していた北国の一揆を率いて下向したと思われるが、先度の河内門徒衆の例とは違い、上人の命を奉じて畿内の一向一揆が蜂起した。畠山方の三好元長を追った一向一揆は堺に突入して元長を顕本寺に討つし、奈良では畠山方の興福寺衆徒筒井順興を討つためだが、従来迫害を加えられた鬱憤を晴らすため門徒郷民が興福寺に乱入した。いわゆる天文の一向一揆である。さきに河内門徒衆が武力行使を拒んだのに対比すると、時勢の違いや一向一揆の成長がわかる。

堺に乱入したことで細川晴元は一向一揆を憎むし、三好元長が信者で教勢増進の恩人だったり、顕本寺を荒らされたことで京都の法華宗(日蓮宗)信者の町人(法華衆)が武装蜂起した。これには晴元らが一向一揆の京都進撃の噂をまいた形跡もある。晴元が堺郊外の浅香道場を攻略したのに憤激した一向一揆は、晴元の不信を責めて上洛したが、京都法華衆が山崎(島本町)に要撃したのに敗れた。しかも、法華衆は近江守護六角定頼の出兵をもとめて山科本願寺を攻撃、これを焼掠して一向一揆の反撃を絶った。

一向一揆は堺を抑え、尼崎・西宮を焼掠、池田を攻撃した。細川氏が本国の四国から上洛する拠点だし、これらの町場にはむしろ法華宗の教勢があがっていたから、これに一矢を報いたわけだし、摂津・河内・大和などの本願寺領国化を狙ったのである。とくに本願寺側は細川氏が畿内制覇の基地とした堺を奪取したが、その攻撃目標がいずれも町場だったのが注目される。これらから旧勢力の一掃をはかったものといえるのである。

山科本願寺を焼かれたので、しぜん証如上人が在陣した大坂御坊が本山化した。翌天文二年、上人の弟の実従が護持した山科本願寺の宗祖御影を迎えたので、名実ともに本山となった。しかし、本願寺は細川・畠山・六角・筒井・池田などの大小名らを敵に廻した。このため、大坂御坊の城塞化をいっそう進めたのである。

しかし、本願寺の武力はさほど強力ではない。これは畿内大小名についてもいえることである。土地細分化が進んだうえ、智力過信の畿内住民の特性が早くも露呈している。本願寺では精鋭を誇る北国や近江の一向一揆を大坂に迎えたが、しかし遠隔地からの導入だから守備要員がせいぜいだった。これに対し、細川氏は四国の精兵を導入できる。たまたま両家に分立したり、下剋上の家臣の三好一族らが指導権争いを展開していたため、その大挙が妨げられて、本願寺の優勢を許してしまったのである。堺を本願寺に握られた細川軍は再三これの奪回を試みたが成功はしない。かくて、堺は大坂御坊のいわば城下町化を進めた。北国の一向一揆の指揮者だった坊官下間氏は堺にその屋敷を構えて乗りこんでいる。

天文四年、細川氏と本願寺との講和が成立した。証如上人は一向一揆の武力行使の限界を悟ったのであろうし、とくに堺の信徒町人らがこれを望んで協定が成立したものであろう。越えて同五年、一向一揆との抗争で力づいた京都法華衆が弾圧を続けた延暦寺衆徒に挑戦して敗れ、朝敵に処せられて法華宗寺院が洛中から追放、堺に本山諸寺を移した。これを本願寺は妨害しなかった。細川・本願寺ないし法華衆のいずれも堺においては武力行使の厳禁を盟約したものだろう。いわゆる堺の会合衆らによる都市自治が進展したものだし、住民らの信教の自由も成立したのである。ちなみに、堺の会合衆《えごう》は三十六人から成るが、有力町人の十人衆がこれを代表した。しかも、有力町人は若干の自衛武力をそれぞれ備えたし、配下の町衆を組織づけていたのである。

五

大坂御坊は本願寺となった。武力行使は避けたが、自衛武力はむしろ強化に努めた。備えあれば患えなしの実践である。城壁・土濠なども厳にした。戦国の法城といわれるゆえんである。ここで、改めて他屋などの続出した寺内（城内）に都市計画も実施したようである。いわゆる寺内六町が成立した(4)。これの町人では番匠が中心だったといわれる。蓮如上人の御坊建設に従い、また畿内各地の御坊や末寺の建築に派遣されたものであろう。なお、寺内町では焼灰の路面貯蔵を禁止している。農民・農地をいぜん抱えこんでいたのがわかる。

寺内六町はぜんじ新町を増加した。その繁栄や町民自治も語られる。しかし、商工業がここで活潑化したとはいい難い（寺内町に中世と近世との違いがある）。本願寺の場合、天王寺はもとより、堺に至るまでの各地の信徒町人がこれに参与するのであり、いわば広域城下町が形成されたのである。住吉郡は中世には欠郡《かけごおり》と称せられた（欠郡は倍加する。堺の豪商茶人今井宗久が代官）。この特性も作用して、本願寺が堺を城下町化するのも容易だった。

距離はあるが、人文的にはその距離感は薄れていたといえるだろう。

堺町人は本願寺を貴族大名として迎えた。堺十人衆が年賀に参じたことなどからわかる。堺町人は貴族将軍家直轄領民（五山領となっても同然）の誇りを有し、細川氏も将軍家代官としてその支配に従ったのである。当代、細川氏と本願寺との両頭支配をうけることになったが、これは支配権力の弱退化となるのであり、堺町人らの知恵だったといえるのである。加えて、堺町人は将軍家に代わる細川・畠山氏や富裕な本願寺の貴族生活にその奢侈品をも送りこむことができた。関連して京都・南都と並んで大坂は堺の主要顧客となったのである。

もともと堺は漁港だが、商港として南海道（紀伊・四国）の木材の陸揚げが中心となったたし、木材業者がまず有力町人となった。貿易港としては唐物（文化財）や琉球物資が加わり、このうち薬種や硫黄が主要品であり、やがて堺は火薬鉄砲などの供給源となって雄飛するのである。ともかく、四国を握る細川氏と協調せざるを得なかったといわれである。

天文六年、堺十人衆は本願寺に参じ、渡唐船の建造を土佐に注文したが遅々としている。そこで土佐国司一条氏の協力を依頼するための斡旋を上人に請うている。この土佐一条氏は摂家一条氏の分流であり、蓮如上人の大坂御坊建設には材木を寄せた。その後、土佐の材木や木炭などが大坂に送られ、商品化したに違いない。本願寺と一条氏との厚誼を堺町人が利用したのである。越えて同七年、造船が成ったが、またもや堺十人衆は本願寺に参じ、堺港は波浪が高くて大船は碇泊できないので、紀州藤白（海南市）その他紀州の良港に引入れたいので紀州の勢子二十人ほどを斡旋して欲しいと証如上人に懇請している。すでに本願寺紀州雑賀《さいが》衆（和歌山市）をはじめ、要港に信徒を得るし、水夫らを信徒に擁していたのがわかる。堺町人はその商売のために本願寺に頼らざるを得なかったし、進んで本願寺に迎合したゆえんである。ちなみに、この渡唐船は大坂に回航した。証如上人が見物しているが、この渡唐貿易に上人も出資したに違いない。

なお、本願寺には敵対の近江六角定頼が近江一向一揆の武力援助をもとめたり、播州赤松氏が借金を申込んでいる。播州では英賀《あが》や赤穂に信徒が増大している。同地の塩など大坂に送られたに違いない。木材や塩などの必需物資の集散が大坂でもはじまったといえるだろう。材木では、大和吉野材木が吉野御坊から送られた(5)。近世大坂木材市場の起因をなすものである（しかし、これを本願寺寺内町人の活動ということはできない）。本願寺は信徒組織によってその商業活動を開眼、そこで堺ないし大坂の育成がはかられたともいえるだろう。

堺町人が茶湯《ちゃのゆ》を創成したのは有名である。やがて千利休が茶道を樹立するが、利休の師匠が武野紹鷗であり、茶芸を京都から堺に導入したといえる人物である。富裕町人だが、本願寺武士として山科本願寺に参仕するうち、京都で歌道や茶芸に関心したのである。これの女婿で豪商茶人とうたわれた今井宗久は近江出身で、実は本願寺門主の一族であった。堺衆の織田信長抗戦が腰くだけになったのは、この宗久の画策によるものである。そして堺の富力を提げて織豊政権に参画した。茶匠参仕といわれるが、その堺衆引率によるものであり、いわゆる政商である。豊臣秀吉時代には宗久は利休に抑えられるし、本願寺一族の身柄も作用してぜんじ勢威を失なったが、いわゆる近江商人の前駆といえるものである。つまり本願寺の大坂占拠によって、近江衆の堺ないし大坂へのルートが開かれたのがわかる(6)。

ところで、堺へは細川氏代官の三好長慶が進出するし、細川氏に代わる勢威をあげた。堺衆はこれに服したが、むしろいっそう本願寺に迎合した。長慶が退勢を示し、その家臣らの指導権争いが増大した永禄年間、堺はいわゆる自由都市（実は自治都市）の繁栄を呈した。同じく本願寺は天下の富はこの坊主に集まると評された。いずれも葡人宣教師の評である。しかも、本願寺の石山城は摂津第一の名城との称がおこっている。一向一揆は野戦では敗北もあったが、細川晴元との開戦以来、この石山城攻撃の話は聞かれない。

なお、当代に至って寺内町の商工業も活潑化するし、これは天王寺・天満などの諸郷にも及んだ。このころ、石山本願寺の称がおこった。大坂の石山本願寺ということであり、大坂の地域称の広がりがわかる。

六

永禄十一年（一五六八）織田信長が足利義昭を奉じて入京した。本願寺も尼崎・西宮・兵庫ないし奈良の町もいち早く服従した。堺の今井宗久と三好氏家臣の松永久秀が信長に従属したのと関連がある。しかし、堺衆は反抗した。全国経済中心都市の誇りがあるし、本願寺と三好氏との連携で田舎者の信長はいずれ倒れるとの期待である。むしろ本願寺の軟弱を概嘆したことでもあったろう。

元亀元年（一五七〇）、信長（美濃）は甲州の武田信玄に呼応して挟撃をはかった朝倉（越前）・浅井（近江）連合軍を近江姉川に破った。すると、四国に敗走していた三好三人衆が巻返して渡海、大坂近傍の野田・福島に陣した。各個撃破をはかる信長は河内枚方《ひらかた》から天王寺に進み、渡辺・天満に進出した。たまたま石山本願寺は包囲されるかたちとなった。信長の敵性を感じた本願寺は、朝倉や浅井の再起を援け、諸国の一向一揆の蜂起を命じた。反信長勢の蹶起と石山の要害を頼りにして勝算を見こんだのである。信長は渡辺・天満に築城して石山本願寺の包囲を固めた。しかし、朝井・浅倉らが再起したし、一向一揆が各地の御坊を城塞化して気勢をあげたので、かえって信長が孤立の危険にさらされた。おりから暴風雨の大水を利用して本願寺勢は野田堤を切り、渡辺塁の水攻めなどを行なって善戦した。ここで信長は勅旨を奏請し、本願寺に信長との講和を勧めてもらう非常手段を弄し、ようやくにして危機を脱した。

この講和は、信長の便宜的なものだった。反信長勢の各個撃破や一向一揆の掃蕩をはかるのだから、本願寺も城塞化を厳にするし、諸国の反信長勢の蹶起を謀略した。かくて本願寺はいわば反信長軍総司令部となるのであり、それが天正八年（一五八〇）に至るのである。その間、石山攻囲戦や講和が繰り返される。いわゆる石山合戦である。これの詳述は避ける。

信長は天王寺や堺の都市をすでに抑えた。これらの町人が本願寺に出入することはなくなったし、また寺内町の商工人らも武装するか近傍に去ったのである。しかし、城内の本願寺衆は諸国の一向一揆の残党なども集まって多数に上ったが、これの糧食の欠乏はなかった。とくに、水路による補給路を本願寺が確保していたのが幸いしたのである。しかも、城内で糧食不安が兆したのは天正六年に摂津を領した荒木村重が反乱し、そこで信長が共謀の本願寺を大挙包囲した以降である。この点、従来の信長の包囲網は、いわばザル目だったのがわかる。

信長は石山本願寺城を攻めあぐんだ。難攻不落がうたわれるし、この本願寺の謀略のために反信長勢が形成され、信長の天下統一は甚だしく阻害された。本願寺が最後まで頼りにしたのは中国の毛利氏だが、荒木村重の反乱には毛利氏の援軍が花熊（神戸市）・尼崎に到来するし、播州三木で別所長治が村重に呼応して起《た》った。摂津の国衆の高山・中川なども村重に味方したので、信長政権の脆弱さが暴露したのである。翌七年村重は毛利氏のもとに走り、そこで信長は大挙して石山本願寺城を攻撃した。翌八年、別所長治が倒れたので本願寺も動揺して信長に降服した。関白近衛前久が勅命による講和を両者に勧め、八月に本願寺が大坂城を明渡すのだが、本願寺の主戦派はこれに不満であり、後日にしこりを残した。しかし、本願寺の死命は制されたのだから、この講和は賢明な策であった。信長も、ここではかなり酷しい条件を本願寺に課したが、実は本願寺勢力の一掃によって、第二段の畿内固めが実行できるし、甲州武田・中国毛利に対する遠征が可能となったのであり、はじめて安心できたのである。

信長は本願寺の討伐には手を焼き、朝命を奏請して講和するという政略をも繰返した。信長の性情から考えても、討伐徹底をここに至るまで耐えたというのは不可思議なことである。実は、信長の討伐徹底は本願寺の金銀によって妨げられたのである。これまた信長の部将らの戦意を挫くし、なお堺町人らが画策して信長の討伐徹底をむしろ阻んだことでもあろう。天下統一を急ぐ信長としては、和議を甘受せざるを得なかったのである。終戦に当たり、信長は本願寺攻撃軍司令官の佐久間信盛・甚九郎父子が用兵の妙を欠くし、茶湯などの遊宴に耽った怠惰とを責めて高野山に追放した。実は佐久間父子が堺町人らとの交誼を深めたことにあろう。といえば、荒木村重の反乱も、本願寺との通謀の風評を立てられたのが発端であり、反乱に追い立たされたものだった。村重も同じく堺町人と親しんでいた。後日、村重（道薫）・甚九郎（不干斎）が茶匠として長らえるが、堺町人との交遊からその技を得たのがわかる。本願寺の善戦も、その淵源するところは遠く且つ深い。戦国時代以来、本願寺は禁裏に献金などをさかんにして親近をはかった。これは信長に逆手をとられた観もあるが、その隠徳は報いられ、その頓滅を免れたといえるだろう。

しかし、ともかく、本願寺が十年間も信長の攻囲に耐えたのは石山が要害だったからに他ならない。この本願寺の善戦の間、大坂城の称がおこるし、小坂・大坂と混用された表記もほぼ大坂と一定してきた。オオサカと称されるに至ったのである。しかも、大坂の称は全国に知られたのである。

大坂城の無血授受が自他ともに望まれた。しかし、明渡しの混乱に際して出火し、殿舎をはじめ城内は焼け落ち、栄華を誇った大坂本願寺の頓滅が嘆ぜられた。しかし、これの悲運が本願寺の復活の促進剤となったことも見のがせない。

七

本稿は商都大阪の前身について概論したものである。大阪の地名といい、その都市的発達が石山本願寺の寺内町の経営にもとづくことは周知のとおりだが、本稿では石山本願寺の繁栄の要因として近傍都市の掌握をあげ、とくに当代全盛の和泉堺の町が本願寺城のいわば城下町的存在となり、両々相まって発展したいわれを指摘したのである。中世末の戦国乱世では、町を抱えこんだ戦闘は不可能であり、したがって城郭は町によりそって構築されるに止まった。もちろん商工業の発達による都市精力が領主勢力にうわ廻った時代である。封建領主勢力の絶対的優勢によって平和が到来した近世における城下町との違いである。

石山本願寺は、大坂御坊の創建にはじまって、いわゆる城下町理念を醸成したのである。それの発展として秀吉の大坂築城を考えてみた。しかし、商都大阪の発達という観点からいえば、石山本願寺城といい、秀吉の大坂城といい、いまだ発展過程のものであり、いわば基礎づくりといえるものである。この点、石山合戦時代、大坂ないし大坂城の称が確立したことは、いわば商売のもと手の看板を掲げたということで重視される。

（1）蓮如上人は応仁二年（一四六八）に本願寺留守職を実如に譲り、いわば隠居の身で教勢拡大に尽力した。その活動が顕著であったためか、延徳二年（一四九〇）にさらに譲状を与えた。大坂御坊建立は明応五年（一四九六）であるし、その後間もなく発病するから、ここで隠居したといえるかもしれない。しかし、当時の隠居というのは楽隠居の身分をいうのではなく、休養地の意味がわずかに芽ばえたというものに過ぎない。悠々と楽隠居（近代の隠居）というのは、経済発達の元禄町人社会に始まるものである。中世では働く者が隠居を要したのである。

（2）拙稿「渡辺惣官と渡辺・難波――中世大坂史の一齣」（『上方文化』創刊号）

（3）『西宮市史』第一巻

（4）『石山本願寺日記』所収「証如上人御自記」がこの項の史料である。

（5）拙稿『大阪木材市場史』（林業発達史調査会）

（6）多くの茶道史において述べられている。

〔補註〕本稿は関西学院大学商学部『商学論究』（宮本又次教授退職記念号）二二巻三号（昭和五十年）に初出、翌五十一年宮本又次編『上方の研究』（第四巻）に再収録された。

あとがき

平成十五年三月九日、禅文化研究所・淡交社・思文閣主催、今日庵ご協賛の卒寿記念祝賀会（出版記念会。於京都ホテル）の記念出版として「本書」（学位請求論文）が選ばれた。淡交社の『初期茶道史覚書ノート』（続々茶道文化論集）の執筆が失速したので、「本書」の着工も遅れた。当日、「本書」も「著作集」も刊行予定と広告された（記念品は『禅文化研究所紀要』二六号と『続々茶道文化論集』）。いよいよ着工、「学位論文」が新仮名遣、口語体となっていたのが幸いだった。追加文章は補註とすること（結局はほとんどなし）だが、この註は注文・註文が例、用語は混乱をまねいてしまった。ちなみに、「学位論文」に引用あるいは掲載する論文は、ほぼ昭和二十三年（一九四八）から三十四年までの国語混乱期の作品、整理はむずかしい。これは手書き、しかも公表するものではなかったのが幸い、いちおう活字印刷の投稿原稿といえるものだった。ところが平成十三年、お蔵入りの原稿が蘇えり、製版されることになった。半世紀を経過している。木活一本の彫り賃は一円二・三十銭の時代が過ぎ、正略字・俗字・当用漢字あるいは作字などすべて即座に叩き出せる時代となっている。ゲラ刷りを見ると、見事な製版だが、正略字・当用漢字の乱用が目立つ。これの統一に手間取る。略字の方が感じが良いなどとの妄念を発し、途中から変化してしまう危険もある。

「本書」（学位論文）を古典的労作として位置付けしてもらうため、時代錯誤となった旧序文は全廃、新序文を作成するのだが、これは難航した。愚弟賢兄論は不可、なお本文では中世の黎明期、春日四所大神の身代わり、若宮が春日山から俗界に出御、興福寺を駆使する時代となった。若宮祭（おん祭）が盛大となる。『春日若宮神主日記（春日社家日記）』の世界である（鎌倉時代）。しかし、若宮様（荒魂）は気むずかしい。私の『春日社家日記』の研究など神慮に叶わず、神譴をこうむったことかと恐懼した。体調もくずれた。そして、新序文は反故原稿数百枚をかぞえ、失敗作となる。

憶えば、「学位論文」は史学科大学院生柘植一雄君ほか、法学部大学院生（前田ゼミ）八重津洋平君らの浄書の労を得（手書き四百字詰の五〇〇枚余で上下巻各三部）、天理時報社の厚意で特上製の美本となって提出された。今までご無沙汰、ここで御礼を申し上げる（拓植学長は早逝された）。

思文閣出版の秦三千代さんには、（「著作集」といえども原稿は門下生その他が完全原稿として提出してくれる。私のは旧稿そのまま）完全原稿にしあげる苛酷な作業をもお願いした。そのうえ、だらだら入稿の新序文の整理、ご苦労に感謝する。長田岳士専務は編集指導のほか、良く辛抱してお待ち下さった。「本書」で私の起死回生が成るか。ことさらに、御礼を申し上げる。なお、拙著の出版は多年にわたる田中周二会長のご厚誼による。銘記して謝意を表する。

平成十六年八月　　　　著　者

永島福太郎（ながしま　ふくたろう）…2008（平成20）年逝去

中世《ちゅうせい》畿内《きない》における都市《とし》の発達《はったつ》（オンデマンド版）

Digital Publishing

2016年12月20日　発行

著　者　　永島　福太郎

発行者　　田中　大

発行所　　株式会社 思文閣出版
〒605-0089　京都市東山区元町355
TEL　075-533-6860　FAX　075-531-0009
URL　http://www.shibunkaku.co.jp/

装　幀　　上野かおる（鷺草デザイン事務所）

印刷・製本　株式会社 デジタルパブリッシングサービス
URL　http://www.d-pub.co.jp/

AJ835

ISBN978-4-7842-7028-6　C3021　Printed in Japan

◆著者略歴◆

永島福太郎（ながしま　ふくたろう）
1912年栃木県生．國學院大学国史学科卒．東京大学史料編纂所員・立命館大学日本史学科講師(20年間)・関西学院大学教授（名誉教授)・(関西大学大学院講師などを兼ねる)．
現在：禅文化研究所学術顧問，橿原考古学研究所研究顧問・野村美術館理事・北村美術館評議員・今日庵文庫研究員．小堀遠州顕彰会評議員．
主な著書：『奈良文化の伝流』(畝傍史学叢書，中央公論社)『奈良』（日本歴史叢書，吉川弘文館)『応仁の乱』（日本歴史新書，至文堂)『中世の民衆と文化』（創元歴史選書，創元社)『茶道文化論集』上下２巻(淡交社)，校訂書・地方史多数．

中世《ちゅうせい》畿内《きない》における都市《とし》の発達《はったつ》

2004(平成16)年10月20日　発行

著　者　永島福太郎
発行者　田中周二
発行所　株式会社思文閣出版
〒606-8203　京都市左京区田中関田町2-7
電話　075-751-1781(代表)

印　刷
製　本　株式会社図書印刷同朋舎

ISBN4-7842-1206-X　C3021

索　引

あ

い

う

え

お

か

き

さ

し

す

せ

そ

た

な

に

ぬ

ね

の

は

ひ